黃秀政著

臺灣史研究

臺灣學生書局印行

再版序

民國八十一年二月，本書初版發行以來，承蒙讀者的關心與支持，至今年初，已銷售告罄。爲免讀者向隅，乃決定發行再版。

本書初版收錄的十篇，均完成於多年以前，其探討主題集中於清代治台政策、台灣的教育，以及抗日運動三方面。有鑑於戰後台灣史的研究逐漸受到歷史學界的重視，因而利用再版之便，增補〈評鍾著《辛酸六十年》的史料價值〉一文，以饗讀者。

民國八十四年六月序於
國立中興大學台中夜間部

自序

臺灣原是中國的邊陲，爲後開發地區；惟因地處亞熱帶，且臺地平原適宜農耕，誠如連橫《臺灣通史・糧運志》所指出的：「土沃宜稻，初闢之時，一歲三熟，故民無饑患。」所以明清兩代以來成爲閩粵兩省過剩人口移墾的新天地。多少唐山過臺灣的故事，至今猶膾炙人口，流傳民間，值得記載與研究。

臺灣史研究本是中國史研究的一個支流，原未受到應有的重視。但近二十年來，由於時勢的推移，區域史研究風氣的興起，以及各大學歷史學系暨研究所的相繼開課研究，臺灣史研究風氣乃漸興盛，蔚爲大國，而成爲歷史學界的「顯學」。年輕的研究者陸續加入，新的學術論著不斷問世，研究成果斐然。

民國五十九年秋，個人因撰寫〈朱一貴之役研究〉一文，而激發了研究臺灣史的興趣；六十六年春，濫竽歷史系「臺灣史」教席，更決定以臺灣史研究爲終身職志。十餘年來，由於教學與研究之便，陸續將讀書心得撰述成篇，在《興大文史學報》等學報或期刊發表，以就教學界先進。辱承前輩的指導與師友的鼓勵，乃更專心鑽研，或終日埋首臺灣史料堆中，或跋山涉水探訪臺灣史蹟，或致力於斷簡殘篇的搜集保存，成果雖極有限，而獲益良多。

本論文集乃個人近十餘年來研究臺灣史的部份成果，共收錄論文六篇、研究討論一篇、書評三篇，合計十篇。其主要探討課題，包括清代治臺政策、臺灣的教育，以及抗日運動三方面。這些文章撰寫期間，或蒙行政院國家科學委員會的獎助與補助；或承國史館的特約審評；或承香港大學、香港珠海書院、東海大學、思與言雜誌社的邀請，得以在學術研討會中宣讀，向與會的學者專家請教，而獲得進一步的充實，謹此致上十二分的謝忱。

本論文集承臺灣學生書局董事長丁文治先生慨允出版，至爲感謝。因付梓匆促，舛誤疏漏之處諒必不少，尙祈學界先進繼續指教爲禱。

民國八十一年一月於國立中興大學

臺灣史研究　目錄

論藍鼎元的積極治臺主張

一、前　言

關於清代的治臺政策，論者咸以同治十三年（一八七四）日軍之侵臺，劃分爲前後兩期：前期爲消極政策時期，後期爲積極政策時期❶。此種論點雖未必與史實的發展相背，然將康熙二十二年（一六八三）至同治十三年近兩百年期間，概以「消極政策」括之，則不免失之籠統。個人認爲，若以康雍之交，將同治十三年以前的一百九十餘年之期間，進一步劃分康熙時期爲消極治臺時期，雍正以後爲由消極到積極的過渡時期，當有助於清代治臺眞相的探討。而雍正以後，清廷治臺政策之所以由消極轉趨積極，由防範轉入開發，藍鼎元實爲關鍵人物。

藍鼎元，字玉霖，別字任菴，號鹿洲，福建漳浦人。少孤家貧，刻苦力學，諸子百家、禮樂名物、韜略行陣，靡不究心。年十七，觀海廈門，泛舟歷全閩島嶼，並至浙江舟山。鼎元自謂此行所得甚多，人莫能喻。清康熙四十年（一七〇一），入邑庠讀書，拔童子試第一。四十五年，讀書於福州鰲峰書院。後以親老待養，辭歸故里❷。

康熙六十年（一七二一），朱一貴事件發生，鼎元之族兄廷珍時任南澳鎮總兵，奉檄率師平臺，邀鼎元偕行。鼎元從此參贊戎幕，運籌帷幄，所有公檄、書禀、條陳皆出其手。事平，藍廷珍將在臺期間之文移書札，加以彙編付印，是爲《東征集》，共六卷。藍廷珍〈東征集舊序〉說：「予胸中每有算畫，玉霖奮筆疾書，能達吾意。又深諳全臺地理情形，調遣指揮，並中要害，決勝擒賊，手到成功。當羽檄交馳，案牘山積，裁決如流，倚馬立辦。猶且篝火，連宵不寐，而籌民瘼。海外軍中，風沙腥穢，兄弟相對，竟日念念地方，不自知其苦也。……讀東征一集，可以觀弟之苦心。」故該書雖係藍鼎元代其族兄藍廷珍擬撰，然其討論用兵機宜、經理臺灣善後議論，實可視爲藍鼎元之見解。後之研讀、引用、評述該書者，亦均以藍鼎元爲《東征集》之作者❸。

《東征集》外，藍鼎元尚著有《平臺紀略》一卷、《鹿洲初集》二十卷、《女學》六卷、《棉陽學準》五卷、《鹿洲奏疏》二卷、《修史試筆》六卷等書，合爲《鹿洲全集》，俱付梓行世。其中，《平臺紀略》一書歷述「朱一貴事變」的發生、擴大，以及清廷派兵東征的經過情形，殿以總論一篇，評述其是非得失，和他對臺灣經理之主張，爲是書最精粹之處❹。《鹿洲初集》一書的〈與吳觀察論治臺灣事宜書〉等六篇、《鹿洲奏疏》一書的〈經理臺灣疏〉等二篇，亦皆爲有關治臺之議論，爲其後清廷治臺之重要參考。

二、藍鼎元對臺灣的認識

臺灣位於我國東南海上，西隔臺灣海峽，與大陸（卽清代所謂的內地）相望，爲我國東南沿海諸省之屏障。明天啓四年（一六二四），荷蘭人入據之；明永曆十五年（清順治十八年，一六六一），鄭成功率軍驅逐荷人，奉明正朔，臺灣乃成爲鄭氏反清復明之基地。

清康熙二十二年（一六八三），福建水師提督施琅率軍渡海征臺，澎湖一役，大破明鄭艦隊，鄭克塽投降，臺灣遂隸滿清版圖。然「來自東北的滿清皇室固然對東南海上的臺灣不眞瞭解，卽一般官吏亦未能認識臺灣的地位。」❺因此，平臺之後，廷議「以臺灣險遠，欲墟其地。」❻在福建，由清廷特派大臣蘇拜所召開的臺灣善後會議中，亦有「宜遷其人，棄其地」之說，以及「留恐無益，棄虞有害」之議❼，對於臺灣的棄留，議論不一，惟留心海防，又曾到過臺灣的東征統帥施琅堅主必留，絕無捨棄之理，遂單銜入奏力爭，詳陳棄留之利害及臺灣關係東南海防之重大。其後，經大學士李霨之力主從施琅之議，棄臺之說始罷。翌年（康熙二十三年，一六八四），詔設臺灣府，領臺灣、鳳山、諸羅三縣，澎湖設巡檢，置臺廈兵備道及總兵，隸福建省，臺灣遂與大陸（內地）同屬一行政區。

然施琅對臺灣地位之認識，雖優於同時代之廷臣疆吏，却未能完全見其大者，其識見畢竟有相當之限度，他的一切主張和動機，大都出於消極。例如他奏請留臺的理由說：

> 蓋籌天下之形勢，必求萬全。臺灣一地，雖屬外島，實關四省之要害。勿論彼（似當爲「彼」字）中耕種，猶能少資兵食，固當議留；卽爲不毛荒壤，必藉內地輓運，亦斷斷乎其不可棄。惟棄留之際，利害攸係，……臣思棄之必釀成大禍，留之誠永固邊圉。❽

可見施琅之反對放棄臺灣，純由海防著眼，僅求東南海域之安定，並無積極開發臺灣之意，故清廷亦只採納其設官置兵之建議，消極地保留臺灣而已。

因清廷當局之忽視臺灣，故康熙年間臺灣的吏治，實未上軌道❾。金成前認爲，康熙時期「歷次變亂的發生，固多以天地會爲中心，均含有反清復明之民族革命意識，然政治不良，亦未始不爲促成之因素。」❿當爲事實之論。康熙六十年（一七二一），規模最大、歷時最久的「朱一貴事變」，即此官逼民反之一例⓫。

然當「朱一貴事變」平定之後，清廷初尚無意改變其消極之治臺政策。康熙六十年十月，巡臺御史吳達禮、黃叔璥奉命至閩，與閩浙總督覺羅滿保商討臺灣的善後問題。會後，覺羅滿保下令當時駐臺統帥藍廷珍，內開「臺灣經理事宜」十二條，命其付諸實施。其中一至四條說：

羅漢門、黃殿莊，朱一貴起事之所，應將房屋盡行燒毀，人民盡行驅逐，不許往來耕種。阿猴林山徑四達，大木叢茂，寬三、四十里，抽藤、鋸板、燒炭、砍柴、耕種之人甚多，亦應盡數撤回，篷廠盡行燒毀。檳榔林為杜君英起手之處，郎嬌為極邊藏奸之所，房屋、人民，皆當燒毀、驅逐，不許再種田園，砍柴來往。⓬

滿保此舉，旨在「防患拔根」。然其措施，與康熙二十二年之「遷人棄地」之議，實如出一轍。當時藍鼎元力持不可，乃以藍廷珍的名義覆書滿保，說明該檄之執行，有六可慮之處：一爲慮被遷之民，流爲盜賊；二爲慮棄地便於奸宄出沒；三爲慮賞罰不公，鄰賊之罪重於作賊；四爲慮匪類聚衆棄地出沒，無人可爲報信；五爲慮軍需民生之供給斷絕；六爲慮現成村社廢爲坵墟，厲禁不能⓭。進而他認爲臺灣的拓殖開發，政府不但不該遏抑，而且應積極倡導。他說：

曩者諸羅令周鍾瑄有清革流民以大甲溪為界之請，鳳山令宋永清有議棄郎嬌之說；今北至淡水、雞籠，南盡沙馬磯頭，皆欣然樂郊，爭趨若鶩，雖欲限之，惡得而限之。……人無良匪，教化則馴；地無美惡，經理則善。莫如添兵設防，廣聽開墾。地利盡，人力齊，雞鳴狗吠，相聞而徹乎山中，雖有盜賊，將無逋逃之藪。何必因噎廢食，乃為全身遠害哉？⑭

此書覆後，旋又接到滿保「遷民劃界」之檄文，進一步命令：「臺、鳳、諸三縣山中居民，盡行驅逐，房舍盡行拆毀，各山口俱用巨木塞斷，不許一人出入。山外以十里爲界，凡附山十里內民家，俱令遷移他處；田地俱置荒蕪。自北路起，至南路止，築土牆高五、六尺，深挖濠塹，永爲定界。越界者以盜賊論。」⑮滿保此舉，蓋認爲「如此則奸民無窩頓之處，而野番不能出爲害矣。」其識見之淺陋及處事之荒謬，更甚於前一命令⑯。於是藍鼎元再以其族兄之名義覆書滿保，指陳該檄之執行，「所當籌度者」有六點：一爲當籌度如何取得廣大田疇廬舍，以安置被遷之民；二爲當籌度如何開闢財源，以補償人民遷徙之損失；三爲當籌度如何伐木挽運，以塞斷各山隘口；四爲當籌度如何開闢財源，以完成界牆濠塹之工役；五爲當籌度如何執行遷民之令，處理抗拒遷徙之民；六爲當籌度如何處理抗拒遷徙之民，俾上不乖朝廷好生之德，下不失全臺數百萬之人心⑰。「層層剝入，步步逼緊，直令一辭莫措」。⑱故覺羅滿保接到覆書後，亦深覺其議可採，而放棄燒毀羅漢門、檳榔林、阿猴林、郎嬌等處，以及遷徙沿山居民的原議。由於藍鼎元的明見敢言，當時鳳山縣無數的人民，因此免於傾家蕩產、遷徙流離之苦。

再則，當時廷臣不識海外地理情形，憑臆妄斷，認爲癸亥年（康熙二十二年，一六八三）平臺，止在澎湖戰勝，明鄭即投降納土；而辛丑年（康熙六十年，一七二一）之「朱一貴事變」，亦因澎湖未失，故旬日之內克復臺灣府城，全臺隨之底定。故大多認定澎湖地位之重要，控制澎湖就可控制臺灣，部議因有移臺灣鎮總兵於澎湖，臺灣改設副將之決定。藍鼎元知之，當即代藍廷珍草擬〈論臺鎮不可移澎書〉之條陳，激烈駁斥廷臣之無識，星夜呈報閩浙總督覺羅滿保說：

……若果臺鎮移澎，則海疆危若累卵。……不知臺之視澎，猶太倉外一粒耳。澎湖不過水面一撮沙堆，山不能長樹木，地不能生米粟，人民不足資捍禦，形勢不足為依據；一草一木，皆需臺廈。若一、二月舟楫不通，則不待戰自斃矣。臺灣沃野千里，山海形勢，皆非尋常。其地方於福建一省，論理尚當添兵，易總兵而設提督五營，方足彈壓。乃兵不增而反減，又欲調離帥于二、三百里之海中，而副將處之乎！臺灣總兵果易以副將，則水陸相去咫尺，兩副將豈能相下？南北二路參將，止去副將一階，豈能俯聽調遣？各人自大，不相統屬，萬一有事，呼應莫靈。貽悞封疆，誰任其咎？……澎湖至臺，雖不過二、三百里，順風揚帆，一日可到；若天時不清，颱颶連綿，浹旬累月，莫能飛渡。臺中百凡機宜，鞭長不及，以澎湖總兵控制臺灣，猶執牛尾一毛欲制全牛，雖有孟賁、烏獲之力，總無所用。今在廷臣工，莫有敢出一言為皇上東南半壁封疆之計，何異欲棄臺灣乎？臺灣一去，則泉、漳先為糜爛，而閩、浙、江、廣四省各寢食不寧，山左、遼陽皆有邊患。……若遵部議而行，必悞封疆。⑲

藍鼎元在上述條陳中，首就臺灣與澎湖的土地、物產與人民，加以比較，指出臺灣的重要實遠非澎湖可比；次就臺灣水陸兩副將的協調及副、參將的隸屬關係，說明總兵移置澎湖，則指揮困難，有呼應莫靈之虞；終就總兵移置澎湖，因鞭長莫及，實無異變相地放棄臺灣，貽悞封疆。他不但駁斥臺鎮移澎之不可，更進而強調臺灣宜比照福建省例，易總兵而設提督，增兵置將，以確保東南半壁海疆⑳。滿保據以入奏，巡臺御史黃叔璥亦以爲言，移鎮之舉乃止。清人王者輔評讀該文說：「全臺治安，斯文之力也。」㉑可見藍鼎元該條陳，實關係至大。

綜上所述，可見康熙年間廷臣疆吏對臺灣的輕率態度，大多未能認識臺灣地位之重要，故兩次棄臺的危機，皆有賴施琅和藍鼎元的力爭，始告挽回。然就施琅和藍鼎元比較而言，則藍鼎元識見的遠大，又遠非施琅可比㉒。施琅原爲明鄭部將，對鄭氏的投降納土，懷有極複雜的情懷，此可由他抵臺受降後，刑牲奉幣，赴告鄭成功之廟可知㉓。他是癸亥平臺首功，且奏請保留臺灣，容因恐臺灣發生變亂，則「不但伊征臺之前功盡棄，而請留臺之罪過將生」㉔，故有驅逐明鄭故人至內地之奏請；同時施琅懷有狹小之畛域觀念㉕，故亦奏請嚴禁潮惠之民入臺。迄康熙三十五年（一六九六），施琅死後，禁令漸弛，潮惠之民始得越渡入臺，然此舉對臺灣早期的開發，已產生極不良之影響。藍鼎元爲一經濟之學者，又曾隨其族兄藍廷珍入臺，深諳全臺地理情形，故對臺灣的認識，最爲透徹。他代藍廷珍覆閩浙總督覺羅滿保的幾篇條陳，以及返閩後所著的經理臺灣諸論，皆能針對當時臺灣的吏治、治安、拓墾、文教與民俗等方面，提出具體的興革意見，爲清廷治臺之重要參考，充分顯示出他對臺灣的獨到認識。

三、藍鼎元的積極治臺主張

藍鼎元對臺灣有獨到的認識，已如上述。故他不但代其族兄廷珍向閩浙總督覺羅滿保詳陳「遷民劃界」之不當，駁斥部議「臺鎮移澎」之荒謬，而且強調積極治臺的必要。他說：

> 以愚管見，……使千餘里幅員聲息相通。又擇實心任事之員，為臺民培元氣。……均賦役，平獄訟，設義學，興教化，奬孝弟力田之彥，行保甲民兵之法，聽開墾以盡地利，建城池以資守禦，此亦尋常設施耳。而以實心行實政，自覺月異而歲不同。一年而民氣可靜，二年而疆圉可固，三年而禮讓可興；而生番為熟番，熟番化為人民；而全臺不久安長治，吾不信也。……今民人已數百萬，不能盡驅回籍，必當因其勢而利導約束之，使歸善良，則多多益善。從來疆域既開，有日闢，無日蹙，氣運使然。……有地不可無人。經營疆理，則為戶口貢賦之區；廢置空虛，則為盜賊禍亂之所。臺灣山高土肥，最利墾闢。利之所在，人所必趨。不歸之民，則歸之番、歸之賊。卽使內賊不生，野番不作，又恐寇自外來，將有日本、荷蘭之患，不可不早為綢繆者也。㉖

上述論說，實可視爲藍鼎元積極治臺主張之總綱領。他的幾十篇有關治臺的議論，大多根據此一總綱領而加以發揮㉗。從此一總綱領，可見藍鼎元之主張積極治臺，不僅基於海防原因，防備外寇日本、荷蘭的入侵；尚望清廷當局能因勢利導，使臺灣長治久安，興禮讓之風，成爲中華民族的活動地區。茲試分吏治的整頓等五方面，加以討論。

就吏治的整頓言，「朱一貴事變」充分暴露當時臺灣吏治的缺失，卽平時孳孳以爲利藪，欺壓百姓；有事則推諉逃避，缺乏擔當負責、守土保民的觀念。故朱一貴得以利用知府王珍父子苛徵糧稅，並捕治盟歃者與入內山砍竹木者百餘人之時機，批評官府短長，鼓動民氣，糾集同黨起事。而起事之後，所以迅卽攻陷府城，佔領各地，乃因部份武職人員，如臺協中營遊擊張彥賢、右營遊擊王鼎、守備萬奏平、凌進、楊進等，一聞官兵敗訊，卽聯䑸揚航，逃往澎湖；文職人員更相率登舟，如臺廈道梁文煊、知府王珍、同知王禮、臺灣知縣吳觀域、縣丞馮迪、典史王定國、諸羅知縣朱夔、典史張靑遠等，皆奔赴澎湖，守土乏人之故㉘。故吏治亟待整頓。針對吏治的弊端，藍鼎元提出嚴賞罰和厚俸祿二點，以爲改進。

藍鼎元認爲，臺灣吏治的整頓，嚴賞罰實爲第一急務。賞所以酬庸勳勞，「以爲千秋之龜鑑」㉙；罰所以勸止玩寇、殃民、喪師、棄地、潛逃之罪。他強調：「國家刑賞異用，所以鼓勵臣節，爲斯世存三綱五常，使知禮義廉恥之外，尚有誅謬（似應爲「戮」字）可畏耳。有春夏而無秋冬，則四序不成；有慶賞而無刑威，則亂賊接踵。故魯人肆眚，春秋譏之；惟佛氏慈悲，買虎放生而已矣。」㉚故對福建當局處置「朱一貴事變」發生後，棄地逃歸的文武職人員：「文員無兵，……既已駢首市曹。（武員）周應龍、張彥賢等，有兵有弁，可以殺賊；……遁逃獨遠，反可晏然從寬。」㉛苛於文而厚於武，深致期期不可之意。他再三強調，必賞罰嚴，「則民易使」㉜。關於官吏的俸祿，藍鼎元認爲，「各官窮蹙」是當時臺灣的四大可慮者之一㉝。他指出，由於臺灣舊有官莊的歸入公家，故各官吏皆救口不贍。然忠信重祿，所以勸士。臺灣官吏既多由內地調補，離鄉背井；且俸祿至薄，不足仰事俯畜，乏養廉之資，而求其盡心爲公辦事，實非得情之平。此種情形，在天下太平之時，不過官吏空乏其身而已，事態尙不嚴重；設變亂發生，則有呼應莫靈、坐以待斃之虞。加以舊有官莊之歸入公家，以至賞賚捐輸，百無所出，故無法得部屬之效力，公事因之怠荒，結果「上焉者閉戶茹蔬，爲僧爲佛；下焉者取償於百姓之脂膏，爲鷹爲虎；孰與撫綏吾民哉？」㉞針對此種不合理待遇所發生的弊端，藍鼎元主張結合全臺之文武各官，於北路之林冀埔、竹塹埔等地，闢良田千頃，然後分地墾闢，各捐貲本，自備牛種田器，結廬招佃，以爲官府之恆產。因臺地素腴，隨墾隨收，故一年稻穀之穫，卽可收回本錢，二年、三年，食用遂不虞匱乏。藍鼎元強調，如此以天地自然之利，爲臣子養廉之資，不但可足民食，益國賦，更可因荒地的開闢，而祛除番害，實爲「一舉而數善備者也。」㉟

官吏與胥役的貪墨，亦爲清代臺灣吏治亟待整頓者之一。文武官員每於商船出入臺灣之際，乘機收取掛號例錢及驗船之禮。若船中載有違禁物，則需索更多。終於形成貪墨、走私之風，亟待革除。至於胥役，招搖撞騙，見事風生，烜赫囂張，「一名皂快，數十幫丁。一票之差，索錢六七十貫，或百餘貫不等。」尤亟應懲創一二，以儆其餘㊱。

吏治的整頓，千頭萬緒。清初臺灣吏治的未上軌道，原因甚多，固非短時卽可奏效。而藍鼎元所提出的整頓主張，多係其身歷目睹，針對時弊，以謀爲解決者，故雖非全盤之整頓方案，要亦稱中肯。至於他所強調的「立法之初，必誠必信。凡文告號令，必實在可行者方出之，無朝三暮四，言必踐，禁必伸，萬萬不可移易；則民知在上之不可犯，而教易從。」㊲尤爲執行吏治之整頓，所應遵循者。

就治安的加強言，康熙六十年（一七二一）多，「朱一貴事變」雖已初定，然當時臺灣防務空虛，實不足以維持地方之治安。藍鼎元指出空虛之情形：郡治足供調遣之水陸兵，僅五千餘人；鳳山南路，民番雜錯，四五百里之山海奧區，亦僅八百九十名之兵；而諸羅以北，奸宄縱橫，八九百里險阻叢雜之邊地，亦委之北路一營八百九十名之兵而已，結果「聚不足以及遠，散不足以樹威」㊳，地方治安之維持，實爲一嚴重之問題。況荒地日闢，生聚日繁，問題將益趨嚴重。故他強調：「欲爲謀善後之策，非添兵設官，經營措置不可也。」㊴建議當局在半線（今彰化）添設守備一營，兵五百；在淡水八里坌設巡檢一員，以佐半線守備之所不及；在羅漢門設千總一員，兵三百；下淡水新園設守備一營，兵五百；郎嶠（今恆春）極南僻遠，亦設千總一員，兵三百，駐劄其地，「使千餘里幅員聲息相通」㊵。添兵之外，他又建議實行保甲之制，並提出對臺灣築城的看法。

當「朱一貴事變」初平之後，地方未靖，藍鼎元因代其族兄上書閩浙總督覺羅滿保，請行保甲之制。他首論實行保甲之制的要旨說：

> 今盜賊衆多，不可不先為剔刮。鄙人愚見，以為作賊可以欺官，不可欺民；能避巡兵，不能避鄉里。莫若因其勢而防範之。就各縣各鄉，僉舉一幹練勤謹、有身家、顧惜廉恥之人，使為鄉長。就其所轄數鄉，家喻戶曉，聯守望相助之心，給之遊兵以供奔走使令之役。如有一家被盜，則前後左右各家齊出救援，堵截各處要口，務必協力擒獲。又設

大鄉總一、二人，統轄各鄉長，督率稽查，專其責成。鄉長有生事擾民、縱容奸匪、緝捕不力、救護不齊等弊，大鄉總稽察報查，如有失察，一體同罪。是雖無鄉兵之名，而衆志成城，不啻有鄉兵之實。

次敍實行保甲之制的具體辦法說：

……臺灣中路，設鄉長六名；南路鳳山，設鄉長八名；每縣各立大鄉總一名統轄之。北路諸羅，設鄉長十二名；立大鄉總二名分轄之。每鄉長一名，准給養遊兵四名；大鄉總一名，給外委千把總銜劄以榮其身，准養遊兵十名。其遊兵名糧，每月銀一兩、米三斗，就官莊內支給，以為贍養之資。計三縣遊兵一百四十四名，每月支銀一百四十四兩，米四十三石二斗。三縣鄉長共二十六名，大鄉總四名，應給養廉多少，憲臺酌量定奪。伊等工食既皆仰給於官，則與官兵一例，文武均行約束調遣，無敢不從。凡地方有竊賊，就各鄉長跟要，限期緝獲，解官究處。初限不獲，拘遊兵比責。再限不獲，鄉長罰月糧工食，戴罪圖功。三限不獲，拘鄉長正身重懲，大鄉總記大過一次。凡盜賊不能獲緝至三次者，鄉長責革，大鄉總追銷外委職牌，以示懲勸。……大鄉總幹練辦公，勤謹，三年無過犯，有綏靖地方實蹟，量行擢用，以示鼓勵。[41]

滿保接到奏疏，認爲其法切近精實，遂核定實施。其後，藍鼎元復請「權行團練」，「訓練鄉壯，聯絡村莊，以補兵防之所不周。」未待福建當局之核准，卽付諸實施。後遂以爲例，每有兵事卽舉辦之[42]。

關於臺灣築城問題，閩浙總督覺羅滿保有鑑於朱一貴之能迅卽攻陷府治，原因之一是當時府治未「築城鑿濠」。故事平之後，卽令藍廷珍研擬辦法，並提示築城以「但住官兵」及築土城、木城爲原則。藍鼎元亦認爲臺灣確有築城之必要，但對滿保所提示之兩原則，則持不同之意見。故代藍廷珍覆書滿保，強調「設兵原以衞民，而文武衙署、倉庫監房，俱關重大。」築城應包括民居、文武衙署等，「乃可戰可守，可以言城」。他舉內地各府縣戍守之兵，或千或百，皆有包羅衙署民居之城，以說明臺灣宜比照內地之例築城。至於築城以土城、木城爲原則，藍鼎元亦就臺灣之土質「徹底粉沙，築之不堅，膠之不實」，說明築土城之不宜；又就深山伐木，所費不貲及木城不能經久等，詳論木城未如磚城之爲長久至計㊸。滿保接奏之後，以臺灣「刼後財力疲弊，未堪興建」㊹，擱置此議。迄乾隆五十三年（一七八八），臺灣始築磚城，藍鼎元之議乃得實施，惟已延遲六十八年之久。

加強防務，是維持地方治安所不可缺的措施，然根本之道在使民生安居，無輕棄走險之思。清初臺灣之動亂頻傳，固與移民社會的生活型態有關，然清廷之禁止人民携眷入臺㊺，造成畸形的人口組合，婦女絕少，尤爲主因。當時畸形的人口組合，據《諸羅縣志》載：「男多於女，有邨庄數百人，而無一眷口者。蓋內地各津渡，婦女之禁旣嚴，娶一婦動費百金，故庄客佃丁，稍有贏餘，復其邦族矣。或無家可歸，乃於此置室，大半皆再醮遣妾出婢也。」㊻藍鼎元有鑑於此，故於雍正二年（一七二四）建議當時的臺廈道吳昌祚說：「鄙意以爲宜移文內地，凡民人欲赴臺耕種者，必帶眷口，方許給照載渡，編甲安揷。臺民有家屬在內地，願搬取渡臺完聚者，許具呈照赴內地搬取，文武汛口不得留難。凡客民無家眷者，在內地則不許渡臺；在臺有犯，務必革逐過水，遞回原籍。有家屬者雖犯，勿輕易逐水。則數年之內，皆立室家，可消亂萌。」[47]雍正六年（一七二八），條陳清廷〈經理臺灣疏〉時，又說：「統計臺灣一府，惟中路臺邑所屬，有夫妻子女之人民。自北路諸羅、彰化以上，淡水、鷄籠山後千有餘里，通共婦女不及數百人；南路鳳山、新園、瑯琦以下四五百里，婦女亦不及數百人。合各府各縣之傾側無賴，群聚至數百萬人，無父母妻子宗族之繫累，似不可不爲籌畫者也。……蓋民生各遂家室，則無輕棄走險之思。……惟是婦子渡臺之禁素嚴。官其地者尙不得携眷屬，况民人挈家，出口入口，需費浩繁。必得諭旨飭着文武地方官，凡民人欲赴臺耕種者，務必帶有眷口，方許給照載渡，編甲安插。其先在臺灣墾田編甲之民，有妻子在內地者，俱聽搬取渡臺完聚，地方汛口不得需索留難。其餘隻身遊棍，一概不許偷渡。」[48]再次詳論准許人民携眷入臺，俾在臺之男子皆得享室家之樂，以消弭其輕棄走險之思，永保地方之治安。惜未爲清廷採納。雍正十年（一七三二），清廷允准福建巡撫鄂彌達准予人民携眷入臺之奏請[49]，搬眷入臺之限制首次解除。然其後弛禁嚴禁，朝令夕改。迄乾隆五十五年（一七九〇）第四次弛禁後，始未再改變[50]。然距藍鼎元首次提出准許人民携眷入臺之建議，達六十七年之久，對當時臺灣社會的治安與疆土的拓墾，已發生極不良的影響。

就疆土的拓墾言，康熙末年臺灣南部固已多半開發，然半線以北至淡水數百里，則地曠人稀，「凡冒險渡臺者，上可致富，下可溫飽。」[51]故閩粤沿海居民不惜冒生命之危險，紛紛偷渡入臺。藍鼎元之兩度建議准許人民携眷入臺，除就消弭在臺單身男子輕棄走險之思著眼，亦深望因眷口之入臺，移民日增，「人力齊，鷄鳴狗吠，相聞而徹乎山中」[52]，使臺灣能早日拓墾開發。

藍鼎元認為，「疆土既開，有日闢，無日蹙。……地無美惡，經理則善。」[53]故他主張政府應因勢利導，廣聽開墾，以達到地利盡的目的。他議論開發竹塹埔之必要說：

竹塹埔寬長百里，行竟日無人煙。……其地平坦，極膏腴，野水縱橫，處處病涉。俗所謂九十九溪者，以為溝澮，闢田疇，可得良田數千頃，歲增民穀數十萬。臺北民生之大利，又無以加於此。……恢恢郡邑之規模，當半線、淡水之中間，又為往來孔道衝要。即使半線設縣，距竹塹尚二百四十里，不二十年，此處又將作縣。流移開墾，日增日衆；再二十年，淡水八里坌又將作縣。氣運將開，非人力所能過抑，必當因其勢而利導之。有官吏，有兵防，則民就墾如歸市，立致萬家，不召自來，而番害亦不待驅而自息矣。[54]

竹塹埔即今之新竹，地極膏腴，然當時尚為人煙罕至之地，亟待開墾。惜難得有心之人，以經營其地。雍正十年（一七三二），藍鼎元改就地方治安之加強立論，上書當時閩浙總督郝玉麟，建議將淡水同知移駐竹塹說：「竹塹居彰化、淡水之中，距彰化縣治二百四十里，一路空虛，上下兵力俱皆不及，宜移同知駐此，以扼彰、淡之要，聯絡數百里聲援，然後臺北上下血脈相通。」[55]郝玉麟採納其議。翌年（雍正十一年，一七三三），淡水同知正式移駐竹塹。隨著同知的移駐，墾民日聚，藍鼎元拓墾竹塹埔之主張，乃獲實現。

增設縣治，以利拓墾，藍鼎元亦屢言之。他認為康熙二十三年（一六八四），臺灣初設郡縣，管轄不過百餘里，然至康熙六十年（一七二一），「開墾流移之衆，延袤二千餘里」，[56]實有增設縣治之必要。他說：「虎尾溪天然劃塹。竊謂諸羅以北，至此可止，宜添設一縣於半線。自虎尾以上至淡水、大鷄籠，山後七八百里歸新縣管轄。然後北路不至空虛，無地廣兵單之患。吏治民生，大有裨補。」[57]此議爲當時臺灣地方當局所採納而題奏清廷，獲准增設。雍正元年（一七二三），正式分諸羅之地，添設彰化縣，南至虎尾，北抵大甲。縣治增設，彰化一帶人民生聚日繁，疆土隨之而拓墾，漸廓漸遠。

綜上所述，可知清初政府當局對臺灣的拓墾，大多以地方治安之維持爲着眼。故藍鼎元拓墾北路之主張，皆有賴當局因治安之需要，移淡水同知駐竹塹及增設彰化縣治，而獲得實現。

就文教的振興言，臺灣自康熙二十二年（一六八三）入清版圖，雖沿明鄭規制，有府縣學之設[58]。然以地理環境之特殊，徒有其制，乏其內容。至如鳳山縣儒學「年久飄搖，僅存數椽以棲先師之神位，而風雨不蔽。遇春秋丁祭，張篷行禮，祭畢撤去。」[59]則連規模亦未具備，遑論其他。故文教的振興，實爲當時急務之一。藍鼎元爲「閩中學者，以振興絕學爲己任」[60]，故對於臺灣文教之荒疏，再三言之。康熙六十年（一七二一），他在〈覆制軍臺疆經理書〉條陳所謂：「人無良匪，教化則馴」[61]，實可視爲其對振興文教之基本看法。

藍鼎元認爲，施富教之先決條件爲「郡縣既有城池，兵防既已周密，哀鴻安宅，匪類革心。」然因臺灣之患，不在富而在教，故他強調：『興學校，重師儒，自郡邑以至鄉村，多設義學，延有品行者爲師，朔望宣講聖諭十六條，多方開導，家喻戶曉，以「孝弟忠信禮義廉恥」八字轉移士習民風。』[62]爲當時之急務。雍正二年（一七二四），他因臺人問學者寡，應試者多內地生童，然其文藝亦鮮佳者，故提出「觀感奮興，人文日盛」之策，建議臺厦道吳昌祚採納實施。他說：

> 宜廣設義學，振興文教，於府城設書院一所，選取品格端正、文理優通、有志向上者為上舍生徒。延內地名宿文行素著者為之師，講明父子君臣長幼之道，身心性命之理，使知孝弟忠信，卽可以造於聖賢。為文章必本經史古文先輩大家，無取平庸軟靡之習。每月有課，第其高下而奬賞之。朔望親臨，進諸生而諄切教誨之。臺邑、鳳山、諸羅、彰化、淡水各設義學，凡有志讀書者皆入焉。學行進益者，升之書院為上舍生。則觀感奮興，人文自必日盛。[63]

藍鼎元建議在臺灣廣設之義學，其淵源本導自社學。康熙末年，臺灣各府縣原有義學十餘所，然因「朱一貴事變」之影響，既設之義學悉告廢絕[64]，故藍鼎元建議廣為復設。雍正以後，「臺灣各地書院，義學之創設，如雨後春筍。」[65]可見藍鼎元之倡議，當產生相當之影響。

藍鼎元倡設義學，不遺餘力。雍正六年（一七二八），他上清廷之〈經理臺灣疏〉中亦建議：「令有司多設義學，振興教化。集諸生講明正學，使知讀書立品，共勉為忠孝禮讓之士。……各縣、各鄉、各社，多立講約，著實宣講聖諭廣訓書，諄切開導。」[66]義學，俗稱義塾：設在各府、州、縣內，其目的為「延請名師，聚集孤寒生童，勵志讀書。」[67]例由官民義捐設立，以佐儒學之不足。藍鼎元之所以積極倡設義學，揆其原因有二：一為儒學格於規定，一府縣僅各設一所，無法多置。然由於荒地的日闢，人民日聚，勢不能不設學以教化之。二為義學以教化勸善為主，「使愚夫愚婦，皆知為善之樂，皆知綱常倫紀、尊卑長幼之義，奉公守法。」[68]清初臺灣的社會，尚屬移墾狀態，對三綱五常，《聖諭廣訓》，特有加以宣導之必要。由此可見，藍鼎元之倡設義學，實爲適應臺灣社會之特殊需要。

就民俗的改善言，清初臺灣的民俗，弊端甚多，如惡棍訟師特多、賭博之風、婚娶論財之俗與奢靡浪費之習等。藍鼎元針對上述弊端，一一提出改善之道。首先，藍鼎元建議臺厦道吳昌祚，除惡棍務必嚴厲，「寬之則行刼，又寬之則嘯聚」，宜留心訪察，凡惹事生非，輕者黥面逐水，重者會同臺鎮分別杖斃、馘耳、逐水。至於嘯聚，應便宜行事，當機立斷，不必詳解內地，以致波累多人，且往返經年，雖殺而民不畏㊴。對於訟師，藍鼎元建議：「宜嚴反坐之法。聽訟時平心霽色，使村啞、期艾咸得自達其情。得情時鐵面霜威，使狡猾、財勢俱無所施其巧。凡平空架害，審係虛誣，不可姑息，務必將原告反坐，登時研究訟師姓名，飛拿嚴訊，責逐過水，遞回原籍，取本縣收管回文存案。」㊵訟師猶今之律師，本爲人民排解糾紛，然當時之訟師多黠民，稍通文墨，其姦猾而窮苦無依者，並爲訟師。「愚民一紙公門，惟訟師是主。訟師一經包攬，訟者雖欲自止而不能矣。更有唆使番彝，造端飾詐。或官長明察，罪無所逃，則激之使變；遂爲地方大害。」㊶就民俗的改善言，固亟應剷除訟師，即就治安的維持言，亦應剷除之。對於賭博風盛，兵民因之廢事失業，損財召禍，造成種種嚴重之社會問題，藍鼎元亦建議吳昌祚：「宜知會臺灣鎮，實心實力共禁之。然表正者影直，上行則下效。」㊷分就消極的禁止和積極的表彰入手。

其次，對於婚娶論財之俗，藍鼎元除兩次建議清廷准許人民携眷入臺，以平衡男女人口組合的懸殊比例，謀根本的解決之道外，並建議吳昌祚：「凡民間室女年二十四五以上者，限三月之內逐一嫁完，違者拿其父兄治罪。」㊸迫使待年不嫁者，不再「論財擇壻」，以增加男子婚媾之機會。對於奢靡浪費之習的革除，藍鼎元認爲係轉移風俗之急務。他指出當時奢靡浪費的情形說：「臺俗豪奢，平民宴會，酒席每筵必二兩五六錢以上，或三兩四兩不等。每設十筵八筵，則費中人一二家之產矣。遊手無賴，綾襖錦襪，搖曳街衢。負販菜傭，不能具體，亦必以綾羅爲下衣，寬長曳地。輿夫多袒裸，而繭綿綢褲不可易也。家無斗米，服值千緡；饘粥弗充，檳榔不離於口；習俗相沿，餓死不變。」[74]《諸羅縣志》亦載：「人無貴賤，必華美其衣冠，色取極豔者。靴韈恥以布。履用錦，稍敝即棄之。下而肩輿隸卒，袴皆紗帛。」[75]可見當時臺灣奢靡浪費之一斑。藍鼎元因建議清廷和吳昌祚，一面消極地禁止浪費之習，「稍示等威」，使知貴賤貧富之分；一面積極地倡導勤儉之風，講桑麻之政。他在建議中，詳論當時臺灣奢靡浪費之習的形成，乃因「民多游惰」。故應令男子於內地購買木棉之核返臺種植，並廣植苧麻；女子則織紝爲冬夏衣，使男女皆有桑麻之務，以養成勤儉之風[76]。

綜上所述，可知藍鼎元針對清初臺灣民間陋俗，而提出的改善方案，不僅消極地禁止、革除陋習，更謀積極地倡導善良風俗，以爲轉移，故語多可採。其討論民俗改善的〈與吳觀察論治臺灣事宜書〉與〈經理臺灣疏〉兩篇文字，實爲清代臺灣社會史事極珍貴之原始文獻。

四、結　論

綜觀藍鼎元對臺灣的認識和他的治臺主張，可知藍鼎元實爲清初一位極有識見、關切臺灣的政治家，他沒有機會身負經理臺灣的要職，以積極地治臺，促進臺灣的開發，使臺灣的吏治早日上軌道，實至爲可惜。然他著書立說，建議清廷、福建和臺灣當局正視臺灣地位之重要，積極治理臺灣，對清代治臺政策的由消極轉趨積極，由防範轉入開發，亦有深遠的影響。

就對臺灣的認識言，康熙年間，具有識見者，僅施琅與藍鼎元二人。然比較施琅和藍鼎元二人對臺灣的認識，則後者顯然優於前者。蓋施琅僅基於海防著眼，消極地主張保留臺灣而已。而藍鼎元不僅基於海防的理由，強調臺灣爲我國東南沿海諸省的屏障；而且建議清廷當局因勢利導，積極開發臺灣，謀臺灣的長治久安，使中華民族得以在臺拓殖，中華文化得以在臺生根，結合大陸與臺灣爲一體。其有功於臺灣的早期開發，有助於中華文化在臺灣的擴大綿延，可謂前無古人。清人謝金鑾推崇他爲「籌臺之宗匠」[77]，當非虛譽。

就藍鼎元的治臺主張言，本文雖分就吏治的整頓等五方面討論，然各方面實相輔相成，不容分割。舉例言之，治安的加強，有賴於疆土的拓墾，「地利盡，人力齊，雞鳴狗吠，相聞徹乎山中，雖有盜賊，將無逋逃之藪。」[78]而疆土的拓墾，亦有賴於治安的加強，「有官吏，有兵防，則民就墾如歸市，立致萬家，不召自來。」[79]可見二者之相輔相成。又就文教的振興與民俗的改善言之，義學的設置，設立講約，使民知綱紀倫常，奉公守法，固有助於民俗的改善；然民俗的改善，如陋俗——賭博之風、奢靡浪費之習等的革除，當亦有助於文教的振興。

由於藍鼎元所提出的治臺主張，多係其身歷目睹，針對淸初臺灣的吏治、治安、拓墾、文教與民俗等弊端，而謀爲興革，切實可行，故每爲當局採納實施。例如：雍正以後的設立官莊之議與頒鹽官賣之制，乾隆八年（一七四三）的增加官吏養廉之費；康熙六十年（一七二一），保甲之制與團練之法的實施；乾隆五十三年（一七八八），臺灣之始築磚城；乾隆五十五年（一七九〇），第四次放寬渡臺限制，准許人民携眷入臺；雍正元年（一七二三），彰化縣的增設，以及雍正十一年（一七三三），淡水同知的移駐竹塹；雍正以後，臺灣各地書院、義學之紛設等等，無不直接採納藍鼎元之建議，或間接受藍鼎元治臺主張之影響。乾隆五十二年（一七八七）五月三十日，清高宗在披閱藍著《東征集》後，覺得該書所論臺灣形勢及經理事宜，其言大有可採，因諭閩浙總督常青（前任）、李侍堯（後任）於「林爽文事變」平定後，詳爲參考，以籌酌臺灣善後事宜。越四日，清高宗披閱另一部藍著《平臺紀略》後，再諭常青於攻剿林爽文時，務須嚴密圍堵，設法招撫，連絡生番等[80]。由清高宗對藍著如是的賞識與借重，可見藍鼎元的主張積極治臺，對清代治臺政策的轉變，實有極大的影響。

附註

❶ 如郭廷以之《臺灣史事概說》（頁九五—一六六，民國四十七年三月，正中書局出版），金成前纂修之《臺灣省通志．卷三政事志綜說篇》（第一冊，頁二三—三〇，民國六十年六月，臺灣省文獻委員會出版）、張炎憲之〈清代治臺政策之研究〉（頁一，國立臺灣大學歷史研究所碩士論文，民國六十三年七月）、張菼之〈清代初期治臺政策的檢討〉（臺灣文獻第二十一卷第一期，頁二一，民國五十九年三月）等書或論文，皆持此觀點。

❷ 見藍雲錦，〈行狀〉，《平臺紀略》卷首，頁五—六，臺灣文獻叢刊第一四種，民國四十七年四月，臺灣銀行經濟研究室編印。

❸ 後之研讀、引用、評述《東征集》一書，皆以藍鼎元爲該書之作者，此已爲公認之事實。然藍廷珍既爲東征統帥，則有關建議閩浙總督覺羅滿保之條陳，當皆經其核可，可見藍廷珍亦爲有識者。此論無人提及，特爲說明。

❹ 見莊金德，〈藍鼎元的治臺讜論〉，臺灣文獻第十七卷第二期，頁二。

❺ 見郭廷以，《臺灣史事概說》，頁九一。

❻ 見連橫，《臺灣通史》卷三十列傳二施琅列傳，民國六十五年五月，臺灣省文獻委員會版。

❼ 見前揭《臺灣省通志．卷三政事志綜說篇》第一冊，頁二三。

❽ 見施琅，〈恭陳臺灣棄留疏〉，《靖海紀事》下卷，頁六二，臺灣文獻叢刊第一三種，民國四十七年二月出版。

❾ 此處所謂「未上軌道」，係就大體而言。蓋在康熙年間，臺灣亦有幾位實心任事之官吏，如：首任知府蔣毓英之「安撫土番，招集流氓」；「相土定賦，以興稼穡」；「振興文教，創立義學」。諸羅知縣張

珅之招墾曠土，「流氓歸者如市」。先任臺灣知縣，後任臺廈道之陳璸「獎勵讀書紡績，賑恤窮黎」。又臺灣知縣沈朝聘、諸羅知縣季麒光、臺灣府同知孫元衡、臺灣知府靳治揚、臺灣道王敏政等，亦均有良好之政聲，對臺灣之開發經營，均有頗多貢獻。見《臺灣省通志·卷三政事志綜說篇》第一冊，頁二三。

⑩ 見金成前，〈臺灣清治二百多年間的內憂外患〉，臺灣文獻第十九卷第二期，頁一三二。

⑪ 有關「朱一貴事變」的記載，以藍鼎元之《平臺紀略》最為詳實。藍鼎元自述該書之作，旨在供史家據以徵信說：『藍子自東寧歸，見有市《靖臺實錄》者，喜之甚，讀不終篇，而愀然起，喟然嘆也。曰：嗟乎！此有志著述，惜未經身歷目覩，徒得之道路之傳聞。其地、其人、其時、其事，多謬悞舛錯。將天下後世以為實然，而史氏據以徵信，為害可勝言哉！』（《平臺紀略》自序）故據事直書，以傳史實，筆者於民國五十九年，撰寫〈朱一貴之役研究〉學士論文時，曾赴昔年朱一貴起事之羅漢門月眉潭（今高雄縣內門鄉）作地理考證，並訪當地居民，搜集有關朱一貴之役的傳說與歌謠，作為論文之附錄。附錄之一〈朱一貴之役的傳說與歌謠〉，送臺灣文獻第二十六卷第三期發表（民國六十四年九月），讀者如有興趣，請參閱。

⑫ 見〈覆制軍臺疆經理書〉，《東征集》卷三，頁三三，臺灣文獻叢刊第一二種，民國四十七年二月出版。

⑬ 同前書，頁三三—三四。

⑭ 同前書，頁三四。

⑮ 同前書，〈覆制軍遷民劃界書〉，頁四〇。

⑯ 見莊金德〈藍鼎元的治臺讜論〉，頁七。

⑰ 同⑮頁四一—四二。

⑱ 見王者輔評語，附在前書之後，頁四三。

⑲ 同前書卷四，〈論臺鎮不可移澎書〉，頁四六—四七。

⑳ 藍鼎元身歷臺地，且參贊其族兄平臺統帥藍廷珍之軍務，對當時臺灣防務之空虛，知之最詳，故有「其地方於福建一省，論理尚當添兵，易總兵而設提督五營，方足彈壓。」之語。又參見《平臺紀略》總論，頁三〇。

㉑ 王者輔爲藍鼎元之同學，其言不無溢美之處，然藍鼎元此一條陳，關係全臺之治安，亦爲事實。見〈論臺鎮不可移澎書〉，《東征集》卷四，頁四七，王者輔評語。

㉒ 關於施琅和藍鼎元二人的治臺主張，一爲消極，一爲積極，或可由二人之年齡加以考察。藍鼎元入臺前後，年在四十左右，正值盛年。而施琅平臺之時，年已六十餘，他在康熙二十四年說：「惟年已六十有五，衰老漸及，意在乞休。」可見年逾耳順之年，對其消極治臺觀念的形成，當有影響。見〈海疆底定疏〉，《靖海紀事》下卷，頁七二。

㉓ 施琅於康熙二十二年八月十八日抵臺受降，二十二日即刑牲奉幣，赴告鄭成功之廟說：「自南安侯入臺，臺地始有居民。逮賜姓啓土，世爲巖疆，莫可誰何！今琅賴天子威靈，將帥之力，克有茲土，不辭滅國之誅，所以忠朝廷而報父兄之職也。但琅起卒伍，於賜姓有魚水之歡。中間微嫌，釀成大戾。琅於賜姓，剪爲仇敵，情猶臣主；蘆中窮士，義所不爲！公義私恩，如是而已。」可見由於施琅與鄭氏的複雜關係，可能影響施琅對明鄭故土——臺灣經營的「客觀」認識。引文見江日昇，《臺灣外記》第三冊，頁四四三，臺灣文獻叢刊第六〇種，民國四十九年五月出版。

㉔ 見《臺灣省通志．卷三政事志綜說篇》第一冊，頁二三。

㉕ 同前註。

㉖ 見《平臺紀略》總論，頁三一—三二。

㉗ 見莊金德，〈藍鼎元的治臺讜論〉，頁四。

㉘ 見《平臺紀略》，頁一—五。

㉙ 同前書，〈自序〉。

㉚見〈論臺變武職罪案書〉，《東征集》卷三，頁四三—四四。

㉛同前書，頁四四。

㉜見《平臺紀略》，頁三。

㉝藍鼎元認爲當時臺中時事四大可慮者爲：米貴兵單，各官窮蹙，政務懈解與移鎮澎湖之決定。見〈論臺中時事書〉，《東征集》卷五，頁七三。

㉞見〈與吳觀察論治臺灣事宜書〉，《鹿洲初集》卷二，轉引自《平臺紀略》附錄，頁五四—五五。

㉟同前書，頁五五。

㊱同前書，頁五〇—五一。

㊲同前書，頁四九。

㊳見《平臺紀略》，頁三〇。

㊴同前書，頁三一。

㊵同前書，頁三一。

㊶見〈請行保甲責成鄉長書〉，《東征集》卷四，頁六一—六二。

㊷同前書卷四，〈請權行團練書〉，頁六四。又參見莊金德，〈藍鼎元的治臺讜論〉，頁一〇一—一一。

㊸見〈復制軍論築城書〉及〈與制軍再論築城書〉，《東征集》卷三，頁二七—三〇。

㊹見《臺灣省通志》卷三政事志建置篇》全一冊，頁五。

㊺清廷禁止人民携眷入臺之原因，據郭廷以之解釋爲：「深恐其圖謀不軌，據險爲亂。」應爲事實。見《臺灣史事概說》，頁一〇三。

㊻見周鍾瑄監修，「諸羅縣志」卷十二雜記志外紀，頁一四五，《諸羅縣誌》，臺灣研究叢刊第五五種，臺灣銀行經濟研究室編印，民國四十七年五月出版。

㊼見〈與吳觀察論治臺灣事宜書〉，《鹿洲初集》卷二，轉引自《平臺紀略》附錄，頁五二。

48 見〈經理臺灣疏〉，〈鹿洲奏疏〉，轉引自《平臺紀略》附錄，頁六七—六八。

49 見陳世慶整修，《臺灣省通志·卷四經濟志綜說篇》第一冊，頁一八。

50 見莊金德整修，《臺灣省通志·卷二人民志人口篇》第二冊，頁九九—一〇〇。參閱莊金德，〈清初嚴禁沿海人民偷渡來臺始末（上）、（下）〉，臺灣文獻第十五卷第三、四期。

51 同47。

52 見〈覆制軍臺疆經理書〉，《東征集》卷三，頁三四。

53 同前註。

54 同前書卷六，〈紀竹塹埔〉，頁八七。

55 見〈謝郝制府兼論臺灣番變書〉，《鹿洲初集》卷三，轉引自《平臺紀略》附錄，頁六二。

56 同52。

57 見〈紀虎尾溪〉，《東征集》卷六，頁八四。

58 當時臺灣一府三縣，依行政區劃，先後設立四儒學。其設立之時間：臺灣府儒學，設立於康熙二十四年（一六八五）；臺灣縣儒學，設立於康熙二十三年（一六八四）；鳳山縣儒學，設立於康熙二十三年（一六八四）；諸羅縣儒學，設立於康熙二十五年（一六八六）。見《臺灣省通志·卷五教育志教育行政篇》第一冊，頁一六。

59 見莊金德整修《臺灣省通志》卷五教育志制度沿革篇第一冊，頁一六。又《鳳山縣志》亦有「風雨圮壞。……大抵瓦屋數椽，規制未備。」之記載，可見當時因陋就簡之一斑；見陳文達編纂，《鳳山縣志》卷六學校志學宮，頁八四，臺灣研究叢刊第四九種，民國四十六年十一月出版。

60 見〈王序〉，《東征集》卷首，頁一。

61 同前書卷三，〈覆制軍臺疆經理書〉，頁三四。

62 同前書，頁三九。

63 見〈與吳觀察論治臺灣事宜書〉，《鹿洲初集》卷二，轉引自《平臺紀略》附錄，頁五二。

64 見《臺灣省通志・卷五教育志制度沿革篇》第一冊，頁二八。

65 同前書，頁二九。

66 見〈經理臺灣疏〉，《鹿洲奏疏》，轉引自《平臺紀略》附錄，頁六八。

67 見康熙五十二年禮部議准案。轉引自《臺灣省通志・卷五教育志制度沿革篇》第一冊，頁二八。

68 同66。

69 見〈與吳觀察論治臺灣事宜書〉，《鹿洲初集》卷二，轉引自《平臺紀略》附錄，頁四九—五〇。

70 同前註，頁四九。

71 見《諸羅縣志》卷八風俗志雜俗，頁九〇，臺灣研究叢刊第五五種。

72 同69，頁五〇。

73 同69，頁五一。

74 同69，頁五五。

75 同71，頁八八。

76 同69，頁五四；又見〈經理臺灣疏〉，《鹿洲奏疏》，轉引自《平臺紀略》附錄，頁六八—六九。又關於藍鼎元的民俗改善主張，可參閱楊雲萍，〈藍鹿洲的臺灣民俗改善論〉，臺灣風物第二卷第六期，頁四—六，民國四十一年九月。

77 轉引自莊金德，〈清初旅臺學人著作的評介〉，臺灣文獻第十五卷第一期，頁一二二。

78 見〈覆制軍臺疆經理書〉，《東征集》卷三，頁三四。

79 同前書卷六，〈紀竹塹埔〉，頁八七。

80 清高宗的兩次上諭，是清廷參考藍鼎元的治臺主張，以決定其治臺政策之極佳史料，特予披露於後：

(1)（五月三十日）諭：『朕披閱藍鼎元所著《東征集》，係康熙年間臺灣逆匪朱一貴滋事、官兵攻剿時，伊在其兄藍廷珍幕中，所論臺灣形勢及經理事宜，其言大有可採。如所稱：「諸羅一縣，地方遼濶，鞭長莫及，應劃虎尾溪以上另設一縣，分駐半線地方；並於各要隘處所增添巡檢、千把總員弁，以資防守」等語；後從其說，添彰化一縣。至該處迄今，又閱六十餘年，土地日闢，戶口日滋，酌量情形，有須添設文武員弁，以資控制撫馭之處；前經降旨令常青、李侍堯於勦賊完竣，辦理善後事宜時，一併籌酌。今閱藍鼎元卽有此議，是臺灣增設官弁，實爲最要』（《大清高宗純皇帝實錄》一二八一）。

(2)（六月三日）諭：「朕披閱藍鼎元所著《平臺紀略》，藍廷珍進攻鹿耳門，收復郡城不過七日，而其餘黨竄逃各處，乘間竊發，輾轉收捕，幾及二年，始能辦理完結。……常青於攻勦時，務須嚴密圍堵。如可設法招撫，不妨權宜招致；並曉諭生番：如有竄入該境者，卽時縛獻，賞以花紅布匹。如此辦理，俾賊匪餘孽無所逃竄，庶可淨絕根除。」（《大清高宗純皇帝實錄》卷一二八二）。

以上轉引自《清高宗實錄選輯》第三冊，頁四〇一、四〇三，臺灣文獻叢刊第一八六種，民國五十三年六月，臺灣銀行經濟研究室編印。

附記：本文曾獲六十七學年度行政院國家科學委員會獎助，特此致謝。

（台灣文獻第二十八卷第二期，民國六十六年六月，臺灣臺中）

清代臺灣的分類械鬥事件

一、引　言

分類械鬥事件是造成清代臺灣社會動亂不安的因素之一，它的發生原因，種類及其演變，政府的處置與事件的消弭，以及其流弊與影響，皆能顯示清代臺灣移墾社會的特徵，與清代臺灣由移墾的、落後的社會進而爲文治的、現代的社會的轉型過程。因此，吾人欲了解清代臺灣社會的眞相，對於分類械鬥事件，實有進一步探討的必要。

民國五十九年，筆者開始涉獵臺灣史料，對清代臺灣社會史發生濃厚的興趣。近年來，濫竽大學「臺灣史」教席，涉獵漸多，對清代臺灣社會史事的觀察略有心得，爰將手邊有關分類械鬥事件的資料，加以整理，益以一得之愚，完成本文，以就教博雅君子。

二、分類械鬥的原因

清代分類械鬥事件之發生，不僅臺灣一地區而已，閩、粤、湘、贛諸省，亦時有之，然不若臺灣之偶因細故，卽列械而鬥，累世仇殺之甚。清代臺灣的分類械鬥事件，首見於康熙六十年（一七二一）鳳山縣的閩、粵械鬥，終止於光緒八年（一八八二）臺灣縣的異姓械鬥，爲時達一百六十餘年之久。根據諸府廳縣志的記載，清代臺灣的分類械鬥事件，規模較大的至少有三十八次之多，故「三年一小變，五年一大變」之說，大體不誤。

每次分類械鬥事件的發生，或爲政治因素，或爲經濟因素，或爲社會因素，或兼而有之。茲試依政治等因素，分別加以討論。

就政治因素言，清代臺灣吏治的未上軌道，實爲分類械鬥事件層出不窮的重要原因，而清代臺灣吏治的未上軌道，又與清初消極的治臺政策有關。原來清領臺灣之初，由於朝廷與疆吏未能認識臺灣地位的重要，當時對力征而入版圖的臺灣，曾發生棄留問題的爭議，主張遷民棄地者，頗不乏人。後經施琅的再三疏請，清廷始決定設置府縣。清初臺灣吏治的窳敗，就是此種消極治理政策下的產物。當時吏治的窳敗，誠如藍鼎元所謂：「文恬武嬉，兵有名而無人，民逸居而無教，官吏孳孳以爲利藪，沉湎樗蒲，連宵達曙。」❶由於文武官員未能實心任事，因之道光年間臺灣道徐宗幹認爲全國吏治以臺灣最壞之說❷，雖不免誇大其詞，要亦有幾分事實。因爲吏治窳敗，官吏未能善盡保護人民之責，故人民遇有關係鄉邑或個人利益之事，每自行率衆合族，私相逞鬥。謝金鑾對此曾有透徹的說明：

夫民有屈抑則訟之官者，勢也；乃訟之官，而官不能治，曰犯不到案者，悍而不可捕也；捕矣，到案矣，又或賄之，而不持其平也。民以為信矣，官不能捕，吾將自捕之；於是乎有擄禁之事，有私刑拷掠斃命滅屍之事。以為犯罪而官不能治，則雖斃命滅屍無懼也。俄而信矣，斃命滅屍者，可不到案矣，到案而賄以免矣；於是乎群相效尤，寖成風俗。以為吾所屈抑者得紓吾情，雖破產以賄於官無怨。至其事關鄉邑者，則率衆合族，私相侵伐，由是有械鬥之事。鬥而死傷適均，居間者可和以解也；吾殺彼二人，而彼殺吾三人焉，則必約衆再鬥，曰吾持其平而已。蓋捕犯刑拷以伸屈抑，殺人抵命而持其平者，人心天道之當然也。第官不能，則移其權於民而已。嗚呼！此擄禁、滅屍、械鬥之由也。❸

再則，清廷利用閩、粵或漳、泉的畛域之見，進行分化，以擴大、操縱閩、粵或漳、泉之間的矛盾，亦爲清代臺灣分類械鬥發生的原因之一。臺灣原爲福建省之一府，因而以閩爲主而以粵爲客，清初一般謂粵人爲「客子」者，非指其爲「客家」之意，蓋認爲其寄寓而爲客也。且「客子」一詞，意含輕蔑，甚多言論，亦近誣衊❹。又臺灣入清版圖之初，各級官員不得選用粵人，以免偏徇同鄉，但閩人則無需迴避，其抑粵右閩之情形，可以想見。然自康熙六十年（一七二一）閩人朱一貴揭竿反清，居於鳳山縣下淡水溪流域的粵人，乘勢而起，自稱「義民」，糾合十三大莊、六十四小莊，共一萬二千餘人，會於萬丹，樹清旗，部署軍務，協助清軍進攻朱一貴所部後，清廷對粵人之態度開始改變，漸由抑粵右閩，進而袒粵以制閩，對粵人任官臺灣之限制，亦漸放寬❺。

清廷於確立以粵制閩政策後，對閩之漳、泉初皆無好感，如乾隆三十五年（一七七〇）十月廣東省潮州府有朱阿姜一案，十月二十七日上諭云：「朱阿姜尚未弋獲，閩、粵地界毗接，該犯一聞官兵勦捕，勢必四散逃竄，或潛入閩境藏匿。如台灣遠隔海洋，奸徒易於遁迹；

其漳、泉一帶，民情素稱刁悍，逆犯朱阿姜或詭託故明支裔，希圖煽誘，均未可定。應卽悉心飭屬搜捕，如有蹤跡可疑之人私行渡臺及往漳、泉一帶者，務須密訪嚴拏，毋任稽誅漏網。」

❻可見清廷所視爲腹心之疾者，惟臺灣、漳、泉三府，故特別防備朱阿姜的逃入。由此亦可見，清廷在當時對待漳人、泉人之態度，並無不同。

清廷的分化漳、泉二籍人民，始於乾隆五十一年（一七八六）林爽文事變時。林爽文爲漳人，其部衆如莊大田等，俱係漳人，清廷遂利用泉人爲「義民」，遍於南北，協助清軍作戰，漳、泉兩籍從此壁壘分明，爲清廷所操縱。同治元年（一八六二）的戴潮春事變，清廷重施故技，復趁漳、泉失和，唆使泉人爲「義民」，以助清軍，事變賴以平定。

如上所述，清廷利用分化政策，以削弱反清勢力，固可收一時之效，有助於反清事變的迅卽平定，却加深了閩、粵，以及漳、泉之間的歧見，使得粵、漳、泉三籍的地域之見，始終無法消除，馴至睚眦之怨，生死以鬥。今人張菼認爲，台灣的分類械鬥事件爲清廷故意釀成的❼，張氏所論雖不免過份強調清廷分化政策的因素，然互鬥則力分，其於清廷之防變自屬有利，清廷利於民間之分類械鬥，並無積極防止之意圖，則屬事實。

就經濟因素言，清初臺灣的開發，集中於臺灣縣（今臺南縣）、諸羅縣（今嘉義縣）、鳳山縣（今高雄縣）一帶地方，其他地區則尚多屬荒野未墾地區。雍正以後，一則因臺灣縣、鳳山縣地利漸次開盡，而有人滿之患；二則因北路的日漸開發，廳縣的增設❽，因此移民漸往彰化縣、淡水廳一帶移墾。是時臺灣中、北部一帶，地廣人稀，可容納多數人口，故移民頗能相安共處，甚少發生分類械鬥之事。惟至乾隆中葉以後，因彰化、水沙連（今南投縣埔里鎮）、竹塹（今新竹）、淡水等地，亦已先後開墾，可容納新移民之地區，日以減少，因此人民遂屢為爭奪墾地，而結成敵對的各個勢力，互不相讓。最初是閩、粵的分類，繼則有漳、泉的分類，或漳人聯粵，合而攻泉；或泉人聯粵，合而抗漳。其後，更有同籍、異縣，乃至職業團體的分類出現。分類的雙方，為爭取、擴大己方的墾地，每不惜拋棄身家性命，展開慘烈的械鬥。其互爭墾地之情形，如道光年間臺灣道姚瑩的記載：

（嘉慶）二年，……漳人益衆，分地得頭圍至四圍、辛仔羅罕溪。泉籍初不及二百人，僅分以二圍菜圍地，人一丈二尺。粵人未有分地，民壯工食仰給於漳。四、五年間，粵與泉人鬥，泉人殺傷重，將棄地走；漳人留之，更分以柴圍之三十九結、奇立册二處，人四分三厘。……七年，三籍人至益衆。漳人吳表、楊牛、林碩、簡東來、林膽、陳一理、陳孟蘭，泉人劉鐘，粵人李先，乃率衆一千八百十六人進攻，得五圍地，謂之九旗首，每人分地五分六厘。漳得金包里、股員山、仔大、三鬮深溝地。泉得四鬮、一四鬮、二四鬮、三渡船頭地，又自開溪洲一帶。粵得一結至七結地。⑨

當時人民為爭奪墾地而展開的械鬥，除粵、漳、泉的分類外，尚有所謂「地主集團」之爭。「地主集團」係以地主與佃戶為結合體，打破籍貫的界限。原來清代臺灣實施墾佃制度，土地的開墾係由富豪士紳或有勢力者向官府申請墾照，招佃開墾。墾首所招募之佃戶，初皆限於同鄉、同宗者，後來墾首為招募更多的佃戶，以加速墾地的開拓，遂不分籍貫、身分，廣招各籍佃戶，於是逐漸形成少數包括不同籍貫、擁地數十百甲的「地主集團」。各地主（墾首）率領佃戶，外禦番人，內收租穀，勢力強大，有時因土地的紛爭，而牽引同屬，與另一「地主集團」展開械鬥。如《噶瑪蘭志略》云：「該地漳人最多，泉人次之，粵人又次之。漳州十八姓內，惟林、吳、張三姓最爲族大丁多，平日倚恃人衆，以強欺弱等事，不一而足。」[10]因地主之倚恃人衆，以強欺弱，故「地主集團」之爭，層出不窮。

爭地之外，水利之爭亦每導致大規模的械鬥。清代臺灣之三大勢力爲泉民、漳民與粵人。隨鄭氏渡臺者多泉民，從施琅征臺者多漳民。粵人於臺灣入清版圖之初，因施琅的奏請，被禁止渡臺；至康熙末年，因禁令漸弛，始得越渡入臺。漳、泉先至，故佔海濱平原；粵民後至，故多居附山地帶。以鳳山縣一地爲例，清代居於該縣下淡水溪下游的漳、泉人民，因各溪皆發源於傀儡山瀑，一旦驟雨，各溪流短時難以宣洩大量山洪，往往泛濫成災，故屢次要求居於上游的粵民不要截圍溪水，使山泉得於平日順流而入海，以利山洪的宣洩，不致爲害閩莊。但居於上游的粵民，平時利於截圍溪水，以爲灌溉之用；驟雨之時，又利於山洪的迅速宣洩，以減輕水患。閩莊、粵莊對溪水的截圍和宣洩，立場如是不同，因之閩、粵兩莊之衝突，遂時有所聞。其爭水情形，誠如道光年間台灣道熊一本的記載：「兩類肇端，每在連塍爭水，強割佔耕，毫釐口角，致成大衅。」[11]

吾人進一步觀察，清代臺灣漳、泉、粵各籍人民，皆由內地各府州移入，本無累世宿仇，其所以各分氣類，展開械鬥，當有其共同利害關係爲背景。此共同利害關係，即與異類爭奪經濟上的利益，以維持同類的生活。而清代臺灣尚處於農墾階段，政府對人民的拓墾，未能作積極的輔導，任由墾首與佃戶去開墾，其因墾地的未得合理解決，而自行率衆合族，以與「異類」械鬥，乃是極爲自然之事。再則，「臺灣最初建府，最後建省，均以海防爲要務，故設有海防同知而無專事水利之官。」⑫綜有清一代，移民日多，土地日闢，凡二百十三年（一六八三—一八九五）間，水田增至二十萬公頃左右，其中有陂圳灌溉及排水系統者計十萬七千七百一十公頃⑬，僅達二分之一。由於水利設施的不足，各籍人民遂屢爲爭奪灌漑用水，而不惜展開生死以之的分類械鬥。

就社會因素言，清代臺灣民情的好鬥樂訟，亦爲分類械鬥風盛的原因之一。臺灣原是明鄭據以反清復明的基地，明鄭時代曾施行寓兵於農的政策，閒暇即以習武、角力爲事，一呼並集。此種好勇鬥狠之習，至清代並未盡除，「往往睚眦之仇，報而後快。片言不合輒鬥，甚則械鬥，更甚則分類。」⑭同時，清領臺灣之初，嚴禁內地人民携眷渡臺，更造成畸形的人口組合，青壯男子多，婦女絕少，男女性別的比例至爲懸殊，而有僅女眷一人的村莊出現⑮。青壯男子既乏室家之樂，又無室家之累，自易挺而走險，釀成械鬥大案⑯。其次，清代臺灣有所謂「訟師」者，此輩多係內地稍通筆墨而無籍者，或姦猾而窮無依者，他們因緣作惡，興風作浪。人民有事，每惟訟師是主。訟師一經包攬，訟者雖欲自止而不能⑰。因訟師的挑撥離間，人民遂難相安共處，糾紛屢起。訟師之外，清代中朝以後的臺灣，遊民惹事生非，有俗稱之爲「羅漢腳」者，如《噶瑪蘭廳志》云：「臺灣一種無田宅無妻子、不士不農、不工不賈、不負戴道路，俗指謂羅漢腳；嫖賭摸竊，械鬥樹旗，靡所不爲。曷言乎羅漢腳也？謂其單身遊食四方，隨處結黨；且衫褲不全，赤腳終身也。大市不下數百人，小市村不下數十人，臺灣之難治在此。」⑱當時這種遊民爲數頗多，僅嘉義、彰化兩縣竟達四萬之衆，他們嫖賭摸竊，往往因細故而釀成械鬥巨禍，其情形有如《彰化縣志》的記載：

乾隆四十年壬寅月，泉、漳民分類械鬥。縣治西門外四里有莊曰莿桐腳，地當大路之衝。有設賭場者，適泉人與漳人同賭，因換呆錢起衅，始僅口角，繼則鬥毆，終釀械鬥巨禍。邑之有分類自此始。……凡交界之處，互相焚殺。官為勸解不息，彈壓不安。當擾攘之際，雖素無睚眦之怨者，亦如不共戴天之仇。⑲

此外，拜盟之風亦屢導致械鬥巨案，如前所述，清代中期以前，渡臺者多單身的青壯男子，家族血緣關係既少，自需與異姓協力團結，結拜或結盟之風，即由此而起⑳。此亦爲清代臺灣社會特色之一。嘉慶以後，社會時生動亂，械鬥之風愈演愈熾，當與拜盟之風有關。其拜盟情形，如《諸羅縣志》云：「不拘年齡，推能有力者爲大哥；一年少者殿後，曰尾弟。歃血而盟，相稱以行次。家之婦女亦伯叔稱之，出入不相避；多凶終隙末及閨蒙垢者。」㉑由於輾轉結拜，「豪健家兒聚少年無賴之徒，指皎日以盟心，撫白水而矢誓，稱兄呼弟，出妻拜母，自謂古道相期；不知往來既頻，則淫酗之累作，聲援既廣，則鬻競之患生。」㉒因拜盟風盛，故易於由個人的衝突演成分類械鬥。

以上係就政治、經濟、社會等因素，分別加以討論。事實上，分類械鬥事件的發生，原因極爲複雜，它往往是多種因素交織，並經長期蓄積的結果。英國經濟學家馬歇爾（Alfred Marshall）說：「我們必須盡力避免用一種原因來觀察一個事件，……而忽略衡量其他亦有滲透影響的原因。」㉓吾人對清代臺灣分類械鬥事件原因的解釋，正應採取如是之態度。

三、分類械鬥的種類及其演變

清代臺灣的分類械鬥事件，開始係以地域分類的閩、粵異省之鬥，寖而有漳、泉異府之鬥，其後一府之中又有以縣籍為分類的械鬥。而當臺灣漸次開發，強宗大族逐漸形成之後，又有異姓械鬥。此外，同行在營業上發生尖銳的利害衝突之後，亦有時訴諸械鬥，而有所謂「職業團體械鬥」出現。茲試舉其較重要者，分別論述於後：

(一) 閩、粵械鬥

清代臺灣人民，多自閩、粵兩省移入。閩人入臺較早，故佔居瀕海平原，為「頭家」；粵民渡臺較晚，多居附山地帶，為「佃戶」。清領臺灣之初，由於閩、粵兩籍人數的懸殊，以及耕地的主佃關係，粵民遠非閩人之對手，每當衝突發生，粵民多能含忍，故閩、粵兩籍人民雖有言語、風俗與氣質之異，並未發生大規模的閩、粵分類械鬥事件。

康熙末年，粵人因入臺之禁令漸弛，遷臺者日多，於是漸集結成為相當之勢力；同時，由於粵人多聚居，村莊聯絡，聲息可通，與閩莊「地廣民散，繡壤錯落，鳩聚為難，痛頭則五方雜處，居社亦四面受攻。」[24]的情形不同；兼以粵人備置巨炮，武器精良，因此漸能獨樹一幟，與漳、泉鼎足而三。如上節所述，康熙六十年（一七二一）閩人朱一貴反清，是時居於鳳山縣下淡水溪流域的粵民賴君奏豎大淸義民旗，「糾大莊十三、小莊六十四，並稱客莊，肆毒閩人，而永定、武平、上杭各縣人復與粵合，諸漳、泉人多舉家被殺、被辱者。六月十三日，漳、泉糾黨數千，陸續分渡溶水，抵新園、小赤山、萬丹、濫濫等莊，圖滅客莊；……連日互鬥，各有勝負。十九日，……漳、泉賊黨不鬥自潰，疊遭截殺；群奔至淡水溪，溪濶水深，溺死無算，積屍塡港。後至者踐屍以渡，生還者數百人而已。」㉕由於粵民打著「義民」旗幟，除「肆毒閩人」外，並協助淸軍定亂，因此頗得淸廷之嘉勉，不但免治截殺閩莊之罪，其因朱案而得大小職銜劄付者竟達一百七十人。這是閩、粵第一次分類械鬥，也是淸代臺灣分類械鬥事件的第一次。

淸代臺灣閩、粵械鬥的發生，前期多在南路的鳳山縣，後期則以淡水、中壢、彰化等地爲多，這與粵人的分佈有密切的關係。原來粵人之入墾台灣，康熙年間係以鳳山縣下淡水溪近山平原爲中心，北路的諸羅縣雖亦有若干點狀的拓墾，惟人數不多，墾區不大。雍正之世，粵人始漸次移到彰化縣一帶，尤以該地東北隅的東勢角（今台中縣東勢鎭）地區最多；乾隆以後，復移到北臺灣淡水廳的竹塹、淡水、桃仔園（今桃園）、猫裡（今苗栗）、中壢等地㉖；嘉慶初年，粵、閩兩籍人民始同時入墾蛤仔難地區（嘉慶十七年設治，改名噶瑪蘭廳，光緖元年改爲宜蘭縣）。至於其他地區，因閩、粵二籍人數比例至爲懸殊，故甚少發生閩、粵械鬥事件，有之則爲粵民趁閩人釀變之時，充任「義民」，助平事變而已。

(二) 漳、泉械鬥

清代臺灣閩人以漳、泉二府移民爲主，泉人多居海口地區，或商或農；漳人多居平原、丘陵一帶，務農者多。在鳳山縣下淡水溪一帶，因粵人多，有組織，且團結，故漳、泉結合而與之抗衡。然嘉義縣以北的彰化縣、淡水廳，以及噶瑪蘭廳一帶，漳、泉人數相當，故屢因經濟活動的衝突、祭祀神明的不同㉗，以及其他細故，而展開分類械鬥。其情形如《彰化縣志》的記載：

嘉慶十四年己巳四月十六日，泉、漳民分類械鬥。先是淡屬起衅械鬥，至四月間，彰化奸徒乘機煽惑，莊民聞風疑慮，凡交界之處，紛紛搬徙。匪徒乘勢刼掠，遂復起事，焚殺不止。迨早稻登場，莊民各思回莊收穫，始復平定。㉘

由於漳、泉二籍「各不相能」，故一籍謀變，他籍往往不附合，而爲所謂「義民」。清廷亦乘兩籍不能合，而利用他籍以平亂。卽首謀有兩籍，亦離間之而予拆散。乾隆五十一年（一七八六）林爽文事變，清廷利用泉人以助平漳籍的林爽文，卽其顯著之例。

(三) 異縣械鬥

以縣籍爲分類的械鬥，清代臺灣僅發生一次，卽咸豐三年（一八五三）泉屬晉江縣、南安縣、惠安縣的所謂「三邑人」和泉屬同安縣人的械鬥，俗稱「頂下郊拚」。

此次分類械鬥的發生，一說係由於淡水河貨佚之爭執而開始。惟據三邑人（俗稱頂郊人）說，晉江等三縣人首先協力開拓艋舺（今台北市萬華區），占有商業繁榮的沿河地區，是爲艋舺三邑人。是時，居於八甲庄（今台北市昆明街、貴陽街二段頭，桂林路老松國校附近）

的同安縣人（俗稱下郊人），欲奪取三邑人的地區，糾衆攻擊之，三邑人應戰，激烈的異縣械鬥，於是展開。

頂郊人因物質、人力均佔優勢，頗佔上風，惟受池塘所阻，一時亦無法打敗下郊人。最後，因中立的（泉州府）安溪縣人的協助，答允將其所建的祖師廟借三邑人燒燬，三邑人因此另闢進攻之路，以直通八甲庄，始打破雙方的僵持之勢。同安縣人見大勢已去，乃將祭祀的城隍爺帶出，殺開血路，退到大稻埕的圭母卒社，另建新市街㉙。

四 異姓械鬥

清初入臺的內地移民，多係單身的青壯男子，較少舉家遷徙，更遑論舉族而遷之事，因此當時人際關係的結合，都是以原居地「祖籍」關係爲基礎而建立㉚，無所謂「大姓大族」。中期以後，因臺灣已漸次開發，清廷亦放寬携眷入臺之禁令，而早期來臺的祖先，經世代的蕃衍，子孫漸多，遂出現以共同祖先「開臺祖」爲祭祀對象的聚落。

同族姓的聚落，其「他群」、「我群」的觀念，較之早期以「唐山祖」爲共同祭祀對象的地緣組織，更爲強烈。惟因其宗族的形成既晚，因之以族姓爲分類的異姓械鬥，其發生年代亦晚，多見於同治、光緒兩朝。如同治元年（一八六二），彰化縣發生戴潮春事變，淡水廳北門外蘇、黃二姓械鬥，人情洶洶，事經臺北團練總辦林占梅帶領鄉勇鎭壓，擒捕雙方巨魁，械鬥才告平息㉛。另據《臺南縣志稿》卷二人民志記載，臺南縣（當時稱安平縣）亦曾發生異姓械鬥：「光緒八年，臺南縣學甲堡中洲莊陳姓族人，與頭港莊吳姓族人，爲尖山海

埔浮覆地捕魚發生糾紛。後擴大爲莊對莊抗，姓對姓爭。因中洲莊陳姓人丁較多，頭港莊吳姓不敵，經請將軍鄉四埔吳幫助。」㉜

(五) 職業團體械鬥

挑夫和樂工職業團體的械鬥，係清代臺灣分類械鬥事件之特殊例子。此兩次械鬥事件都發生於噶瑪蘭廳，皆因同行在利害上發生尖銳衝突，有以致之。

挑夫——和興和福興兩家夫行挑夫的械鬥，發生於道光十年（一八三〇）八月。肇事的兩家夫行，係當時噶瑪蘭廳治獨立的兩家貨運行號，各自雇有數十名挑夫，爲當地商店「遞運貨物」，賺取搬運之費。兩家夫行爲了招攬生意，平時常發生衝突，惟彼此受到雙方共同承認的不成文「法律」的約束，皆未擴大。是年三月，噶瑪蘭廳新開設一家店舖，和興、福興兩夫行都到新店舖招攬挑擡貨物的契約，兩家夫行各派來很多腳夫，互相爭論，喧鬧不已。事情鬧到廳署，署理通判薩廉想出一個折衷辦法，勸諭兩家夫行輪流挑擡，並且用拈鬮的方法，抽籤決定由福興行於是年秋季先行挑擡。因辦法公平，和興行亦無異議，於是雙方各在廳署具結。至八月初八日，店舖正式開張，按照兩行所具甘結，福興行首輪挑擡貨物，應不致發生糾紛；但和興行不守信約，當福興行所派腳夫依約到店舖之時，和興行的夫頭陳僟亦率屬下二十餘人至店舖無理取鬧，兩家夫行的腳夫因此發生械鬥。其後一個月間，雙方各自招兵買馬，展開大鬥，造成無數命案，後經地方當局調集大軍，懲處雙方禍首，「根株盡絕」，一宗大規模的分類械鬥事件，始告平息㉝。

樂工——西皮派與福祿派兩幫樂工，因使用樂器與祀神不同，互相排擠而發生械鬥。

《宜蘭縣志》載有此事：

初，有琴師林文登，於道光間自頂溪來宜蘭開設樂館，傳授樂技，其徒後分兩派，一用提絃者，奉祀西秦王爺為主神，稱福祿派。一用胡琴者，奉祀田都元帥為主神，稱西皮派。兩派互相嫉視，由唾罵以至動武，積不相能。至同治初年，西皮福祿爭鬥甚烈，雙方集黨二千餘人，殺害無辜，地方官兵，無法彈壓。時值羅大春率兵來臺開蘇花道路，駐紮宜蘭，亟索福祿首領陳輝煌，命任一前鋒，率隊隨攻，糾紛因得解決。[33]

以上係就分類械鬥的種類，分別加以論述。茲試根據諸府廳縣志《臺灣省通志》、《台灣文化志》等書的記載，加以整理，清代臺灣分類械鬥的發生年代、地區、種類，有如表一：

表一：清代臺灣分類械鬥年表

年代	發生地區	種類	資料來源
康熙六十年（一七二一）	鳳山縣下淡水溪一帶	閩、粵械鬥	《重修鳳山縣志》卷十一雜誌〈災祥〉
雍正元年（一七二三）	鳳山縣	閩、粵械鬥	《台灣文化志》第四篇第六章〈分類械鬥〉
乾隆四十年（一七七五）	彰化縣莿桐腳	漳、泉械鬥	《彰化縣志》卷十一雜識志〈兵燹〉

乾隆四十七年(一七八二)	彰化縣	漳、泉械鬥	《臺灣省通志》卷首下〈大事記〉
乾隆五十二年(一七八七)	淡水廳白石湖	漳、泉械鬥	《淡水廳志》卷十四考四祥異考〈兵燹〉
嘉慶四年(一七九九)	淡水廳蛤仔難	閩、粵械鬥	《東槎事略》卷三〈噶瑪蘭原始〉
嘉慶十一年(一八〇六)	淡水廳新竹一帶	漳、泉械鬥	《新竹縣志初稿》卷五考三〈兵燹〉
嘉慶十一年(一八〇六)	淡水廳蛤仔難	漳、泉械鬥	《東槎事略》卷三〈噶瑪蘭原始〉
嘉慶十一年(一八〇六)	彰化縣鹿港、沙轆	漳、泉械鬥	《彰化縣志》卷十一雜識志〈兵燹〉
嘉慶十四年(一八〇九)	淡水廳	漳、粵與泉械鬥	《淡水廳志》卷十四考四祥異考〈兵燹〉
嘉慶十四年(一八〇九)	彰化縣	漳、泉械鬥	《彰化縣志》卷十一雜識志〈兵燹〉
嘉慶十四年(一八〇九)	淡水廳蛤仔難	漳、泉械鬥	《東槎事略》卷三〈噶瑪蘭原始〉
嘉慶二十四年(一八一九)	淡水廳新竹一帶	漳、泉械鬥	《新竹縣志初稿》卷五考三〈兵燹〉

道光六年（一八二六）	彰化縣東螺堡、員林	閩、粵械鬥	《彰化縣志》卷十一雜識志〈兵燹〉
道光六年（一八二六）	淡水廳中港	閩、粵械鬥	《淡水廳志》卷十四考四祥異考〈兵燹〉
道光十年（一八三〇）	噶瑪蘭廳	職業團體械鬥	《台灣省通志》卷首下〈大事記〉
道光十三年（一八三三）	彰化縣	閩、粵械鬥	《台灣省通志》卷首下〈大事記〉
道光十三年（一八三三）	淡水廳	漳、泉械鬥	《台灣省通志》卷首下〈大事記〉
道光十四年（一八三四）	鳳山縣蠻蠻大莊	閩、粵械鬥	《淡水廳志》卷十四考四祥異考〈兵燹〉
道光十四年（一八三四）	淡水廳興直堡、八里坌	閩、粵械鬥	《台灣省通志》卷首下〈大事記〉
道光二十一年（一八四一）	淡水廳	異姓械鬥	《台灣省通志》卷首下〈大事記〉
道光二十四年（一八四四）	淡水廳	漳、泉械鬥	《新竹縣志初稿》卷五考三〈兵燹〉
道光二十七年（一八四七）	淡水廳大甲一帶	漳、泉械鬥	《台灣文化志》第四篇第六章〈分類械鬥〉

道光三十年（一八五〇）	淡水廳	漳、泉械鬥	《淡水廳志》卷十四考四祥異考〈兵燹〉
咸豐元年（一八五一）	淡水廳八芝蘭林莊	漳、泉械鬥	《臺灣省通志》卷首下〈大事記〉
咸豐二年（一八五二）	淡水廳桃仔園、龍潭、中壢、楊梅	漳、泉械鬥	《臺灣省通志》卷首下〈大事記〉
咸豐三年（一八五三）	淡水廳新莊、艋舺、八甲莊	異縣械鬥	《淡水廳志》卷十四考四祥異考〈兵燹〉
咸豐四年（一八五四）	淡水廳中壢、中港	閩、粵械鬥	《淡水廳志》卷十四考四祥異考〈兵燹〉
咸豐五年（一八五五）	淡水廳北部	漳、泉械鬥	《臺灣省通志》卷首下〈大事記〉
咸豐九年（一八五九）	淡水廳枋寮、港仔嘴、土城、芝蘭、桃仔園	漳、泉械鬥	《淡水廳志》卷十四考四祥異考〈兵燹〉
咸豐十年（一八六〇）	淡水廳新莊、大坪頂、桃園	漳、泉械鬥	《淡水廳志》卷十四考四祥異考〈兵燹〉
同治元年（一八六二）	淡水廳北門外	異姓械鬥	《東瀛紀事》卷上〈北路防剿始末〉
同治元年（一八六二）	淡水廳	漳、泉械鬥	《淡水廳志》卷十四考四祥異考〈兵燹〉

同治四年（一八六五）	噶瑪蘭廳羅東	職業團體械鬥	《臺灣文化志》第四篇第六章〈分類械鬥〉
同治四年（一八六五）	噶瑪蘭廳羅東	異姓械鬥	《臺灣文化志》第四篇第六章〈分類械鬥〉
同治五年（一八六六）	噶瑪蘭廳羅東	漳、泉械鬥	《臺灣省通志》卷首下〈大事記〉
光緒二年（一八七六）	新竹縣苗栗	異姓械鬥	《新竹縣志初稿》卷五考三〈兵燹〉
光緒八年（一八八二）	臺灣縣學甲	異姓械鬥	《臺南縣志稿》卷二人民志

表一所列，雖難免掛一漏萬，但仍有助於對清代臺灣分類械鬥演變趨勢的瞭解。首先，就其時間的演變看，在清領臺灣的二百十三年期間，臺灣共發生大規模的分類械鬥事件三十八次，平均約每五點六年發生一次。惟全體平均雖然如此，但分類械鬥發生次數在各朝代之分佈情形，卻大不相同。康熙年間領臺四十年（一六八三－一七二二），僅發生一次；雍正年間十三年（一七二三－一七三五），亦僅發生一次；乾隆年間六十年（一七三六－一七九五），共發生三次，平均每二十年始發生一次。嘉慶以後，平地次第墾闢，且因內地人民大量移入，謀生不易[34]，社會漸趨不寧，故發生次數急劇增加，其情形如下：嘉慶年間二十五年（一七九六－一八二〇），共發生八次，平均約每三點一年發生一次；道光年間三十年（一八二一－

—一八五〇），共發生十一次，平均約每二點七年發生一次；咸豐年間十一年（一八五一—一八六一），共發生七次，平均約每一點六年發生一次；同治年間十三年（一八六二—一八七四），共發生五次，平均約每二點六年發生一次。光緒以後，因吏治的整頓，人口壓力的解決，以及社會的轉型等因素的影響，發生次數急劇減少，總計光緒年間領臺二十一年（一八七五—一八九五），僅發生二次，平均每十點五年發生一次而已。根據以上統計，康、雍、乾、嘉、道、咸、同、光各朝領台期間，分類械鬥的發生頻率曲線，從圖一可得一較清楚之認識：

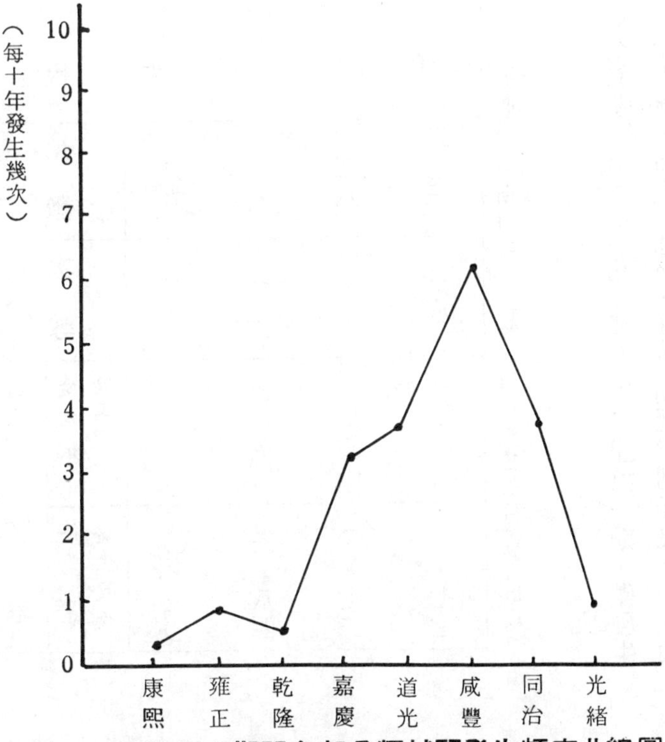

圖一：清代領台期間各朝分類械鬥發生頻率曲線圖

茲試將清代臺灣分類械鬥發生之情形分為三期，如表二，藉以進一步說明清代台灣分類械鬥時間演變之趨勢。

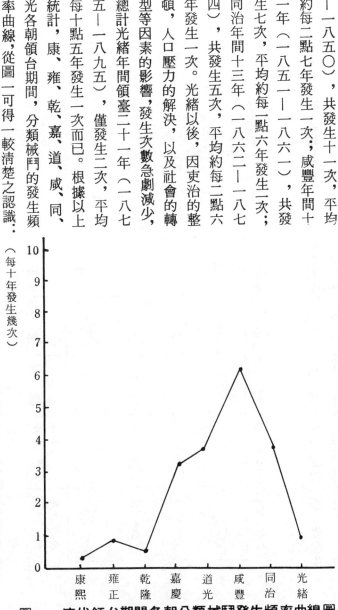

表二：清代臺灣分類械鬥時間演變趨勢表

年代	年數	次數	頻率：每幾年發生一次	頻率：每十年發生幾次
第一期　康熙二十二年至乾隆四十六年（一六八三—一七八一）	九九	三	三三	○・三○
第二期　乾隆四十七年至同治六年（一七八二—一八六七）	八六	三三	二・六一	三・八四
第三期　同治七年至光緒二十一年（一八六八—一八九五）	二八	二	一四	○・七二
合計　康熙二十二年至光緒二十一年（一六八三—一八九五）	二一三	三八	五・六五	一・七七

附註：本表係根據表一之內容，加以整理核計而成。分期則參考《台灣省通志》卷二人民志人口篇表五三。

根據表二可知，自康熙二十二年領臺至乾隆四十六年，共九十九年，即第一期，僅發生分類械鬥三次，且其中兩次發生於「朱一貴事變」前後期間。此外之期間，則僅發生一次而已。乾隆四十七年至同治六年，共八十六年，即第二期，爲清代臺灣分類械鬥發生最頻繁之時期，共發生三十三次，佔全部次數三十八次的百分之八六點八四。在第一期中，平均每三十三年發生一次分類械鬥，而第二期則每二點六一年發生一次；亦即在第一期中，每十年發生零點三次，而第二期則每十年發生近四次。兩相對照，相差甚鉅。又同治七年至光緒二十一年，共二十八年，僅發生二次，可見分類械鬥事件的發生，在同治中葉以後，已大爲減少。

其次，就其空間的演變看，臺灣自康熙二十三年（一六八四）設置一府三縣，至光緒二十一年（一八九五）割讓給日本爲止，行政區域曾經四次的調整。首先是雍正元年（一七二三年）的一府四縣二廳，其次是嘉慶十七年（一八〇九）的一府四縣三廳，再次是光緒元年（一八七五）的二府八縣四廳，最後是光緒十三年（一八八七）的三府十一縣四廳一直隸州。由於行政區域的屢次調整，使得分類械鬥發生空間演變的說明，增加若干困難。但吾人仍可就表一的「發生地區」一欄加以統計，以獲得大概的瞭解。在清領臺灣期間所發生的三十八次分類械鬥中，發生在鳳山縣的共三次，彰化縣六次，淡水廳二十三次，噶瑪蘭廳四次，新竹縣、臺灣縣各一次。由上述的統計，可知淡水廳實爲分類械鬥發生次數最多的地區。

茲試根據表二的分期，就廳縣在各期所發生的次數，列成表三如下，以進一步說明其空間演變的趨勢。

表三的宜蘭縣係由原噶瑪蘭廳改制，而新竹縣、淡水縣、基隆廳則由原淡水廳劃分設治的，因此表三的淡水縣在光緒元年（一八七五）調整行政區域以前，係指原淡水廳的轄區。從表三中，我們可以看出，清代臺灣分類械鬥發生最早的地區是鳳山縣，其次爲彰化縣。至

第二期，鳳山縣雖仍發生一次，但分類械鬥事件的發生，已從南部傳到中部，再傳到北部、東北部地區，尤以北部的淡水廳發生次數最多，共二十三次，約佔清代臺灣三十八次分類械鬥事件的百分之六十一。此種現象，充分反映出中部、北部和東北部地區移墾色彩的濃厚，且其人口壓力亦較大。

茲將嘉慶十六年（一八一一）彰化縣、淡水廳、噶瑪蘭廳的轄區和人口，製成表四，以進一步加以比較說明。

從表四中，可知淡水廳的轄區約爲今日臺北市與臺灣省北部地區，彰化縣爲臺灣省中部地區。比較二者的轄區，淡水廳顯然較彰化縣爲大；然就二者的人口比較，則淡水廳約僅佔彰化縣的三分之二。而清代領臺期間，淡水廳共發生分類械鬥事件二十三次，彰化縣則僅六次，故淡水廳發生分類械鬥的頻率遠較彰化縣爲高。再就淡水廳和噶瑪蘭廳加以比較，淡水廳的轄區約爲噶瑪蘭廳的四倍，人口則約爲噶瑪蘭廳的五倍，然根據表三，清領臺灣的第二期期間，淡水廳所發生的二十三次分類械鬥，係包括嘉慶四、十一、十四年次發生在蛤仔難（卽噶瑪蘭廳，參閱表一）者，故實際發生在北部地區者僅二十次。而噶瑪蘭廳包括上述三次，加上隨後的四次，共計七次，佔淡水廳的三分之一強。由淡水廳的轄區和人口，分別爲噶瑪蘭廳的四倍和五倍，而發生分類械鬥的次數僅爲噶瑪蘭廳的三倍弱，可知淡水廳發生分類械鬥的頻率較噶瑪蘭廳爲低。

綜上所述，可知清代臺灣發生分類械鬥頻率最高的地區爲噶瑪蘭廳，其次爲淡水廳，再次爲彰化縣，最低爲南部地區的鳳山縣、台灣縣、嘉義縣等地。此種現象，正說明分類械鬥

表三：清代臺灣分類械鬥空間演變趨勢表

縣廳	第一期發生次數（康熙二十二年至乾隆四十六年）	第二期發生次數（乾隆四十七年至同治六年）	第三期發生次數（同治七年至光緒二十一年）	合計
臺灣縣			一	一
鳳山縣	二	一		三
嘉義縣				
彰化縣	一	五		六
恆春縣				
澎湖縣				
卑南縣				
埔里社廳				
新竹縣			一	一
淡水縣		二三		二三
基隆廳				
宜蘭縣		四		四
合計	三	三三	二	三八

附註：本表所列舉之縣廳，係根據光緒元年行政區域調整而繪製成的。

表四：嘉慶十六年彰化縣、淡水廳、噶瑪蘭廳轄區和人口表

縣廳	轄區	人口
彰化縣	今彰化縣、南投縣、臺中市，以及雲林縣、臺中縣的一部份	三四二、一六六
淡水廳	今苗栗縣、新竹縣、桃園縣、臺北縣、臺北市、基隆市，以及臺中縣的一部份	二一四、八三三
噶瑪蘭廳	今宜蘭縣	四二、九〇四

資料來源：《臺灣省通志》卷二人民志人口篇表二〇。

附　註：噶瑪蘭廳原名蛤仔難，屬淡水廳，嘉慶十七年正式設治。

的發生頻率，與南部、中部、北部與東北部開發與設治的先後，有密切的關係。

最後，就其種類的演變看，清領臺灣期間的分類械鬥事件，雖大約可分為閩、粵械鬥等五種，但各類械鬥在各時期發生的次數並不一致。茲試分為三期，如表五，藉以說明清代臺灣分類械鬥種類演變的趨勢及其意義。

表五：清代臺灣分類械鬥種類演變趨勢表

種類	第一期發生次數（康熙二十二年至乾隆四十六年）	第二期發生次數（乾隆四十七年至同治六年）	第三期發生次數（同治七年至光緒二十一年）	合計
閩、粵械鬥	二	七		九
漳、泉械鬥	一	二〇		二一
異縣械鬥		一		一
異姓械鬥		三	二	五
職業團體械鬥		二		二
合計	三	三三	二	三八

附註：本表之分期，與表二、表三相同。

根據上表，清代臺灣分類械鬥事件的發生，第一期共發生三次，其中閩、粵械鬥二次，漳、泉械鬥一次；第二期共發生三十三次，其中漳、泉械鬥二十次，約佔百分之六十一；第三期共發生二次，皆爲異姓械鬥。從上述演變趨勢，可知清代台灣初、中期地緣意識相當濃厚，移民多集同省或同府而居，畛域之分較為明顯，故分類械鬥事件之發生，以閩、粵械鬥和漳、泉械鬥為主。後期因移民定居既久，原有的畛域之見逐漸消失，惟因人口的大量增加，且土地的漸次開發，強宗大族逐漸形成，故同府籍、異族姓之移民，亦難免因經濟利益的衝突，而與異縣、甚至異姓展開械鬥。《韓非子》五蠹篇說：「古者，丈夫不耕，草木之實足食也；婦人不織，禽獸之皮足衣也。不事力而養足，人民少而財有餘，故民不爭。是以厚賞不行，重罰不用，而民自治。今人有五子不為多，子又有五子，大父未死而有二十五孫。是以人民衆而貨財寡，事力勞而供養薄，故民爭。雖倍賞累罰，而不免於亂。……故饑歲之春，幼弟不饟。饟歲之秋，疏客必食。非疏骨肉，愛客過也，多少之實異也。是以古之易財，非仁也，財多也。今之爭奪，非鄙也，財寡也。」清代臺灣後期的兩次異姓械鬥，正是如此。

四、政府的處置與事件的消弭

清代臺灣雖因多數守令未能以撫字、教養為心，預防、制止臺灣三大患之一的分類械鬥於無形；事發之後，復每任其自生自滅。然亦有少數守令或地方賢達等注意及之，或以行政命令約禁於醞釀之初，或以個人資望勸息、調處於大起之後，或以國法按治、彈壓於擾攘之時。茲分別討論於後：

㈠ 約禁

早在康熙六十年（一七二一），因漳人朱一貴反清，鳳山縣下淡水溪一帶粵民賴君奏等豎大清義民旗，藉機殘殺閩莊，爲閩人鄭章兄弟家屬毆死，是時朱案東征統帥藍廷珍駐臺，其族弟藍鼎元卽代擬一佈告，諭示閩、粵民人，約束兩籍和平相處，略謂：

> 今與汝民約，從前之事，盡付東流，一概無論。以後不許再分黨羽，再尋仇釁，各釋前怨，共敦新好，為盛世之良民。或有言語爭競，則投明鄉保耆老，據理勸息，庶幾興仁興讓之風。敢有懷奪鬥毆，負嵎肆橫，本鎮執法創懲，決不一毫假借。其或操戈動衆相攻殺者，以謀逆論罪，鄉保、耆老、管事人等，一併從重究處。汝等縱無良心，寧獨不畏刑戮？本鎮以殺止殺，無非為汝等綏靖地方，使各安生樂業。速宜凜遵，無貽後悔！㉟

藍氏在上述諭告中，同時強調鎭道爲民父母，人民無辜受屈，自應告官究償，無擅自撲滅之理；他又希望粵民與漳、泉各籍之人，「同自內地出來，同屬天涯海外、離鄉背井之客」，彼此應相親相愛，不宜妄生嫌隙，以致相仇相怨，互相戕賊。該次的閩、粵械鬥在藍氏的約禁、諭告之下，雖告平息，但閩、粵畛域之分依然存在。故雍正元年（一七二三），遂再發生第二次的閩、粵分類械鬥。其後，械鬥之風且延及諸羅縣以北的彰化縣、淡水廳等地，愈演愈烈。

道光十六年（一八三六），淡水同知婁雲因感道光十三年（一八三三）塹北、桃仔園一帶，閩、粵各莊造謠分類，互相殘殺，乃謀約禁於未然之先，頒行「莊規禁約」，各莊設總理、董事、莊正、莊副，由政府頒給札諭戳記，約束莊衆，不許爭鬥滋事、搶擄爲匪，不遵者稟官拏究，採分層負責之辦法。其禁約之第一條，卽爲禁止械鬥：

閩、粵大小各莊永歸和好。不得以鄰邑匪徒滋事，輒即聞風而動，擅分氣類，糾衆焚搶。亦不得勾通無業遊民，造謠煽惑，肆行搶刼。如有違者，兵役圍拏，照例嚴辦。㊲

婁氏所頒「莊規禁約」，立法甚爲周密。無如日久弊生，各莊總理、董事、莊正、莊副等，率多偏袒；且每廻護子弟，黨同滋事，故約禁效果並不顯著。

(二) 勸息

由於約禁無效，分類械鬥之風依然熾盛。道光二十四年（一八四四），淡水同知曹謹乃在淡水廳中港、後壠兩地立碑，勸漳、泉兩籍人民和好相處，其碑文云：

我中、壠蕞爾微區，泉、漳雜處，前經歷遭變亂，元氣於今尚未盡復。近因漳屬分類，街莊同人恐蹈前轍，互相保結，安堵如常。惟聯盟結好，已成於一日；而康樂和親，須朋諸百年。爰勒貞珉，以垂永久。所願：自今以後，爾無我詐，我無爾虞，不惟出入相友，守望相助，共親古處之風行，將睦姻任卹，耦俎無猜，同孚昇平之樂，豈不休哉！㊳

此外，新竹望族鄭用錫亦於咸豐三年（一八五三年）著〈勸和論〉，勸止漳、泉、粵各莊械鬥，略云：

僕生長是邦，自念士為四民之首，不能與當軸及在事諸公，竭誠化導，力挽而更張之，滋愧實甚。顧今以後，父誡其子，兄告其弟，各革面、各洗心，勿懷夙忿，勿蹈前愆。既親其所親、亦親其所疏，一體同仁，斯內患不生、外禍不至。漳、泉、閩、粵之氣習，默消於無形。譬如人身血脈節節相通，自無他病；數年以後，仍成樂土，豈不休哉！㊴

以上曹、鄭二氏之勸息，皆勸於分類械鬥醞釀之初。亦有於分類械鬥發生之後，勸息雙方者，如《淡水廳志》云：「翁裕佳，字德涵，艋舺人，籍南安。……咸豐四年，閩、粵分類，當軸力圖撫輯，裕佳赴竹塹。單騎入粵莊勸告。環聽千人，悅服立解。」[40]惟此類勸息者，非得民心且有魄力之官，或民望素孚之紳衿，則不能成功。

㈢ 調處

勸息不止，則須調處雙方，俾各得其平。肩任調處者，大多爲鄉紳，彼輩代官府進行調停之事，一則化除雙方歧見，一則促使雙方和好相處。如《臺灣紀事》記載，嘉慶年間國子生謝樹棠因見其家鄉爲閩、粵錯處之區，功利夸詐，爭以勢力相雄長，尤其是分類械鬥，焚蕩十數里，且有全家被殺無孑遺者，而官不得過問，因此「力矯其弊，除老奸巨蠹、非口舌所能爭、不問外，遇鄉里不平事，無親疏遠邇，皆居間爲調停，不解釋不已。」[41]又《彰化縣志》亦載鄉紳曾日襄調處械鬥之事云：「嘗館二林之鹿寮，閩、粵人糾衆將互鬥，荷戈而從且千人，公聞而亟馳之，卒爲散其衆，弭其隙，而民獲安堵。」[42]調處成功，民獲安堵，自是良策；設調處不成，則官府惟有採行彈壓一途。

㈣ 彈壓

在清代臺灣的分類械鬥事件中，政府的處置措施，以彈壓最爲普遍。這大約可以說明械鬥雙方主謀者的逞強爭勝，不稍留餘地以讓人，否則縱不遵守約禁於先，亦必接受勸息或調處，而化干戈爲玉帛。因之，政府的彈壓每僅治主謀者，而放過附從者，如《台灣文化志》所引：

> 道光六年，北路彰化一帶地方，閩、粵分類勢焰漸熾，嘉義知縣王衍慶先察民心動搖於機微，仍依閩人義勇，按治閩屬主謀；依粵人義勇，按治粵屬巨魁。且認械鬥與搶掠殊科，械鬥仍分別首從及初犯積犯定擬，脅從解散者省釋之。主酌情理，照國法，以期保寧息，經閩浙總督孫爾準批准，辦理得宜，旬日即廓清。[43]

由於參與分類械鬥之雙方成員，往往因受少數之煽惑而加入，卒釀成大亂，因此嘉義知縣王衍慶僅按治閩、粵兩屬的主謀巨魁，其法頗得「擒賊擒首」之妙，故附從脅從者立告解散，一次大規模的分類械鬥因此平息。

綜觀上述四項處置措施，辦法頗稱周密，有時且可收一時之效；然不論是約禁，或勸息、調處，甚至彈壓，終是治標之法，而非根本之計。同治中期以後，擾攘一百多年的分類械鬥事件，所以逐漸減少，以至消彌，乃有賴於吏治的整頓，勇營的代興，司法制度的改進；對外貿易的發達，經濟作物的栽培，新興事業的興辦；以及士紳階級的建立，社會結構的轉變，文治社會的形成等政治、經濟與社會環境的改變，使人民不再因睚眦小怨而掀起大小規模的分類械鬥事件。

就政治環境的改變言，康熙年間清廷對臺灣缺乏正確的認識，採消極的治臺政策；惟至雍正以後，因藍鼎元的呼籲積極治理臺灣[44]，清廷的治臺政策漸由消極轉趨積極，由防範轉入開發，雖進度不大，但已改變遺棄臺灣的觀念。其後，歷經乾隆、嘉慶、道光、咸豐、同治諸朝，由於列強的群起爭奪臺灣——先有英美的覬覦，繼有西班牙的騷擾，最後有日軍的侵臺，迫使清廷對臺灣地位的重要，關係整個海防的安全，作進一步的認識，而有確保臺灣，建設臺灣，全面革新臺灣的政治，發展臺灣的經濟，以確保東南海疆的想法與做法。故同治十三年（一八七四）中日問題甫起，清廷卽派同治中興名臣沈葆楨以欽差大臣的身分，渡臺主持全局。

沈葆楨奉命東渡後，一面應付外交，治防備戰；一面從事善後措施，整頓軍政。沈氏以爲善後之事不一，根源則在吏治；換言之，須改進政治，提高行政效率。當時臺灣行政區域僅爲一府，轄臺灣、鳳山、嘉義、彰化四縣，以及淡水、噶瑪蘭、澎湖三廳，軍政中心在中部、南部。極南的琅璠（今屏東縣恆春鎭）迭遭美艦、日軍的騷擾，首先引起重視，沈氏感到該地的重要，親履勘視，決定築城設治，縣名定爲恆春，屬台灣府。北路淡水廳轄境過廣，南北約三百里，人口四十餘萬，滬尾（今臺北縣淡水鎭）、鷄籠（今基隆市）開港，華洋雜處，治理不易，稽查難周，政教難齊，而於警備外患，經營後山，亦感呼應不靈，鞭長莫及。光緒元年（一八七五）六月，沈葆楨會同閩省督撫請區爲三縣，改噶瑪蘭廳爲宜蘭縣，淡水廳爲新竹縣，另於艋舺設淡水縣，鷄籠（改名基隆）廳設通判，總轄於臺北府，府治亦設於艋舺。又以內山日益開闢，將原駐臺灣府之南路理番同知改爲撫民理番同知，移紮卑南廳（今臺東縣）；改鹿港的北路理番同知爲撫民理番中路同知，移紮於埔里社廳。以上均於光緒元年十二月（一八七六年一月）奉旨照准。沈氏原欲將臺灣分爲三府十餘縣，現在有了兩府八縣四廳，規模益備，政令推行稱便㊺。林衡道認爲「臺北建府後，因官府力量加強，械鬥漸見消滅。」[46]吾人由同治中期以後，分類械鬥發生次數的急劇減少，可見臺北的建府與分類械鬥事件的消弭，實有密切的關係。

武備方面，臺灣在入清版圖之初，置有總兵官一員，統率副將以下一萬餘名水陸將弁兵丁，分駐南北路及澎湖等地，負責全臺的武備。是時，綠營兵戰鬥力甚強，「三藩之亂」的平定，卽賴各省綠營之力。惟清廷基於防制之觀點，「駐劄之兵，不可令臺灣人頂補，俱將內地人頂補。兵之妻子，無令帶往，三年一換。」[47]而內地各營將弁派撥兵丁赴臺之時，「往往不肯將勤愼誠實，營伍中得力之人派往」[48]，故赴臺班兵之素質，頗爲不齊；加以班兵由內地飄洋到臺灣，三年輪替始返內地，離鄉既久，亦難免繫念內地之父母妻子，而影響其戰鬥力。其後，歷經康、雍、乾諸朝，綠營之制施行既久，銳氣漸失，欲振乏力，台灣之班兵更難肩負其戍守之任務，「因而軍防的功能竟常比不上它對政治或社會所發揮的治安作用」[49]。咸豐以降，因太平軍的騷擾，內地綠營兵益見式微，勇營兵代興，影響所及，台灣募勇之事遂多。咸豐四年（一八五四），小刀會攻鷄籠，彰化縣阿罩霧（今臺中縣霧峯鄉）人林文察募勇平之。九年（一八五九），林文察以遊擊分發福建。其後，林文察率領臺勇轉戰閩、浙間，所向多克，臺勇以是著稱於世。咸豐十一年（一八六一）八月，上諭募臺勇二、三千名赴戰，臺灣總兵曾重明、游擊李潮安、參將林文明、總兵曾元福，俱以募臺勇有功。同治元年（一八六二）的戴潮春事變，亦賴士紳林占梅募勇千名，協助官軍攻克大甲，平定事變[50]。由於勇營之制一切由營官主持，但能殺賊立功，卽可兼食數名之糧，是以勇敢超群之士，多樂爲勇。加以勇營的成員，多係同鄉戚舊，彼此關係密切，衝鋒陷陣之際，較能協同殺敵，發揮高度的戰鬥力，故逐漸取代原有之班兵，成爲戍臺的主力。勇營旣已成爲清季臺灣武備（治安）之主力，其對分類械鬥事件之制止與彈壓，自非原有之班兵可比。

清代台灣的司法，綜清領臺灣二百十三年期間（一六八三－一八九五），迄未受歐西法制之影響，完全爲我國固有之傳統法制。其法律之成文法有：一、清律及其附例；二、清會典及其事例；三、則例與省例等。臺灣在光緒十一年（一八八五）建省以前，係屬福建省之一府，故福建省例曾通行於臺灣。而清制審判機關，例由行政機關兼理，其審級由縣至中央爲六級：一級爲縣（包括州廳），二級爲府（包括直隸州直隸廳），三級爲按察使司或布政使司，四級爲督撫，五級爲刑部，六級爲九卿會審（秋審與朝審）[51]。臺灣因地理環境特殊，赴福建當局及中央上訴較爲不易，故二級的府往往成爲最後一級之審判。如本文第二節所述，清代中期以前台灣的吏治，窳敗不堪，訟獄不得其平，故人民遇有關係鄉邑或個人利益之事，每自行率衆合族，私相逞鬥。這種情形，至同治十三年（一八七四）沈葆楨奉命渡臺整飭吏治，以及閩撫的半年駐臺、半年駐省後，已大爲改進。其後，歷經丁日昌、吳贊誠、岑毓英、劉璈等的繼續整飭吏治，司法制度續有改進。而光緒十年（一八八四）劉銘傳的渡臺推動近代化，整頓吏治，以及翌年（一八八五）臺灣的建省，人民上訴機會的增加，更使司法制度的功能得以發揮。政治清明，司法公正，人民一有屈抑則「訟之官」，自不必私相逞鬥。而在司法制度之下，亦不容許人民分類相鬥。

就經濟環境的改變言，清咸豐年間以前的臺灣，其對外貿易以閩、粵、浙沿海諸省爲主，閩有糖與鹿皮等輸往日本、南洋各地，惟數量不多。當時臺灣輸往大陸的，以稻米、糖爲大宗；其由大陸沿海諸省輸入的，則以布帛、綢緞、紙張、木材，以及日用必需品爲主。

咸豐十年（一八六〇），中英、中法簽訂北京條約，開安平、淡水二口。同治二年（一八六三），打狗與鷄籠二港，亦經開放。先是，咸豐八年（一八五八）卽有香港英商怡和洋行（Jardine Matheson & Co.）與鄧特洋行（Dent & Co.）至臺灣貿易；咸豐十年，英商並派員進駐臺灣，與清廷訂約，採購樟腦。至是英、法、德各國商人，相繼而來。各國政府先後派遣領事，劃租借地，設商館，建倉庫；而臺灣府治及淡水港埠，亦因而驟行繁榮，外國船隻出入頻繁㊷。由於對外貿易的日盛，刺激了臺灣北部的大量栽培各種經濟作物。糖是開港以前最主要的經濟作物輸出品，康熙、雍正、乾隆年間，闢地日廣，蔗田亦因之日增；而糖業亦隨之以盛。所有糖產，除運銷內地外，並輸出於日本及南洋各地。開港之後，因外商多來臺灣直接興販，臺糖之產量與銷路，遂大爲增加，外銷市場漸擴及歐、美各地。如咸豐六年（一八五六），臺糖出口量爲十五萬九千擔；至同治九年（一八七〇），已增至五十九萬九千擔；比及光緒六年（一八八〇），更高達一百零六萬一千擔。在二十五年之中，出口量激增六倍有餘，其盛況可知㊸。

臺灣之茶，多由內地移來。道光年間，已外銷福州，惟數量不多。同治四年（一八六五），時當淡水開港之後，有英商杜德（John Dodd）者，至臺灣調查樟腦產銷概況，見臺灣北部文山、海山（今台北縣境）兩堡，茶樹甚多，且品質良好，土性亦宜於種茶，乃於翌年

（一八六六）由泉州府安溪縣移入茶苗，假茶民以資金，獎勵栽培與製造。同治六年（一八六七），乃進而收購製茶，運販澳門。因茶味芳香馥郁，頗獲海外好評。接著，杜德更進而投資，於艋舺開設茶館，從事精製，名曰烏龍，此即臺灣產製烏龍茶之始。未幾，臺灣之烏龍茶遂一躍而爲重要出口品之一。同治八年（一八六九）以降，臺茶更一改以往由廈門轉口之例，而直接運銷歐、美各地。嗣以外銷日盛，政府極力獎勵植茶，故北部丘陵地帶，茶園日廣；而茶行亦隨之增多，茶葉產銷，盛極一時[54]。

樟腦爲臺灣特產，咸豐十年（一八六〇）臺灣開港以前，已銷行日本、歐洲各地。開港之後，外商湧至，樟腦出口歲約二十萬元，而成爲重要輸出品之列。嗣因政府收歸官辦，嚴禁民間直接與外商交易，故外商不能獲利，而奸民與外商勾結，貶價私售，以致屢有兵弁截留外商樟腦之事件發生。惟樟腦之出口，仍年有增加；尤以光緒十五年（一八八九），因國際樟腦價格大漲，臺灣樟腦之出口，更趨鼎盛[55]。

對外貿易的發展，刺激臺灣北部經濟作物的栽培，而糖、茶、樟腦等經濟作物的大量生產，亦促使臺灣進出口貿易額大幅增加；且逐漸改變開港初期之連年入超，而爲大量之出超。根據海關統計：同治四年（一八六五），臺灣進口總額爲一百四十萬九千海關兩，出口總額爲九十二萬八千海關兩，入超達四十八萬一千海關兩。同治六年（一八六七），進口增至一百六十五萬五千兩（以下皆係海關兩，省略爲兩），出口減至八十九萬兩，入超增至七十六萬五千兩。同治十一年（一八七二），出口貿易激增至二百八十七萬八千餘兩，進口爲一百七十八萬八千兩，出超額達一百零九萬兩。光緒二年（一八七六），出口額增至三百八十二萬六千兩，進口額亦增至二百四十七萬九千兩，出超額達一百三十四萬七千兩。光緒六年（一八八〇），出口額達六百四十八萬八千兩，進口額則為三百五十八萬兩，出超額增至二百九十萬八千兩。光緒十四年（一八八八），出口額增至七百十八萬五千兩，進口額亦達四百零一萬九千兩，出超額達三百十六萬五千兩。光緒十九年（一八九三），出口貿易額增至九百四十五萬二千兩，進口額為四百八十三萬九千兩，出超額達四百六十一萬三千兩56。由上述可知，臺灣自開港初期同治四年起，至光緒十九年為止的二十九年間，其出口貿易額激增達十倍以上，進口貿易額亦增加三倍以上。此一統計數字顯示，同治末期以後對外貿易的興盛，以及當時產業之長足發展。而對外貿易興盛所帶來的繁榮，就業機會的增加，以及經濟作物的栽培——山坡丘陵地的使用，當有助於臺灣北部人口壓力之緩和，減少因經濟因素而發生的分類械鬥事件。

此外，同治末期以後，新興事業的興辦，如鷄籠煤礦的開採，電線的架設，硫磺的開採，郵政的辦理，以及鐵路的修築等，不但使台灣開始走向近代化，有助於人民生活的改善；更且促使漳、泉、粵各籍人民接觸日繁，情感相通，漸次消除狹隘的畛域觀念，共同為建設近代化的臺灣而努力。

就社會環境的改變言，臺灣自康熙二十二年（一六八三）入清版圖後，發展至十九世紀初期，雖然居民的分佈日益擴張，但其社會始終停留在移墾型態之中。在人口問題方面，人口增加迅速，男女比例懸殊，家庭成員衆多。在社會組合關係方面，我國傳統社會的家族制度尚未普遍建立，地緣成份遠重於血緣關係；加以移入份子的良莠不齊，流浪漢充斥各地，故社會秩序相當紊亂。在社會權力結構方面，因渡海移墾是冒險的行爲，故其領導人物大多是豪強之士。更由於墾殖制度的影響，使財富的分配不均衡，豪強之士因多是大墾戶，每多擁有貲財。財富、任俠精神與馭衆能力的結合，豪強之士遂成爲社會的權力階層，於是整個社會呈現出豪強稱雄，文治落後的情形，此卽爲清代移墾社會的寫照，表現出移墾社會的特徵[57]。惟至十九世紀七十年代以後，因宗族制度的形成，社會的結合關係開始轉變，強烈的地緣性結合關係漸爲血緣關係所取代；新宗教觀念的形成，原來畛域分明的祭祀圈逐漸融合，尊奉神祇漸趨統一；北部的經濟繁榮，帶動社會追求較高文化與物質生活的風氣，原有粗放的移墾生活形態逐漸改變；文教事業之興起，科舉考試的漸受重視，文風趨盛；以及因田賦結構的轉變，豪強之士的逐漸衰落[58]，故臺灣社會漸由移墾型態轉變爲文治社會，由畛域觀念走向民性融合，士紳階級取代豪強之士的領導地位，成爲社會的領導階層[59]。因上述社會環境的改變，整個社會的價値觀念隨之轉變，從此漳、泉、粵各籍人民逐漸摒棄唯武是尙的風氣，分類械鬥事件遂罕有所聞。

五、分類械鬥的流弊與影響

清代臺灣的分類械鬥事件，規模大的禍亂遍及數縣，爲時長達數年之久，殺傷焚掠，禍延無辜，不可勝數，以致田園荒蕪，荊棘叢生。規模小的，亦每造成械鬥雙方傾家蕩產，或傷或亡。因此，分類械鬥始終成爲臺灣社會的三大患之一[60]，是台灣地方不安的癥結，阻礙臺灣地方的建設與發展，使臺灣一直停滯在落伍的移墾社會階段，無法成爲一片新生的「樂土」。茲試分政治等四方面，分別論述其流弊與影響。

在政治方面，分類械鬥是造成清代臺灣反清事件迭起的原因之一。總計清領臺灣二百十三年期間，有案可考的大小規模反清事件共一百十六次，其中不乏因分類械鬥事件升高，而擴大爲抗官事件；或因官軍介入，而變爲反清事件。如道光十年（一八三〇）發生於噶瑪蘭廳的林瓶事件，以及道光十二年（一八三二）發生於嘉義縣的張丙事件等皆然[61]。道光年間北路理番同知陳盛韶說：「臺灣滋事，有起於分類而變爲叛逆者；有始於叛逆而變爲分類者。官畏其叛逆，謂禍在官，謂禍在民。百餘年來，官民之不安以此。」[62]可見分類械鬥與反清事件實互爲因果關係。

此外，分類械鬥亦促使清廷在行政上作若干考慮，如知縣的廻避，以及噶瑪蘭廳不用漳、泉兵等措施。所謂知縣的廻避，即臺灣府各知縣出缺，清廷責由閩省督撫於內地屬員內，揀選賢能之員，調補陞授；而籍隸廣東的惠州、潮州二府及嘉應州三屬人員，不准選調[63]。考清廷之用意，蓋以知縣爲地方官，慮其黨同朋比而滋事。至於噶瑪蘭廳不用漳、泉兵，則如臺灣知府方傳穟所奏：「蘭地民人三籍，漳最多，泉、粵人少。漳、泉兵不可用也。請悉用上府兵，以免分類械鬥之隙。」[64]

在經濟方面，參與械鬥的雙方，爲了打敗對方，每不惜花費大量金錢，以招兵買馬，增加己方實力。而械鬥之際，殺傷焚掠，誓不兩立，尤盡破壞之能事。如同治初年，戴潮春事變初平，雲林縣的西螺堡和布嶼東西兩堡，住有廖、李、鍾三大姓，後來居於頂店、新庄的李、鍾二姓，因細故誓滅居於下店、七嵌的廖姓，放言說：「有頂店，無下店；有新莊，無七嵌。」雙方激烈火拚，最後廖姓反敗爲勝，將李、鍾二姓所居的頂店、新庄等地，夷爲平地，以致原爲農產品集散地、人口稠密的街道，從此滿目瘡痍，一片荒凉。而勝方廖姓各家，亦皆傾家蕩產，無一倖免[65]。

再則，每當分類械鬥之後，各類居民常自畫地界，平時不准異類之人進入，而居民亦不敢踏入異籍地界。以噶瑪蘭廳爲例，該地漳、泉、粵三籍居民各自畫分地界，淡水廳通往噶瑪蘭廳之道路常受阻撓，因此嘉慶年間臺灣府知府楊廷理乃有修備道二條，一由艋舺之大坪林進山，一由竹塹之九芎林進山，以達噶瑪蘭廳之議。《東槎紀略》云：

> 楊守原議修築進山備道者，蓋緣蘭民三籍，漳居十之七、八，泉僅十分之二，粵則不及其一。又三貂正道，進蘭頭圍、西勢一帶，盡屬漳人。臺地好分氣類，恐有械鬥緩急之事，泉、粵二籍為漳人所困，不能自通。且三貂徑險，設有不虞，易於梗塞，故欲更修二道，誠為遠慮。卑府細加諮詢，泉、粵二籍，自以人少，皆與漳民和睦，並無爭競之志。設有不虞，尚有烏石及加禮遠二港，可由海道徑達鷄籠、艋舺，不必假道內山。前署通判姚瑩查議，此二道深曲險阻，事非急要，詳准咨部緩修。今呂倅（按即噶瑪蘭廳通判呂志恆）亦請准照姚瑩所議，與卑府管見相同。所有楊守原議請修入山備道之處，應毋庸議。[66]

楊廷理修備道以達噶瑪蘭廳之議，雖未獲後任臺灣府知府方傳穟之支持，而付諸實行，然由此亦可見因分類械鬥事件之發生，致使各類居民自劃地界，影響道路交通、阻礙經濟發展之情形，相當嚴重。

在社會方面，分類械鬥的最大流弊與影響，爲政府威信的喪失，法令面臨挑戰，公理正義的淪喪。淸代臺灣的人民，原多由閩、粵各地移入，他們聚同府之人，相依爲命而闢地，原無相鬥之必要，其所以同類之人一致行動，以與異類械鬥，當有其切身利害之關係，或因重大屈抑而不得其平，前已述及。因每次分類械鬥的發生，政府多未作妥善的處置，無能無爲，故無法取得人民的信任，人民遂無視文武官員之存在，漠視法令，依賴暴力，馴至豪強爲雄。從而，公理正義未能發揮其安定社會秩序的力量，好勇鬥狠之習，無法獲得改善，而淸代中期以前的臺灣因此難以突破移墾的、原始的社會型態，以臻於法治的、文治的文明社會。

其次，分類械鬥往往使得人民流離失所，造成嚴重的社會問題。如道光六年（一八二六）淡水廳、彰化縣兩地發生閩、粵械鬥，兩地各莊參與械鬥的粵籍「頭人」派人到噶瑪蘭廳，散播流言，鼓動生事。五月間，多瓜山（今宜蘭縣多山鄉）的粵莊，以吳鄭成、吳集光、吳烏光等人爲首，組織爲數幾千人之隊伍，配備彼時最犀利的武器——火鎗等，向附近閩莊攻擊，繼襲員山（今宜蘭縣員山鄉）的閩莊，照例搶莊、燒屋，將閩莊的財物視爲戰利品，而據爲已有。閩莊事起倉促，在數千粵人的焚掠之下，被殘毀的很多，男女流離，無家可歸，情形至爲悽慘[67]。

再次，分類械鬥亦每造成人口的大規模移動。如臺北盆地之新莊、秀朗（今臺北縣中和市）、內湖（今臺北市內湖區）各地，原由粵人墾荒拓殖，慘澹經營。其後，閩、粵兩籍發生分類械鬥，粵人戰敗遷徙中壢後，臺北盆地遂爲閩人完全佔有，不可復睹粵人之村落。而佔居新莊的漳籍豪族林本源家，亦因道光二十四年（一八四四）漳、泉分類械鬥再起，而避遷板橋。[68]

咸豐三年（一八五三），分類械鬥到達最高潮。是年八月，漳、泉械鬥再起，泉人獲勝，臺北地方的漳人因此紛紛敗退至大科嵌（今桃園縣大溪鎭）[69]。而泉人間，旋又發生異縣械鬥——「頂下郊拚」，居於八甲庄的敗方下郊人（同安縣人）亦被迫退至大稻埕，另謀發展，前已述及。

此外，由於分類械鬥造成狹隘的畛域觀念，清代臺灣聚落地名遂亦受了影響，而產生福興、福隆、福安、廣興、廣福等象徵族系興旺的地名。而福佬庄、頂郊庄、廈郊庄、客人庄、客城、客子厝等聚落地名，或係居民自定，或係閩、粵兩系移民互稱，其源由亦同[70]。上述之聚落地名，不少沿用至今日。

在文化方面，分類械鬥顯而易見的流弊與影響，即是促使文化發展遲緩，甚至衰退。文化的創造與發展，與其背景——政治、經濟與社會等條件，息息相關。經濟發達，交通方便，政治安定，社會繁榮，以及法治觀念之普及等爲文化創造與發展的有利條件，而清代臺灣因分類械鬥而帶來殺傷焚掠，滿目瘡痍；自劃地界，交通阻隔；變亂不安，反清事件迭起；人民流離失所，無家可歸；以及豪強爲雄，法治、文治觀念的缺乏等，不但使得文化的創造與發展失去憑依，有時甚且因破壞太甚，無力復元，而造成嚴重的衰退現象。

分類械鬥對文化的另一影響，卽古廟和古先住宅的備築防禦工事。原來臺北盆地及其周圍之古廟，每當分類械鬥事件發生時，往往首遭攻擊，故大多具有防禦設施。其現存之遺跡計有：士林芝山岩開漳聖王廟之石牆和石門，新店大坪頂開漳聖王廟牆上的銃眼等。內湖碧山岩開漳聖王廟，建於碧山之顛，形勢要害，亦自成一座城堡。臺北盆地的古先住宅，情形亦同，大多亦具有防禦設施。如咸豐三年（一八五三）所建板橋林本源三落舊大厝，入左右之門，有一池塘，形勢宛若城濠，門之兩傍，各有銃眼，情形一如碉堡。此種情形，在當年極爲普遍⑪。

綜合上述，可知分類械鬥爲清代臺灣移墾社會的一大病態，其在政治等方面的流弊與影響，實至爲深遠。

六、結論

綜上所述，可知分類械鬥事件實爲清代臺灣移墾社會的特徵，是當時社會的一大病態。此種病態，在由移墾的、落後的社會進爲文治的、現代的社會過渡時期中，乃屬難以避免之事，十八、九世紀美國白人移墾西部地區，亦時有之。然臺灣自康熙六十年（一七二一）發生首次分類械鬥，至光緒八年（一八八二）最後一次的異姓械鬥，其間分類械鬥擾攘爲時達一百六十餘年，則顯非單純的經濟、社會因素可以解釋，而須對政治因素——清廷消極防制的治臺政策、對移墾開發的缺乏認識和清廷的統治心態等，予以深入的探討，始易於把握事件的眞相。

滿清以異族入主中國，曾遭漢民族的強烈反抗，其中尤以明鄭的抗清運動，規模最大、歷時最久，而臺灣即爲明鄭從事反清復明運動的根據地。因此，康熙二十二年（一六八三）清廷領有臺灣之後，其在臺灣所採取的一連串措施，旨在防制臺灣再成爲反清的「盜藪」，並無積極經營臺灣之意。雍正以後，清廷的治臺政策雖已漸由消極轉趨積極，由防範轉入開發，但進度不大，吏治依然未上軌道，故道光年間臺灣道徐宗幹曾有全國吏治以臺灣最壞之說。其次，「近代東西各國的拓殖移民，均由政府主持計劃，獎勵提倡，予以種種便利。」[72]但在我國，由於清廷及福建當局對移墾開發缺乏正確的認識，因此內地人民移墾臺灣，事先既得不到政府的保護幫助，拓墾之後，政府亦遲遲不予承認。人民慘澹經營之成果，既然未能得到法律的保障，只好率衆合族，以武力自衛。再則，滿人入主中國，滿漢之分終有清二百六十八年之期間，始終存在。當時清廷所最關切者，爲防制漢人之反抗，鞏固其統治權而已，而內地至臺之移民，雖有漳、泉、粵各籍之分，其爲漢人則一。漢人互鬥則力分，其於清廷統治權之鞏固自屬有利，故清廷利於民間之分類械鬥，並無積極防止之意圖，非常明顯。

就分類械鬥的時間和種類演變看，清代臺灣的分類械鬥事件，從早期的閩、粵械鬥到晚期的異姓械鬥，正是臺灣社會從地緣組織過渡到宗族組織的反映。當然，分類認同對象愈來愈小，亦說明了清代中期以後的臺灣人口壓力相當嚴重，故異姓（族）之間，亦難免因經濟利益的衝突，而發生械鬥。至於「西皮」與「福祿」兩派樂工職業團體的械鬥，一面表示同行在營業上發生尖銳的利害衝突，一面亦表示定居已久，文化活動頻繁[73]。就分類械鬥空間的演變看，清代臺灣分類械鬥事件的發生，從南部傳到中部，再傳到北部地區的情形，正與清代臺灣各地開發的先後相符合。故淡水廳發生分類械鬥事件次數最多，當與開發較晚，移墾色彩較為濃厚，以及轄區遼濶，防備不及有關。噶瑪蘭廳之為發生分類械鬥事件頻率最高之地區，其原因亦同。

因分類械鬥事件的發生，原因極為複雜，它往往是政治、經濟與社會等多種因素交織，並經長期蓄積的結果，故縱有少數守令或地方賢達注意及之，或約禁，或勸息，調處，甚至彈壓，終為一時之計，而非永久之策。同治中期以後，分類械鬥事件的逐漸減少，以至消弭，仍有待於吏治的整頓，勇營的代興，司法制度的改進；對外貿易的發達，經濟作物的栽培，新興事業的興辦；以及士紳階級的建立，社會結構的轉變，文治社會的形成等政治、經濟與社會環境的改變，亦卽發生分類械鬥原因的消失，分類械鬥事件才獲得根本的解決。

由於長期的分類械鬥，造成清代臺灣地方的不安，阻礙臺灣地方的建設與發展，延長臺灣社會由移墾型態走向文治社會的過程，延遲中華文化在臺灣拓展，分類械鬥事件對清代臺灣政治、經濟、社會與文化的影響，實至為深遠。

附註

❶ 見藍鼎元，《平臺紀略》總論，臺灣銀行經濟研究室編印臺灣文獻叢刊第一四種（以下簡稱台灣文獻叢刊），頁二九，民國四十七年四月。

❷ 徐宗幹曾有「各省吏治之壞，至閩而極；閩中吏治之壞，至臺灣而極。」之語。見徐著，〈答王素園同年書〉，丁日健輯《治臺必告錄》卷五《斯未信齋文集》，頁三四九，臺灣文獻叢刊第一七種，民國四十八年七月。

❸ 見謝金鑾，〈漳、泉治法論〉，丁日健輯《治臺必告錄》卷二謝金鑾《蛤仔難紀略》附錄，頁九八。

❹ 如藍鼎元〈與吳觀察論治臺灣事宜書〉云：「廣東饒平、程鄉、大埔、平遠等縣之人赴臺傭雇佃田者，謂之客子。每村落聚居千人或數百人，謂之客莊。客莊居民，朋比爲黨，睚眦小故，輒嘩然起爭，或毆殺人匿滅其屍。健訟、多盜竊，白晝掠人牛，鑄鐵印重烙以亂其號。凡牛入客莊，莫敢向問；問則縛牛主爲盜，易己牛赴官以實之。官莫能辨，多墮其計。……客莊居民，從無眷屬。合各府、各縣數十萬之傾側無賴遊手群萃其中，無室家宗族之係累，欲遏其不逞也難矣。」（《鹿洲初集》卷二）又如陳文達編纂《鳳山縣志》亦云：「自淡水溪以南，則番、漢雜居，而客人尤夥；好事輕生，健訟樂鬥，所從來舊矣。」（卷七風土志〈漢俗〉）藍、陳二說雖屬偏頗，實足以說明清初對流寓臺灣粵人的一般觀點。

❺ 如乾隆三十六年（一七七一）四月十三日上諭：「台地閩、粵錯居，易生仇釁；若不過私相聚鬥，豈能盡以官法繩之，又不便聽其積嫌滋事。是員弁等之隨宜調輯，亦不可少；而佐雜兼用粵人，頗覺相宜。況閩人仕臺地，武職之例並未改更，獨於粵籍文員申以例禁，事理亦未平允。即或因縣令職司民牧，倘於寄居粵戶瞻徇鄉情，公事不無掣肘，尙可云杜漸防微；若佐雜微員本非親民之官，既無慮其跡涉嫌疑，

且可資以消弭釁鬥，愼選粤籍中之明幹遷調數人，任隸臺郡，於地方公務實有益而無損。」即爲放寛粤人任官臺灣限制之一例。見《大淸高宗純皇帝實錄》卷八百八十二。

❻ 見《大淸高宗純皇帝實錄》卷八百七十一。

❼ 見張菼〈淸代臺灣分類械鬥頻繁之主因〉，臺灣風物第二十四卷第四期，頁七五，臺灣風物雜誌社出版，民國六十三年十二月。

❽ 如雍正元年（一七二三），增設彰化縣、淡水廳等是。參閱金成前纂修，〈雍正時期措施之改變〉，《臺灣省通志》卷三政事志綜說篇第一冊，頁二五，臺灣省文獻委員會出版，民國六十年六月。

❾ 見姚瑩，〈噶瑪蘭原始〉，《東槎事略》卷三，頁七〇—七一，臺灣文獻叢刊第七種，民國四十六年十一月。

❿ 見柯培元，〈雙銜會奏稿〉，《噶瑪蘭志略》卷十三〈藝文志〉，頁一四八，臺灣文獻叢刊第九二種，民國五十年一月。

⓫ 見熊一本，〈條覆籌辦番社議〉，丁曰健輯《治台必告錄》卷三，頁二三四，臺灣文獻叢刊第一七種。

⓬ 李汝和整修，《台灣省通志》卷四經濟志水利篇第一冊，頁六。

⓭ 同前書，頁七。

⓮ 見丁紹儀，〈習俗篇〉，《東瀛識略》卷三，頁三二，臺灣文獻叢刊第二種。

⓯ 人口學家陳紹馨根據藍鼎元〈紀十八重溪示諸將弁〉（《東征集》卷六）一文統計，康熙六十年「朱一貴事變」後，鳳山縣十八重溪之男女人口比例爲二五六比一，其組合如下：

性別	六十歲以上	十六歲至六十歲	十六歲以下	計
男	六	二五〇	〇	二五六
女	〇	一	〇	一
計	六	二五一	〇	二五七

參見《台灣省通志》卷二人民志人口篇第一冊，頁六〇。

⑯ 地理學家王月鏡認爲：「人口組合（Population composition）一詞，……是決定人類社會性質的一大因素；每一個區域皆有不同的組合。因人口組合的不同，一個區域便出現不同的特性，發生不同的問題。」根據王氏之論點，清代臺灣社會因畸形人口組合而發生的問題，其中之一當係分類械鬥事件。見王著，《臺灣人口移動及地域發展之研究（續篇）》，中華民國社區發展研究訓練中心印，民國六十二年四月，臺北市。

⑰ 見周鍾瑄主修，〈雜俗〉，《諸羅縣志》卷八風俗志漢俗，頁一五〇，臺灣文獻叢刊第一四一種，民國五十一年十二月。

⑱ 見陳淑均總纂，〈鄉莊〉附考，《噶瑪蘭廳志》卷二（上），頁二八，臺灣文獻叢刊第一六〇種，民國五十二年三月。

⑲ 見周璽總纂，〈兵燹〉，《彰化縣志》卷十一雜識志，頁三六三，臺灣文獻叢刊第一五六種，民國五十一年十一月。

⑳ 清代臺灣拜盟風盛的另一原因，爲清廷鑒於臺灣多民變，乃褒揚關聖之忠義，竭力崇祀關聖帝廟，企圖轉民衆之信仰，改效忠於清廷，臺灣人民因此深受劉關張桃園結義的影響。參見洪敏麟，〈清代關聖帝廟對臺灣政治社會之影響〉，臺灣文獻第十六卷第二期，頁五七，民國五十四年六月。

㉑ 見周鍾瑄主修，〈雜俗〉，《諸羅縣志》卷八風俗志漢俗，頁一四七。

㉒ 見黃淑儆，〈習俗〉，《台海使槎錄》卷二赤嵌筆談，頁三九，臺灣文獻叢刊第四種，民國四十六年十一月。

㉓ *Memorials of Alfred Marshall*, ed. A. C. Pigou (London: MacMillan & Co.; 1925). p. 428. 轉引自 *What Is History?* by Edward Hallett Carr (New York. Alfred A. Knopf; 1962), p. 116.

㉔ 見鄭蘭，〈請追粵砲議〉，盧德嘉彙纂《鳳山縣采訪册》癸部藝文（二）兵事（下）附錄，頁四三三，

臺灣文獻叢刊第七三種，民國四十九年八月。

㉕ 見王瑛曾編纂，〈災祥〉，《重修鳳山縣志》卷十一雜志，頁二七六，臺灣文獻叢刊第一四六種，民國五十一年十二月。

㉖ 見連文希，〈客家入墾臺灣地區考略〉，臺灣文獻第二十二卷第三期，頁二四，民國六十年九月。

㉗ 清代中期以前臺灣的漳、泉、粵人，各有其祭祀的神明，如泉州人供奉廣澤尊王或保儀大夫，泉州同安人供奉保生大帝，泉州安溪人供奉清水祖師，漳州人供奉開漳聖王，客家人供奉三山國王。這種對祖居地神明的崇拜，爲鄉黨主義團體提供一儀式的象徵，並以之來劃分「我群」與「他群」的界線。見李亦園，〈臺灣傳統的社會結構〉，頁八，民國六十七年暑期青年自強活動臺灣史蹟源流研究會講義，臺灣史蹟源流研究會編印。又參見王世慶，〈民間信仰在不同祖籍移民的鄉村之歷史〉，臺灣文獻第二十三卷第三期，民國六十一年九月。

㉘ 見周璽總纂，〈兵燹〉，《彰化縣志》卷十一雜識志，頁三八二—三八三。

㉙ 見黃啓木，〈分類械鬥と艋舺〉，民俗臺灣第三十七號，頁一六—一七，東部書籍臺北支店印行，昭和十九年（一九四四）七月。（按黃著於光復後翻譯爲中文，在臺北文物第二卷第一期發表，題目爲〈分類械鬥與艋舺〉，民國四十二年四月。）

㉚ 見前揭李亦園，〈臺灣傳統的社會結構〉，頁七。

㉛ 見林豪，〈北路防剿始末〉，《東瀛紀事》卷上，頁一七，臺灣文獻叢刊第八種，民國四十六年十二月。

㉜ 轉引自戴炎輝，〈清代臺灣鄉莊之社會的考察〉，《臺灣經濟史十集》，頁一〇三，臺灣研究叢刊第九〇種，臺灣銀行經濟研究室編印，民國五十五年九月。

㉝ 見張菼，〈宜蘭兩次械鬥事件之剖析：論噶瑪蘭粵莊殘閩與挑夫械鬥兩案〉，臺灣文獻第二十卷第二期，頁六〇—六九，民國六十五年六月。

㉞ 轉引自樊信源，〈清代臺灣民間械鬥歷史之研究〉，臺灣文獻第二十五卷第四期，頁一〇五，民國六十

三年十二月。

㉟ 參閱陳紹馨，〈臺灣人口史的幾個問題〉，臺灣文獻第十三卷第二期，民國五十一年六月。

㊱ 見藍鼎元，〈論閩粵民人〉，《東征集》卷五，頁八一，臺灣文獻叢刊第一二種，民國四十七年二月。

㊲ 見婁雲，〈莊規禁約〉，陳培桂纂輯《淡水廳志》卷十五（上）附錄一文徵（上），頁三九〇，臺灣文獻叢刊第一七二種，民國五十二年八月。

㊳ 見伊能嘉矩，《台灣文化志》上卷第四篇第六章〈分類械鬥〉，頁九四五所引，東京刀江書房藏版，昭和三年（一九二八）九月。

㊴ 見鄭用錫，〈勸和論〉，陳培桂纂輯《淡水廳志》卷十五（上）附錄一文徵（上），頁四一八。

㊵ 見陳培桂纂輯，《淡水廳志》卷十六附錄三志餘〈紀人〉，頁四五〇。

㊶ 見吳子光，〈謝國子傳〉，《臺灣紀事》附錄一，頁五七—五八，臺灣文獻叢刊第三六種，民國四十八年二月。

㊷ 見周璽總纂，〈行誼〉，《彰化縣志》卷八人物志，頁二四五。

㊸ 見伊能嘉矩，《臺灣文化志》上卷第四篇第六章〈分類械鬥〉，頁九四一所引。

㊹ 見拙著，〈論藍鼎元的積極治臺主張〉，臺灣文獻第二十八卷第二期，頁一〇九—一二〇，民國六十六年六月。

㊺ 見郭廷以〈沈葆楨之積極措施〉，《臺灣史事概說》第七章第一節，頁一七八—一八一，民國四十七年三月台二版，正中出版。又參閱 Ting-yee Kuo, "*The Internal Development and Modernization of Taiwan, 1683-1891*" in *Taiwan in the Modern Times* (Asia in the Modern World Series, No. 13; St. John's University, Second printing, 1974.) p. 186-191.

㊻ 見林衡道，〈臺灣史譚—分類械鬥與臺北盆地〉，臺灣文獻第十五卷第三期，頁九九，民國五十三年九月。

㊼見康熙六十年十月初五日上諭，〈大清聖祖仁皇帝實錄〉卷二百九十五。

㊽見范咸纂輯，〈營制〉，《重修臺灣府志》卷九武備（一），頁三〇二，臺灣文獻叢刊第一〇五種，民國五十年十一月。

㊾參閱黃典權，〈清代臺灣武備制度之研究〉，國立成功大學歷史學系歷史學報第五號，民國六十七年七月。

㊿以上參閱盛清沂纂修，《臺灣省通志》卷三政事志軍事篇第一冊，頁四七，民國六十年六月；陳培桂纂輯，《淡水廳志》卷十四考四祥異考附〈兵燹〉，頁三六七。

51 以上參閱張雄潮整修，《臺灣省通志》卷三政事志司法篇第一冊，頁一—三，民國六十一年十二月。

52 以上見盛清沂，〈商業〉，《臺灣史》第七章第十三節第四項，頁四八二—四八七，臺灣省文獻委員會出版，民國六十六年四月。

53 同前書，頁四六九—四七〇。

54 同前書，頁四七〇—四七一。

55 同前書，頁四七二—四七三。

56 以上海關之統計，轉引自陳世慶整修《台灣省通志》卷四經濟志商業篇第二冊，頁一四三—一四四，民國五十九年六月。

57 見李國祁，〈清代臺灣社會的轉型〉，頁一一—一一一，文化講座專集之一一九，教育部社會教育司編印，民國六十七年三月。

58 李國祁曾論及豪強之士的衰落與田賦結構轉變的關係說：「臺灣在中期以前，於耕地所有權的關係上有大小租戶之分，大租戶多是墾戶，不少卽是豪強之士，擁有大量土地，因易累積資本，故多成鉅富。至道光年間，小租戶因爲是土地實際經營者，已日漸擡頭，及道光廿三年（一八四三）租賦改爲徵銀後，因田賦米糧的折價每石二元，高於時價每石一點一元甚多，使大租戶收入減少，對大租戶構成打擊，產生了抑制其發展的作用。」見李著，〈清代臺灣社會的轉型〉，頁三〇。又道光二十三年，租賦改征折色對大小租戶的影響，尚可參閱東嘉生，〈清代臺灣土地租關係〉，《台灣經濟史》二集，頁六六－六九，臺灣銀行經濟研究室編印台灣研究叢刊第三二種。

59 以上參閱李國祁，〈清代臺灣社會的轉型〉，頁一一－三九。

60 姚瑩曾有：「竊見臺灣大患有三：一曰盜賊，二曰械鬥，三曰謀逆。三者，其事不同，而爲亂之人則皆無業之遊民也。」見姚著，〈上督撫請收養游民議狀〉，《中復堂選集》卷三，頁三九，臺灣文獻叢刊第八三種，民國四十九年九月。

61 參見張菼，〈臺灣反清事件的不同性質及其分類問題（上）〉，臺灣文獻第二十六卷第二期，頁一〇〇－一〇二，民國六十四年六月。

62 見陳盛韶，〈問俗錄〉，陳淑均總纂《噶瑪蘭廳志》卷五（上）風俗（上）附考，頁一九四。

63 見周璽總纂，〈臺灣調補例〉，《彰化縣志》卷三官秩志文秩附載，頁七〇。

64 見方傳穟，〈請蘭營改制文〉，陳淑均總纂《噶瑪蘭廳志》卷四（下）武備兵制附考，頁一六三。

65 見樊信源，〈清代臺灣民間械鬥歷史之研究〉，頁一〇四－一〇五。

66 見方傳穟，〈籌議噶瑪蘭定制覆核〉，姚瑩《東槎紀略》卷二〈籌議噶瑪蘭定制〉，頁五八。

67 見張菼，〈宜蘭兩次械鬥事件之剖析：論噶瑪蘭粵莊殘閩與挑夫械鬥兩案〉，頁五八－五九。

68 見林衡道，〈臺灣史譚－分類械鬥與臺北盆地〉，頁九九。

69 同前註。

70 見王月鏡，《臺灣人口移動及地域發展之研究（續編）》，頁二七。

71 同68。

72 見郭廷以，〈開發成就〉，《台灣史事概說》第四章第三節，頁一〇五。

73 李亦園曾論及樂工的械鬥說：「這種文化活動派別的爭執，假如不是安居已久，文化活動頻繁，則是不易產生的。」見李著，〈臺灣傳統的社會結構〉，頁九。

附記：本文曾獲六十八學年度行政院國家科學委員會獎助，特此致謝。

（國立中興大學文史學報第九期，民國六十八年六月，臺灣臺中）

清代臺灣循吏：陳璸

一、引 言

清初，因清廷對臺灣的地位缺乏正確認識，實行消極防制的治臺政策❶，故臺灣的吏治未能上軌道。當時宦臺者，孳孳利藪者多，實心任事者少。然亦有少數才識兼具的循吏，他們或「集流亡，勤撫字，相土定賦，以興稼穡。」❷或「爲政清肅，新學宮，建衙署，創義塾，百廢俱舉。」❸治績卓著，對於臺灣早期的開發經營，貢獻很大。陳璸即爲其中之一。

陳璸，字文煥，號眉川，廣東省海康縣人。康熙三十三年（一六九四），陳氏中式進士，歸班候銓。三十八年（一六九九），陳氏起程赴選，授福建省古田縣知縣，開始爲期十九年的仕宦生涯。

在陳氏仕宦的十九年中，以與臺灣有關的時間最久，計任臺灣縣知縣二年、分巡臺廈兵備道四年，以及直轄臺灣的福建巡撫三年，共九年餘，約佔陳氏仕宦生涯的一半。（請參閱附表：陳璸仕宦年表）

本文的研究，試圖以蔡麟筆對儒家領導哲學的看法：一、修身正己，作君作師；二、誠、信、忠、恕，經綸天下；三、孝、弟、立、達，義利之辨等爲基礎❹，並借用張金鑑對行政學管理經濟原則的主張，用以探討陳瑸對臺灣早期開發的貢獻與限制。本研究的最大困難是，有關陳瑸宦臺期間的史料不多，目前所能找到的僅《陳清端公文集》中的部份條陳文告和碑記、《大清聖祖仁皇帝實錄》的幾條有關記載，以及散在清代各地方志的片斷記載而已，研究不易❺。惟因史學界對清初臺灣史事的研究一向較爲忽視，而有關清代臺灣第一清官——陳瑸的研究也可說尚未開始❻，所以本研究似尚值得一試。筆者希望，經由本文的初步探討，不但能有助於學界對陳瑸宦臺事蹟的認識，抑且有助於學界對清初臺灣史事的進一步了解。

二、初次抵臺——臺灣縣知縣

根據《陳清端公年譜》的記載，陳瑸少讀《四書》、《五經》等儒家經典；既長之後，又熟讀《太極圖說》、《西銘》、《朱子小學》、《瓊山學》等性理之書，對儒家的學說不但拳拳服膺，而且身體力行。他曾在〈寄子書〉中說：「汝父自出門來，抱此數書入窮山、出苦海；雖簿書冗雜之中、人情疑忌之會，日夕尋玩，永不離側，自信頗有所得。」❼陳氏一生仕宦，不論在朝爲京官，或簡放地方爲官，皆謹守儒家的領導哲學，始終不渝。

康熙三十八年（一六九九），陳瑸選授福建省古田縣知縣。古田縣位在福建省北部，四面環山，舟車不到，是一貧窮的縣。陳瑸到任之後，不但不以其交通不便爲苦，反因其無過客迎送之煩爲快事。他在〈古田縣諮訪利弊示〉中強調：「本縣志不在溫飽，自讀書之日已然。今日隨一官一邑，皆可盡心盡力，使饑者得食、寒者得衣、有衣食者知禮義而重廉恥，將一邑之人心風俗漸敦古處，獄訟衰息；用以仰副朝廷愼重縣令之選，並以告無罪於上憲。」❽他本著儒家的積極任事精神，殫心規畫經營，興利除弊，使古田縣因此「賦平役均，民以蘇息。」❾

康熙四十年（一七〇一）九月，陳氏調任臺灣縣知縣。臺灣縣是當時臺灣府的首善之縣，地位特別重要。陳氏因在古田縣知縣任內「清操絕俗，慈惠利民」❿，經福建巡撫梅鋗特疏推薦，福建按察使范時崇亦極力保薦，故有是調。

根據清代地方行政的體制，知縣爲臨民之官，「掌一縣之政令，平賦役，聽治訟，興教化，勵風俗，凡養老、祀神、貢士、讀法，皆躬親厥職而勤理之。」⓫而臺灣因係海疆重地，知縣的權力尤大。所以陳璸的調任臺灣縣知縣，即充分顯示出福建巡撫梅鋗的託付重任；而陳氏亦決心不負閩撫的知遇之恩。他在〈寄子書〉中勉勵其二子說：「自厦門開船至臺灣，有一千二百里。汝父此行，不但不知有身家，並驅命亦付造物矣。然人生之平險，不盡在山川也。汝兄弟切須勇往奮發以成名酬生我，則與汝父之國而忘家，所以酬成我者同一揆矣，豈在朝夕問視間耶？」⓬可見其酬謝知己與報國之忱。

陳氏抵臺灣縣後，因念壅蔽爲害，民情不易上達，故不時察訪，加意撫恤，惟猶恐有「一事寃沉，一情抑鬱」之情事，特告示縣民：「凡民情政體所關，大自錢穀刑名，徵收出納，下至橋路津梁，車船答應，有無偏輕偏重？有無妨時失業？地方有無豪強盤踞、奸棍把持？衙門有無積蠹生事、詐騙？出水給照有無胥役指勒需索？各坊里之內有無某坊某里某人藏奸匿歹？風尚有無奢侈？作何禁革？民生有無凋敝？作何拯救？告訐爭訟、輕生圖賴之習作何懲儆？」⑬，皆可隨其所見，確實開陳，以為縣政興革之參考。其後，陳氏遂依其察訪之所得與縣民之請命，條陳治理臺灣縣之要務十二條：

一、文廟之宜改建，以重根本也。
二、宜興各坊里社學之制，以廣教化也。
三、宜定季考之規，以勵實學也。
四、宜舉鄉飲之禮，以厚風俗也。
五、臺倉積粟之宜，以時斂散也。
六、澎湖孤懸海島之宜通商販粟，以濟軍民也。
七、水丁名色之宜永遠革除，以甦民困也。
八、每歲修倉之宜永禁派累，以惜民財也。
九、在坊小夫之宜革，以安商旅也。
十、每歲二丁派買豬羊之宜禁，以除陋規也。
十一、兵民雜處之宜分別，以清保甲也。
十二、宜逐游手之徒，以靖地方也。⑭

上述〈條陳臺灣縣事宜〉十二條，計可歸納為振興文教、改善風俗、充裕民食、鼓勵通販與確保治安五方面，這些都是陳氏治理臺灣縣的中心工作，也是陳氏值得一述的政績。

振興文教是陳瑸治理臺灣縣的首要工作。陳氏認為臺灣為新闢海宇，登版圖才二十餘年，亟需涵濡教化，因此極力提倡教育，「暇即引諸生考課，以立品敦倫爲先。……聞讀書紡績，則重予獎賞；有群飲高歌者，嚴戒諭之。」⑮陳氏又以當時臺灣縣「以住宅爲文廟，……明倫之未有堂也。」無以彰顯聖道，明倫講學，因此建議改建文廟云：

> 蓋聖人之教，與王者之化俱遠。是以學宮徧天下，其制度必極宏壯，其規模必極高敞，匪徒餙觀，以遵道也。臺灣縣為臺郡附郭首邑，開復以來，戶口之蕃衍，商旅之輻輳，財貨之流通與夫人文之日新月盛，居然海外一都會也。獨以學宮重地，猶襲僞弁住宅而為之。凡廟之與宅，規制不同；文廟與他祠尤別。今以住宅為文廟，其卑陋湫隘之觀，揆諸朝廷所以崇儒重道、振興文教之盛典，甚覺弗稱。而且櫺星之未有門也，明倫之未有堂也，藏經之未有閣也，東西兩廡風雨不蔽，鄉賢名宦俎豆匪依，至御製先師先賢諸贊尚未鑄諸金石，其何以俾海陬士庶得覩天章之燦爛乎？夫風俗係乎教化，教化重乎人才，人才由於學校。先儒有言：不興學校而求人才，猶不琢玉而求文采，不可得也。處臺邑而欲養人才於學校，莫如改建文廟之為亟矣。雖工煩費鉅，未能卒然而就，然奮發為之，要當自今日始。除職倡捐及勸募外，仰望憲臺為斯文宗主，力賜提挈，俾人文根本之地，得以及早觀成，使海外宮墻煥然改觀，人才蔚起，胥鈞陶所造就也。⑯

陳氏的建議經臺灣府採納後，隨即倡建明倫堂於文廟之右，從此講學始有定所，士子稱便。接著，陳氏又捐俸銀三百兩，以爲文廟選材鳩工之資，惟甫開工，即於康熙四十二年（一七〇三）冬調補部曹，賴後任知縣王仕俊踵成其事。

清初臺灣因尚停留在移墾社會的階段，所以有許多移墾社會的陋俗，其中最嚴重者厥爲爭鬥熾與獄訟多，每因而造成社會的擾攘不安。陳璸認爲這種現象的產生，乃「始於鄉不序賢，食不羞耄，罔知禮讓」的結果，其改善之道唯有定期舉行鄉飲酒禮，以「使習見乎敬老尊賢，地方有司猶捧觴布席之不遑，我何人斯？敢恣睢狠戾以自肆？將樂至不爭，禮而無怨，獄訟可消，兵制可靜。」[17]也就是說，藉鄉飲酒之禮，以革除移民的暴戾之氣，建立祥和的社會風氣。

對於民食的解決，以及民困的甦解，陳氏亦亟謀加以解決。他強調臺倉積粟宜以時斂散：「倉粟一項，國藏攸關，遇有荒歉，爲民生所待濟，係甚重也。第斂之不以其時，則廩藏空虛；散之不以其時，則民生困苦；均非奉行之善。如每年三、四、七、八等月青黃不接，此宜散倉粟出糶時也。若仍封倉不糶，必致米貴病民，此宜斂粟入倉時也。倘不早徵收，至增價買補，必致倉無餘粟。一旦天行告沴，有欲糶之無可糶、賑之無可賑者矣。是斂之與散不容不爲調劑也。矧在臺尤須以時斂散者，重兵雲屯，月米取給，斂不時，庚癸呼矣。數萬戶口，半多寄食在市，散不時，哀鴻嗷矣。且近海地濕，粟易浥爛，阻隔重洋，告糶無所，斂之、散之，必及時乃有濟也。」[18]他並舉臺灣縣爲例，臺灣縣每歲除捐積粟外，正供額粟四萬六千多石，除支給各營月米，每歲尚餘二萬有餘，合歷年積粟共十萬餘石，必須及早變通，出陳易新，不可坐視浥爛，任聽虧空。而此歲餘粟二萬餘石，則「應於每歲青黃不接之月，出粟一萬餘石，在市散糶，以濟民急。將開倉日期及糶過數目，按月報明本府稽查，即將賣過銀兩解貯府庫，至冬領回，買新粟補倉。如此則存倉額粟既不虧減，又免浥爛，而倉粟在市，米價亦不至騰貴，一舉而數善備。」[19]

此外，陳氏抵任之初，曾問民疾苦，獲悉人民出水時，每因胥吏之掯勒需索，而不堪其苦，遂明令永為禁止[20]，民困因此賴以甦解。

清康熙年間，澎湖尚未設置廳縣，僅設有巡檢司，隸屬臺灣縣。澎湖由於孤懸海外，與臺灣縣的交通較為不便，所以陳璸對當地軍民的生活特別關切。他強調澎湖的重要性：「為臺郡咽喉，凡舟由內地來者，望澎湖為指南；自臺去者必寄泊澎湖以候風信。所以地僅彈丸，最稱扼要。」[21]但澎湖因不產稻粟，僅能種植高粱，而所種又極有限，所以當地數萬居民和駐劄的水師官兵之糧食，每因來源不繼而有斷炊之虞。解決之道，唯有將臺倉陳粟定期發交商船運到澎湖，照平價供應，使窮民不致無粟可買，忍飢度日，而奸商亦不得乘急偷販，擡價病民。對於商旅在臺灣縣受到「在坊小夫」的層層剝削，以致流離失業，亦明令禁止。

確保治安也是陳璸治理臺灣縣的重要工作之一。清初的臺灣縣，由於墾地初闢，尚未築有城郭，兵民混雜，地方治安的維持甚為不易。陳璸有鑑於此，乃詳請實施保甲連坐之法：「臺灣未有城郭，為兵民雜處之地。惟雜處斯難分，然正不可不分。如十家為一甲，有甲長以領之。十甲為一保，有保長以領之。其十家、十甲內，有戶婚、田土、細事與訟到官，即差本甲長、本保長勾攝對質，省差人下鄉之擾。有來歷不明及非為發覺者，甲長、保長不先舉報，訊明一體治罪。其甲長、保長須十家、十甲內公舉殷實老成之人充當，斷不許無賴棍徒包攬生事，並不許藉名營伍包戶、包口，不服清查；乃其間有兵民同居者，即着民開明籍貫某坊、某社，着兵開明籍貫某營、某哨，並列家甲牌內。人籍既明，則民服縣官之令，各務生業，兵亦畏營將之法，不敢逞強生事。兵民胥就約束，如同一體。是又分之而未始不分者也。」㉒該議經臺灣府核准而付諸實施，從此兵民各受約束，彼此相安無事，對地方的安寧大有幫助。對於當時社會的游手好閒之徒（俗稱「羅漢腳」），他們不事生產，到處惹事生非，亦在調查身分之後，逐一押回原籍，以安靖地方。

除了以上的中心工作以外，他如汚吏蠹役、徭役雜費等陋規，亦悉革去。對於訟師的撥弄是非，陳璸亦諄諄勸止，其不聽者，則嚴予究辦㉓。有時爲了祈求天降甘霖，陳璸亦挺身爲民請命，親往城隍廟等地求雨，其祈求縣民福祉之心跡，於各篇求雨文可略窺一二㉔。

綜合上述的討論，可知陳璸在臺灣縣知縣任內的施政，除了採用法家的保甲連坐法，以安靖地方以外，其興革措施大抵皆本於儒家的政治理念，他把改建文廟列爲其治理臺灣縣十二要務的第一項，即充分顯示出陳氏具有儒家注重教化的傾向。同時，他藉鄉飲酒之禮的舉行，用以改善社會暴戾之氣的努力，也正是儒家「修身正己，作君作師」領導哲學之一例。筆者認爲，由於儒家政治思想在傳統社會的主導地位，陳璸的此一作法，當能收到「風行草偃」的效果。所以《陳清端公家傳》作者顧鎭稱道陳氏在教化上的成就：「臺邑歸化未久，……公任事三年，而民知禮讓，有文翁化蜀風……。」㉕雖不免諛詞，要亦有幾分事實。

在此，吾人必須指出的是，陳璸在臺灣縣知縣任內未嘗延用幕友，道光年間丁宗洛編纂《陳清端公年譜》時，曾備加推崇，但考之清代縣衙門的組織，除正式的編制外，尚有非正式的班房之設，以協助知縣處理吏政、戶政、禮政、兵政、刑政和工政等職掌㉖，如乏幕友之佐助，則勢難充分行政其職權，而爲縣民作最大的服務。行政學家張金鑑認爲，以行政學的管理經濟原則（The Principle of Managerial Economy）來說，行政組織或機關設置的多寡及其編制的大小，需視其適應事實需要及事務的繁簡而定。事少而組織多、編制大者固然是浪費；事多而組織少、編制小，以致不能勝任者，在實質上亦是不經濟的㉗。由此看來，臺灣縣政多而編制小，陳瓊不延用幕友以佐理縣政，事必躬親，是否符合管理經濟的原則，顯然是有待商榷的。

三、繼任分巡臺廈兵備道

康熙四十二年（一七〇三），陳瓊調補部曹。其後，歷任刑部雲南司主事、刑部山西司員外郎、兵部車駕司郎中、欽點會試同考官，康熙四十八年（一七〇九）調任四川提學道。翌年，分巡臺廈兵備道出缺，福建巡撫張伯行以「臺灣爲海城要區，而道員實關係重大。…現任四川學政臣陳瓊，舊任福建古田縣，廉能著稱；曾經調任臺灣縣，政聲日著，輿情悅服，至今感戴不忘。」㉘特疏薦由陳瓊調補。由於臺灣縣父老深爲懷念陳氏任內的政績，因此他的再度抵臺乃深受人民的歡迎，其情形誠如《重修臺灣府志》所稱：「民聞其再至也，扶老攜幼，懽呼載道如望歲焉。」㉙

在清代的地方行政體制中，「道」的制度很複雜。有以地區設置者，有以事務設置者。前者成爲省與府之間的行政單位；後者成爲布、按二司以下的政治組織，如《清史稿》云：「各道職司風憲，綜覈官吏，爲督撫布教令，以率所屬。」㉚是省級的行政官署。康熙年間的分巡臺廈兵備道，受福建巡撫節制，併轄廈門、臺灣兩行政區，其設置實兼具上述兩種性質。當時的臺厦兵備道，除執行以地區設置道員的任務外，另兼負以事務設置道員的按察使銜、學政，以掌理高等裁判之司法事務及文教科考；同時，又分掌布政使事務之一部份，以經理臺灣財政㉛。此外，更因具有「兵備」銜的關係，得以監督所轄區域之軍政機構——臺灣鎮㉜。從分巡臺厦兵備道的特殊地位，可以了解到陳璸新職所負使命的重大。

陳璸在臺厦兵備道的任期，計四年有餘。因其獲得朝廷與福建當局的信任與授權，所以其儒家經世濟民的抱負，得以充分地發揮，造福臺厦人民。他到任後不久，即條陳台厦利弊四事：一、招墾荒田，以盡地利；二、嚴禁科派，以甦民困；三、弛鐵禁，以利農用；四、置學田，以興教化㉝。三年後，陳氏復就其觀察所得，因地制宜地詳開條約九款，曉諭臺厦官民共同遵守：一、肅官箴；二、清案件；三、禁酷刑；四、寬民力；五、安土番；六、端士習；七、嚴健訟；八、除奸宄；九、勵武生㉞。陳氏任內的各項興利除弊措施，即以上述四事、九款爲依據，而一一付諸實施。

此時，陳氏的視線不僅臺灣南部，更擴及臺灣北部。他經由實地勘查所得而撰的〈條陳經理海疆北路事宜〉一文，實爲清代臺灣開發史上一極爲重要之文獻。如所周知，清初爲了防制臺灣再成爲「盜藪」——反政府的根據地，實施消極防制的治臺政策，對於臺灣的開發並不積極。惟儘管政府消極，但人民則頗爲積極，臺灣的開發成就，就是靠著這種民族的偉大力量㉟。至康熙四、五十年時，臺灣北部已次第開發，原有的行政設施早已不符實際之需要，惟因礙於政府的消極政策，地方官員都不敢有所建言。陳璸素抱儒家的積極任事態度，他抵臺之後，目睹此一情勢，遂不計自身的功名前途，而向福建當局建議積極經理北路：

照得臺疆為閩省咽喉，北路為臺疆心腹。聚重兵於郡城，咽喉之地，已得要領；而北路諸羅山一帶，當郡右臂，延袤二千餘里，田地肥美，畜牧蕃庶，實為心腹要區。但有土番三十六社，錯居不諳稼穡，專以捕鹿為生。餬口、輸課咸藉於斯，艱難堪憫。汛防且多疎濶；恐有奸宄竊伏，煽惑番愚，為腹心隱患，是不可不亟謀經理之也。經理事宜，約有六條，總以綏輯土番、固我心腹。心腹固則咽喉愈固。南視臺、鳳二邑，勢若建瓴，全臺可保無虞，而閩省可安枕矣。[36]

陳氏在上述條陳中，還進一步提出經理北路事宜六條：一、除濫派，以安番民；二、給腳費，以甦番田；三、立社學，以教番童；四、禁冒墾，以保番產；五、添塘汛，以防番社；六、歸縣署，以馭番衆。這些經理事宜雖皆就綏輯土番著眼，但因土番既受綏輯，則北路的治安問題即解決大半，漢人入墾者勢必更爲踴躍，對北路的開發當有莫大的幫助。

陳氏認爲官吏當探知民情，以針對地方之需要而施政，何者應興？何者應革？皆應有深入之了解。因此，他再度抵臺後，除親自探求民隱外，同時亦鼓勵府縣所屬官吏諮訪民情，以爲改革之依據。他根據自己探訪所見及府縣各屬之報告，先後頒下〈嚴禁淋尖踢斛等弊示略〉、〈嚴禁蓋倉派累示略〉、〈嚴禁奔競鑽營示〉、〈嚴禁酷刑濫派示〉、〈嚴禁冒名親屬掛驗出口略〉、〈禁鹿耳門把口員役需索陋規示略〉、〈嚴禁越訴示〉、〈嚴禁冒考等弊示略〉等命令，對於當時臺灣部份官吏利用職權超徵粟米、佔用民倉貯米、奔競鑽營之風、濫施酷刑、冒名偷渡海口、胥吏需索陋規、動輒越級上訴之習、冒名代考等弊端[37]，一律明令禁止。他如因米戶偷販與鹽商漁利而造成的「臺地產穀而穀價愈高，臺海出鹽而鹽價未減」

⑱之不合理情形，陳氏亦飭所屬嚴加禁止。

由於康熙年間的臺厦兵備道兼理學政，所以陳璸也是當時臺灣最高的教育主管，身肩振興文教，勸學興學之責任。而陳氏出身進士，學有根柢，亦以弘揚文教爲己任。他在古田縣知縣、臺灣縣知縣和四川提學使任內，皆曾致力於文教的振興。陳氏認爲臺灣因僻居海表，師承絕少，偶有以教書爲業者，多半「學無原本，文無法程」，連自己都一知半解，實無能力教人。因此，他特舉文行兼優之士，以分教坊學，「凡有子弟讀書、無力從師者，不論已未入泮，俱許送入四坊社學。」⑲以謀教育之普及。

爲了宏揚儒學，尊崇先賢——朱子，陳璸倡建朱子祠。他嘗追述其倡建緣起云：

予建朱子祠既成，或問曰：海外祀朱子有說乎？曰：有。昔昌黎守潮，未期月而去。潮人立廟以祀，東坡先生為之記云：公之神在天下者，如水之在地中，無所往而不在也。而潮人獨信之深，思之至，焄蒿悽愴，若或見之。譬如鑿井得泉，而曰水專在是，豈理也哉？若朱子之神，周流海外，何莫不然！

按朱子官轍，嘗主泉之同安簿，亦嘗為漳州守。臺去漳、泉一水之隔耳，非遊歷之區，遂謂公神不至，何懵也？自孔孟而後，正學失傳，斯道不絕如綫，朱子剖晰發明於經史及百氏之書，始曠然如日中天。凡學者口之所誦、心之所維，當無有不寤寐依之、羹墻見之者。何有於世相後地相去之拘拘乎？予自少誦習朱子之書，雖一言一字，亦沉潛玩味，終日不忍釋手。迄今白首，茫未涉其涯涘。然信之深，思之至，所謂焄蒿悽愴，若或見之者也。朱子之言曰：大抵吾輩於貨色兩關打不透，更無話可說也。又曰：分別義利二字，乃儒者第一義。又曰：『敬以直內，義以方外』八個字，一生用之不窮。蓋嘗妄以己意繹之。惟不好貨，斯可立品。惟不好色，斯可立命。義利分際甚微，凡無所為而為者皆義也，凡有所為而為者皆利也。義固未嘗不利，利正不容假義。敬在心主一無適則內直，義在事因時制宜則外方。無纖毫容邪曲之謂直，無彼此可遷就之謂方。人生德業卽此數言包括無遺矣。讀其書者，惟是信之深，思之至，切己精察，實力躬行，勿稍游移墮落流俗邊去，自能希聖、希賢，與朱子有神明之契矣。予所期望於海外學者如此，而謂斯祠之建無說乎？[40]

陳氏幼讀經書，及長，又熟讀性理之書，對儒家思想不僅有深刻的認識，且能身體力行，已如前述。其服官期間，自奉儉素，食不兼味，有「苦行老僧」之稱。他在上述緣起中所強調的儒者第一義——分別義利二字，實不僅在勉勵臺廈之官民，亦可說是他自己的官箴。吾人從陳氏〈手植文公祠梅花〉一詩：「賞徧花叢愛老梅，賢祠左右手親栽。寫眞舊有廣平賦，入妙詩稱和靖才。風送清香迷瀚海，月移孤影出澄臺。應知雨露深無限，獨步初春傲雪開。」[41]亦可看出陳氏以老梅自況的心志。

陳璸又顧慮朱子祠中香火及肄業師生修脯、油燈之費沒有着落，於是撥郡學莊田之租粟以爲供給，歲以爲常。《重修臺灣府志》稱：「設立十六齋，教士子；置學田，以資師生膏火。諸凡創建，親董其事，終日不倦。」[42]可見其弘揚文教之熱心。

對於番社之教育，陳氏亦頗注意。他認爲南路八社、北路三十六社，雖係番族，但既入版圖，自應與臺灣之人民融爲一體，不容「棄諸化外」。但接連數年的歲科兩試，都無番童應試，因此他下令：「凡有番社地方，……科試務須徧傳，令其應考。府、縣破格錄送數名，註明『番童』字樣，以憑酌量節取入泮，以示鼓勵。」[43]因爲番社的教育水準較低，故須利用「保障名額」，以鼓勵番人子弟向學。

如所周知，清初臺灣因墾地初闢，漢番之間經常發生糾紛。當時的理番政策，或主勦，或主撫，但二者皆爲治標之辦法，僅能解決問題於一時而已，其根本之策當如陳瑸以教育與科考入手。惜因府縣學官未能確實推行，以致成效不大，實至爲可惜。

清初臺灣在民田之外，有所謂「官莊」，其租賃收入係歸文武官員所有，相沿已久。陳瑸身爲分巡臺厦兵備道，按例應得銀三萬兩，這對年俸（道員）僅六十二兩零四分四釐的陳氏來說，實爲一筆極大的收入，惟陳氏並不以官莊的存在爲然。他認爲官莊「利在官而害在民」，其遺毒將使臺地「止有官莊而無民戶」，隱患至深。他指出官莊之害計有：一、小民終歲畊耘，收穫幾何，已完國課，又納官租，層層刮取；二、既納官租，即名官佃，濫免差徭，偏累貧戶單丁；三、狐假虎威，牢關固穴，有司不得過問；四、窩賊、窩賭，匪類潛藏；五、影佔肥美，恣意蠶食；六、興爭搆訟，累月經年；七、管事甲頭人等，武斷鄉曲；八、每歲青黃不接之月，本地方正苦乏食，而官租公運出港，米價日貴；九、商船乘機偷販，或接濟海洋，亦所必有；十、官官相爲，憲禁不行等十項，建議革除官莊名目，將文武官莊的收入，「不論稻粟糖斤等項，盡數充入俸餉項下」，既可充裕公庫財源，亦可消除勢豪之齟齬，實一舉數得，國與民兩蒙其利[44]。其議經福建當局核可，官莊名目遂除。

陳瑸放棄其應得的官莊銀兩，詳請革除官莊，實爲分別義利的極佳例子，也是陳氏謹守儒家領導哲學的具體表現。所以陳氏再度離臺後，臺灣官民在「去思碑」中稱道他：「知謀國而不知營家，知卹民而不知愛身」，證諸陳氏的行事，實非溢美之詞。

康熙五十二年（一七一三），陳璸任臺厦兵備道三年俸滿，福建督、撫以陳氏「操守清廉，居官敬愼，民兵甚屬相安。」㊺奏請陳氏以應陞之銜再任三年。惟翌年十二月，忽陞授偏沅巡撫，離開臺灣。

四、福建巡撫三年

陳璸就任偏沅巡撫未及一年，又於康熙五十四年（一七一五）十二月調任福建巡撫。陳氏擔任閩撫，雖掌福建一省之政，惟以兩度宦臺的關係，對臺灣的風土人情最爲熟知，故對臺灣的興革也特別留心。

在閩撫任內，陳璸的施政直接有關臺灣者，主要有下列二事：

㈠對臺厦海防的建白：臺灣位於我國東南海上，西隔臺灣海峽，與大陸相望，其形勢誠如施琅所云：「臺灣地方，北連吳會，南接粵嶠，延袤數千里。山川峻峭，港道迂廻，乃江、浙、閩、粵四省之左護。」㊻但因清初治臺政策的偏頗，不但吏治未能上軌道，臺厦海防亦有待加強。陳璸既至閩省，翌年（一七一六）十月即針對臺厦海防的缺失，疏言防海，提出「會哨之法」、「護送之法」和「連環保之法」三策：

臺厦海防與沿海不同，沿海之賊在突犯內境，臺厦海賊乃剽掠海中。自厦門出港，同為商船而劫商船者，卽同出港之商船也。在港時，某商之貨物銀兩探聽旣真本船，又有引線之人，一至洋中易如探囊取物，故臺廈防海必定會哨之期，申護送之令，取連環之保。

今令水師哨船書某營某哨於旂上，每月會哨一次，彼此交旂為驗。如提標水哨至澎湖，交旂澎湖；至臺協，交旂俱送臺灣鎮驗。臺協水哨至澎湖，交旂澎湖；水哨至廈門，交旗俱送提督驗。若無哨旂交驗，卽取某營官職名；某月海洋有失事，則取巡哨官職名，則會哨之法行矣。

廈門至澎湖商船不宜零星放行，候風信順利，齊放二、三十船。臺廈兩汛各撥哨船三、四護送至澎湖，交代各取某日護送商船，自某汛出港至某汛，並無疏虞，甘結按月彙送督撫衙。如無印信甘結，卽以官船職名申報，則護送之法行矣。

商船二、三十同出港時，把口官逐一點名各船貨物、搭客及器械，填單取各船連環保。若遇賊必首尾相救；如不救，卽以通同行劫論，則連環保之法行矣。㊼

疏入，部議以防海已有定例，所奏繁瑣難行，初未獲採納。惟康熙皇帝認爲陳瑸所奏辦法具體確實，准照陳氏之奏請實施。

㈡淡水營的添設：淡水，舊稱滬尾，爲北臺門戶。明崇禎元年（一六二八），西班牙人入佔其地，建聖多明高城（San Domingo）；其後復爲荷蘭人所據。明鄭後期，北路總督何祐曾北戍鷄籠、淡水一帶，以備清軍。惟清康熙二十二年（一六八三）平臺之後，北路地方僅於佳里興（今臺南縣佳里鎭）駐一參將營，且其駐防以半線（今彰化市）爲最北，淡水遂未再駐兵。由於半線至淡水數百里之地不設一兵一卒，有識之士早引以爲憂。平臺之初，首任諸羅縣知縣季麒光曾因北路防務空虛，建議在鷄籠、淡水添設一營，但未獲採納[48]。直到康熙五十年（一七一一），因淡北有鄭盡心之役，海上亦紛擾，始調佳里興分防千總北移淡水，駐八里坌（今臺北縣八里鄉），此爲清代淡水駐兵之始。但因淡北防務仍感空虛，所以陳璸在臺厦兵備道任內曾派千總黃曾榮至淡水，相度山川形勢，繪圖以進；黃氏因請於淡水設兵一營，後因陳璸他調而止。及陳璸出任福建巡撫，遂於康熙五十五年（一七一六）與閩浙總督滿保聯銜奏准於臺灣各營額兵內抽調五百名，戰船六隻，設淡水營，置都司一人，仍駐八里坌。每半年輪派分防鷄籠，隸北路參將營。

由於當時臺灣尚停留在移墾社會的階段，所以疆土的開拓與治安的加強關係至爲密切，二者相輔相成。疆土開拓，則「地利盡，人力齊，鷄鳴狗吠，相聞徹乎山中，雖有盜賊，將無逋逃之藪。」[49]而疆土的開拓，亦有賴於治安的加強，「有官吏，有兵防，則民就墾如歸市，立致萬家，不召自來。」[50]因此，陳璸的奏請添設淡水營，對臺灣北部的開發，當具有重要的意義。

五、結語

本文根據有限的史料，所述未能周延深入，疏漏必多；同時，本文僅爲初步的探討，所論不免粗疏淺薄，其深入的研究當有待於博雅君子。

根據本文的初步探討，陳璸宦臺期間的治績，諸如振興文教、改善風俗、鼓勵通販、充裕民食與確保治安等，皆不脫傳統地方官的職責；其所以特別值得後人稱道，當在於他對儒家領導哲學的服膺與實踐。

如前所述，在科第宦途上，陳璸並不算順利[51]。他中式進士時，年已三十九。其後，歸班候銓又苦等了五年。然而他不因科第的坎坷與仕宦初期的欠順利，而忘却其犧牲奉獻之初志，這是非常難得的。陳璸在仕宦期間，謹守前述的儒家領導哲學，特別著重「義利之辨」的實踐，他屢次捐俸，以作爲修建文廟、朱子祠或其他用途；對於應得的養廉費、羨餘，一律辭謝，其清廉朝野皆知，所以康熙皇帝在召見陳氏時，除親賜貂皮褂一件以外，還賜御製七言律詩一章，以示榮寵。陳氏死後，康熙皇帝稱道陳氏：「陳璸居官甚優，操守極清。朕亦見有清官，如伊者朕實未見；即從古清官，亦未見有如伊者。」[52]康熙皇帝的稱許，對陳璸來說，可謂實至名歸。

但另一方面，陳氏仕宦期間始終不延用幕友，一切章奏政務，無從假手於人，這在清代的行政體制上是否能有效地推行政令，爲人民作最大的服務，而符合行政學的管理經濟原則，似仍有待商榷。所以康熙皇帝在稱道陳氏之餘，亦不忘告誡他：「做清官不要錢，固是好；從古來亦是難得。但自己清，亦要替朝廷辦些事才好。若止硜硜自守，亦有何益！如做督、撫爲封疆大臣便有大臣之體，一年費用、犒賞等項俱少不得；只說我一介不取、一介不與，如何行得！」[53]可見康熙皇帝也注意到陳氏的行政效率問題。因此，陳璸的宦臺對清初臺灣的開發固有其貢獻，但似亦有其限制，這是吾人必須承認的。

附註

❶ 關於清初消極防制的治臺政策，請參閱張菼，〈清代初期治臺政策的檢討〉，臺灣文獻第二十一卷第一期，頁一九—四四，民國五十九年三月。又參閱拙撰，〈論藍鼎元的積極治臺主張〉，臺灣文獻第二十八卷第二期，頁一〇九—一二〇，民國六十六年六月。

❷ 見連橫，《臺灣通史》卷三四列傳六〈循吏列傳——蔣毓英〉。按蔣毓英爲首任臺灣府知府，在臺五年（康熙二十三—八年）。

❸ 同前書〈循吏列傳——宋永清〉。按宋永清於康熙四十三年（一七〇四）知鳳山縣事，至五十一年秋滿，陞直隸省延慶府知府。

❹ 見蔡麟筆，〈正本清源說儒學〉，《我國管理哲學與藝術之演進和發展》第四章，頁八六—一〇〇，世界書局總經銷，民國六十七年二月。

❺ 道光年間，濟寧州司馬丁宗洛編纂《陳清端公年譜》所參考的《陳清端公文稿》（未刻），其內容遠比已刻的〈陳清端公文集〉豐富，惟該書因未出版，似已成廣陵散。另外，陳璸尙撰有《從政錄》與《問心集》二書，丁氏當時已無法得見，今則更難一睹。

❻ 根據筆者聞見所及，目前已發表有關陳璸的文章多屬通俗性或敍述性質者，如林斌的〈臺南孔廟重建者——陳璸謁康熙記〉（臺南文化第三卷第一期，民國四十二年六月），以及拙撰〈陳璸與臺灣〉（中央日報文史周刊第一六三期，民國七十年七月十四日）。另有署名林光灝的〈清代臺灣第一清官陳璸——並記其晉謁康熙經過〉（藝文志第七期，民國五十五年四月），該文與上述林斌一文雷同，根據逢甲大學共同科主任陳哲三教授見告，係同一作者。嚴肅性的論文尙未見到。

❼ 轉引自丁宗洛編纂，《陳清端公年譜》，頁四九，臺灣文獻叢刊第二〇七種，民國五十三年十一月。

❽ 見《陳清端公文集》（以下簡稱《文集》）卷五〈古田縣諮訪利弊示〉，清同治七年羊城富文齋刻本。

❾ 見《文集》卷首〈陳清端公家傳〉（顧鎮撰）。

❿ 見范咸纂輯，《重修臺灣府志》卷三〈職官——陳璸列傳〉（乾隆十二年刻本），頁一三五，臺灣文獻叢刊第一〇五種，民國五十年十一月。

⓫ 見《清通典》卷三四職官（一二）。

⓬ 轉引自丁宗洛編纂，《陳清端公年譜》，頁三八。

⓭ 見《文集》卷五〈臺邑問民疾苦示〉。

⓮ 見《文集》卷三〈條陳臺灣縣事宜〉。

⓯ 同❿。

⓰ 同⓮。

⓱ 同⓮。另參閱同書卷五〈勸息訟示〉。

⓲ 同⓮。

⓳ 同⓮。

⓴ 見《廣東通志》卷三〇〇列傳三三雷州——〈陳璸列傳〉。

㉑ 同⓮。

㉒ 同⓮。

㉓ 見《文集》卷五〈勸息訟示〉。

㉔ 陳璸的求雨文，今尚存有〈臺邑求雨牒城隍文〉、〈上帝廟求雨文〉與〈媽祖宮求雨文〉三篇，俱收入《文集》卷七。其中，後二篇是擔任分巡臺厦兵備道期間的求雨文。

㉕ 同❾。

㉖ 關於清代縣衙門六房之設立及其職掌，請參閱那思陸，《清代州縣衙門審判制度》第二章〈州縣衙門〉，

頁一三一—六，文史哲出版社印行，民國七十一年六月初版。又參閱徐炳憲，《清代知縣職掌之研究》，中國學術著作獎助委員會出版，民國六十三年七月初版。

㉗ 見張金鑑，《行政學典範》第七章〈行政組織的原理〉，頁一〇〇—一，中國行政學會印行，民國四十六年十月再版。

㉘ 見張伯行，《福撫張伯行摺奏》。轉引自丁宗洛編纂，《陳清端公年譜》，頁五九，臺銀本。

㉙ 見范咸纂輯，《重修臺灣府志》卷三〈職官——陳瑸列傳〉，頁一三五，臺銀本。

㉚ 見《清史稿》卷一二二志九七〈職官〉㈢。關於清代「道」的制度，請參閱李國祁，〈明清兩代地方行政制度中道的功能及其演變〉，中央研究院近代史研究所集刊第三期（上冊），頁一四八—六三，民國六十一年七月。

㉛ 見李汝和主修（王詩琅整修），《臺灣省通志》卷三政事志行政篇第一章〈行政組織〉，頁二，臺灣省文獻委員會出版，民國六十一年三月。

㉜ 關於清代臺灣道鎮的關係，請參閱張世賢，〈清代臺灣道鎮關係〉，臺灣風物第二十六卷第三期，頁八〇—九四，民國六十五年九月。

㉝ 見《文集》卷四〈臺厦條陳利弊四事〉。

㉞ 見〈曉諭示略〉，收在《陳清端公文稿》。轉引自丁宗洛編纂，《陳清端公年譜》，頁七一，臺銀本。

㉟ 參閱郭廷以，《臺灣史事概說》第四章〈開發之成就〉，頁九六，正中書局印行，民國四十七年三月臺二版。

㊱ 見《文集》卷四〈條陳經理海疆北路事宜〉。

㊲ 以上見《陳清端公文稿》。轉引自前揭書，頁六一—七二。

㊳ 見〈諮訪示略〉，收在《陳清端公文稿》。轉引自前揭書，頁六一。

㊴ 同㊳，頁六六。

㊵見《文集》卷七〈新建臺灣朱子祠記〉。
㊶見六十七纂輯，《使署閒情》卷一〈詩（一）〉，頁一二，臺灣文獻叢刊第一二二種，民國五十年十月。
㊷同㉙。
㊸同㊳，頁七一。
㊹以上見《文集》卷四〈臺廈道革除官莊詳稿〉。
㊺轉引自丁宗洛編纂，《陳清端公年譜》，頁七一，臺銀本。
㊻見施琅，〈恭陳臺灣棄留疏〉，《靖海紀事》下卷，頁五九，臺灣文獻叢刊第一三種，民國四十七年二月出版。
㊼見《廣東通志》卷三〇〇列傳三三雷州一一〈陳璸列傳〉。
㊽見盛清沂編纂，《臺灣史》第七章〈清代之治臺〉，頁二七八，臺灣省文獻委員會出版，民國六十六年四月。
㊾見藍鼎元，〈覆制軍臺疆經理書〉，《東征集》卷三，頁三四，臺灣文獻叢刊第一二種，民國四十年二月出版。
㊿同前書卷六，〈紀竹塹埔〉，頁八七。
51陳璸於康熙四十二年調補部曹後，因乏有力者爲之奧援，屢失候補實缺之機會。詳見《陳清端公年譜》，頁五〇。
52轉引自《陳清端公年譜》，頁一〇一。
53同前註，頁八五。

附表：陳瑸仕宦年表

康熙三十三年春，三十九歲，中式進士，歸班候銓。

康熙三十八年十月，四十四歲，選授福建省古田縣知縣。

康熙三十九年三月，四十五歲，抵任。

康熙四十年九月，四十六歲，調臺灣縣知縣。

康熙四十二年冬，四十八歲，調補部曹。

康熙四十四年五月，五十歲，補刑部雲南司主事。

康熙四十五年正月，五十一歲，陞刑部山西司員外郎。

康熙四十六年正月，五十二歲，調兵部車駕司郎中。

康熙四十八年二月，五十四歲，欽點會試同考官。

康熙四十八年四月，五十四歲，調四川提學道。

康熙四十九年四月，五十五歲，調分巡臺廈兵備道。

康熙五十三年十二月，五十九歲，超陞偏沅巡撫。

康熙五十四年十月，六十歲，調福建巡撫。

康熙五十六年二月，六十二歲，兼署總督印務。

康熙五十七年十月，六十三歲，卒於福建巡撫衙署。

資料來源：丁宗洛編纂，陳清端公年譜，臺灣文獻叢刊第二〇七種，民國五十三年十一月。

附　記：本文曾於民國七十四年十二月在私立東海大學歷史研究所主辦的「臺灣開發史研究會」宣讀。

（國立中興大學文史學報第十六期，民國七十五年三月，臺灣臺中）

清代臺灣的書院

——以中華文化的傳播與地方才俊的培育爲中心

一、前　言

臺灣因開發較晚，直到十九世紀初期，社會尚具有極濃厚的移墾色彩，其能逐漸發展至與大陸相同的文治社會，乃是受到中華文化薰陶的結果。而中華文化移植臺灣，在臺灣不斷地發展，欣欣向榮的過程中，教育始終居於重要的地位❶。

明永曆十九年（一六六五），鄭經接受參軍陳永華的建議，首建聖廟，設學校，以崇祀至聖先師孔子，並教育漢番子弟，這是中華文化移植臺灣的開始。清代一仍其舊，除重建文廟外，續在臺灣各地設立儒學、書院、鄉學（義學、社學與民學）等，以傳播中華文化，並培育地方人才。此後，隨著各級學校教育的施行，臺灣的社會與文化逐漸地融入中國本部之中，而成爲中華文化不可分割的一部份。

清代臺灣因儒學的設置，往往距府廳縣的設治已有相當時間，或根本未設❷，無法滿足各行政區域人民向學的需要；而鄉學——義學、社學與民學，則以所授內容較爲簡單，僅類如初等教育而已❸，故介於官學與鄉學之間的書院，遂成爲清代臺灣主持地方文運的中心，地位極爲重要。

本文的探討，即以中華文化的傳播與地方才俊的培育爲中心，討論書院與清代臺灣社會發展的關係，藉以有助於讀者對清代臺灣社會的轉型——由移墾社會到文治社會❹，能獲得進一步的認識。

二、書院的設立、組織和性質

(一) 設立

中國書院的設立，始於唐，盛於宋，歷元、明而日益發展。其制實「集文史研究之長，爲專門講習之業，與希臘『亞加登美』（Academia）、『利凱央』（Lykeon）相類似。❺是古代私人講學之所。

滿清以異族入主中國，最忌民間之集會結社，尤禁止知識份子之結社活動。因此，清初對「集文史研究之長，爲專門講習之業」的書院，不但不鼓勵設置，反而加以禁止。如順治九年（一六五二）諭勅云：「各提學官督率教官生儒，務將平日所習經書義理，著實講求，躬行實踐，不許別創書院，群聚徒黨，及號召他方遊食無行之徒，空談廢業。」❻即藉口書院「空談廢業」，而不許創建。然書院制度由來已久，可補學校教育的不足，非政治力量所能扼制，故順治十四年（一六五七）清廷乃從撫臣袁廓宇之請，修復衡陽石鼓書院。清朝文獻通考云：「修復衡陽石鼓書院，撫臣袁廓宇疏言，衡陽石鼓書院……聚生徒講學於其中。延及元明不廢，值明末兵火傾圮，祀典湮墜。今請倡率捐修，以表章前賢，興起後學。」❼清代臺灣各地的書院，即在此種背景之下而陸續創設的。

清康熙二十二年（一六八三），平定臺灣。當時清東征統帥、福建水師提督施琅首建西定坊書院，其後二十餘年，在臺灣府治及其近郊續有增建：康熙二十九年（一六九〇），臺灣知府蔣毓英建鎮北坊書院；康熙三十一年（一六九二）臺灣知縣王兆陞建彌陀室書院；康熙三十二年（一六九三），臺灣知府吳國柱建竹溪書院；康熙三十四年（一六九五），分巡臺廈兵備道高拱乾建鎮北坊書院；康熙三十七年（一六九八），分巡臺廈兵備道常光裕建西定坊書院；康熙四十三年（一七〇四），分巡臺廈兵備道王之麟建西定坊書院；康熙四十四年（一七〇五），將軍吳英建東安坊書院；康熙四十八年（一七〇九），分巡臺廈兵備道王斂政建西定坊書院❽，唯上述各書院，其性質與義學相同，實爲當時之義學，而具有書院之名稱而已❾，可置不論。

臺灣之有眞正的書院，始自康熙四十三年（一七〇四）臺灣知府衞臺揆創建的崇文書院。連橫《臺灣通史》云：

臺灣為海上新服，躬耕之士，多屬遺民，麥秀禾油，眷懷故國，故多不樂仕進。康熙四十三年，知府衛臺揆始建崇文書院。……各縣後先繼起，以為諸生肄業之地。⑩

崇文書院建於臺灣府治，其後續建之各書院則遍於臺灣各地。總計清領臺灣二百十三年期間（康熙二十二年至光緒二十一年，一六八三—一八九五），臺灣各地書院的設置，共有四十五所。茲試根據各府廳縣志或采訪册、《臺灣通史》、《臺灣省通志》等記載，將各書院之名稱、設置地點、設置年代與沿革，分別整理如附表一，以爲說明。

附表一所列的書院，僅爲規模較大，目前尚有紀錄可考者。如加上記載不詳或遺漏者，當不在此數⑪。茲爲進一步明瞭清代臺灣書院的地域分佈，以及各朝先後設置之情形，特根據附表一的資料加以統計，製成下表，俾便說明。

清代臺灣書院的地域分佈與各朝設置情形表

縣廳	康熙	雍正	乾隆	嘉慶	道光	咸豐	同治	光緒	合計	備註
臺灣縣	2	3	1	1	1	1		1	10	臺灣府附郭，包括今臺南市縣。光緒十三年改為安平縣。
諸羅縣		1	1		2				4	
鳳山縣		1	1	2	2			2	8	

彰化縣	淡水廳	澎湖廳	噶瑪蘭廳	淡水縣	臺灣縣	基隆廳	苗栗縣	合計
								2
								5
2	1	1						7
3			1					7
6	1							12
1								2
								0
1				2	2	1	1	10
13	2	1	1	2	2	1	1	45
原包括中部地方。光緒十三年，重劃行政區域，面積大為縮小。				臺北府附郭，包括今臺北市縣。	臺灣府附郭，包括今臺中市縣。			

根據上表的統計，可知清代臺灣書院設置的地域分佈，康雍年間係以南部地區的臺灣縣（包括臺灣府治）爲主，諸羅、鳳山兩縣僅各設置一所，此當與臺灣縣一帶開發最早，且爲政治中心有關。乾嘉以後，由於諸羅縣以北與鳳山縣以南的漸次開發，以及經濟與政治中心

的逐漸北移，遂以中部地區的彰化縣爲主，諸羅、鳳山兩縣仍次之。光緒年間，更由於北部地區的全面開發，經濟繁榮，已取代南部地區而成爲臺灣經濟與政治的中心；同時鳳山縣屏東地區亦已次第開發，故臺灣書院的設置再次北移與南移，而以苗栗縣以北的北部地區爲主，鳳山縣屏東地區次之。由上述可知，清代臺灣各地書院的設置，正與臺灣開發的過程——由早期的臺灣縣（今臺南市縣）逐漸北移與南移相符合。

至於清代各朝臺灣設置書院的情形，康熙年間僅設置兩所，爲數不多，這當與早期移民不多，且墾地初闢，無暇從事文教有關。雍乾以後，書院的設置漸多，其原因除內地人民渡臺者漸多，且臺灣南北各地已次第開闢外，清世宗與清高宗二帝的鼓勵設置書院，重視書院教育，當爲重要原因之一[12]。吾人從清代內地各省書院的設置，「最盛的時候，是在乾隆年間，康熙嘉慶道光咸豐同治次之。」[13]亦可明瞭清廷的鼓勵設置書院，實關係書院教育的發展。惟臺灣在咸豐年間書院僅設置二所，同治年間更連一所亦未設置，則殊難解釋。光緒年間，臺灣書院的設置轉多，先後設置十所，此當係同治十三年（一八七四）臺灣發生牡丹社事件，船政大臣沈葆楨以欽差大臣奉命渡臺主持全局後，清廷積極經營臺灣的結果。

(二) 組織

中國書院雖創始於唐代，然當時的書院僅爲修書之地，而非士子肄業之所，未具學校之性質，亦乏行政之組織。宋代以後，學者往往選擇閒寂山林，宜儒生潛思進學之地建立書院，「即閒曠以講授。」[14]而從游之生徒，亦往往數以百計，故宋初已有四大書院之稱，書院形同學校，負起教育生徒之責任。從此，書院由於功能的改變，組織亦日趨完備，其主講者遂有洞主、洞正、院長、堂長、山主及山長等不同名稱；此外更有副山長、學長、助教及講書等充任助理。元明兩代因之。

入清以後，書院的行政組織更趨完備。根據劉伯驥的研究，清代書院的行政組織系統，計有下列三種[15]：（見下頁）

清代臺灣因大部份時期僅爲福建省之一府；且僻處東南海上，學風不如內地之盛，故迄未設立會城新式的大型書院，有之僅「鄉邑小型書院」（如屛東書院）與「府州大型書院」（如海東書院）二類而已。

院長（山長）是書院的主講者，[16]負教授生徒之責，爲書院行政組織中最重要之職務。清代書院因不論公私立均需受政府之監督，故清廷對於各書院院長之聘請，迭有訓示。乾隆元年六月上諭云：

凡書院之長，必選經明行修，足為多士模範者，以禮聘請。[17]

同年又諭云：

查書院之設，原以造就人才，應令督撫學臣，悉心采訪，不必拘本省鄰省，亦不論已仕未仕，但擇品行方正，學問博通，素為士林所推重者，以禮相延，厚給廩餼，俾得安心訓導。仍令於生徒學業，時加考覈，並寬其程期，以俟優游之化。如果六年著有成效，該督撫學臣，酌量題請議敘，毋得視為具文，亦不准濫行題請。[18]

三十年又諭云：

(1)鄉邑小型書院的行政系統

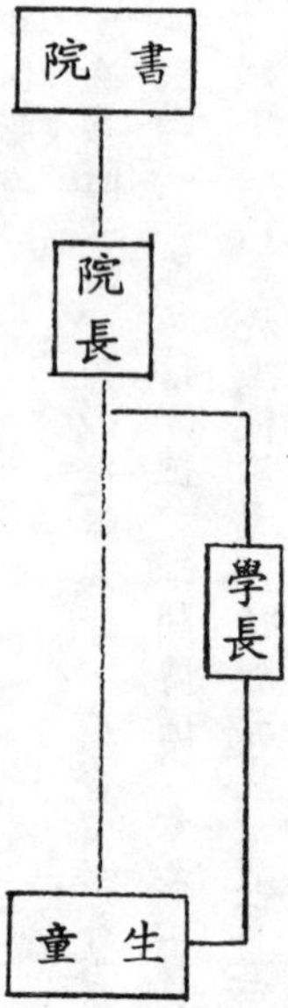

(2)府州大型書院的行政系統

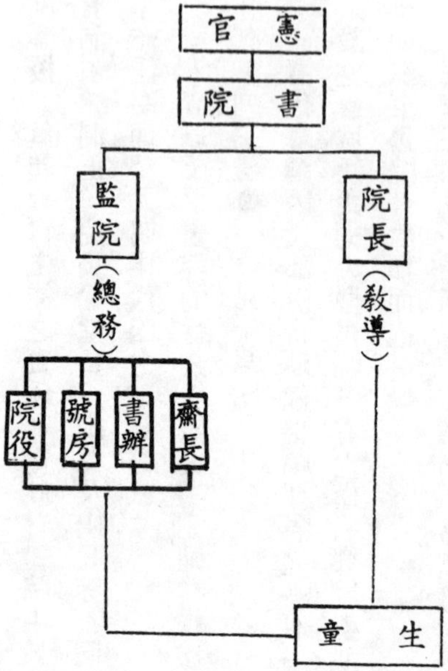

(3)會城新式大型書院的行政系統

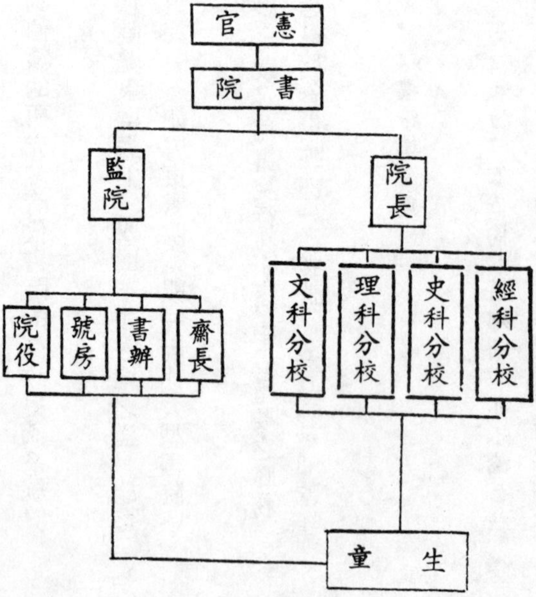

> 據楊應琚奏甘肅蘭山書院，於去歲延請丁憂在籍之府丞史茂來主講席一摺，此甚非是。……督撫有維持風教之責，搢紳中積學砥行，足備師資者，諒不乏人，何必令丁憂人員，靦居講席。是應聘者固不能以禮自處，而延請之地方大吏，亦復不能以禮處人。於風化士習，頗為關繫，恐他省不無類此者，特為明切曉示，通諭知之。⑲

五十年又諭云：

> 各省書院不得久虛講席。教職本有課士之責，不得兼充院長，以專責成，通行各直省查照辦理。⑳

清高宗在上述的諭示中，對於書院院長聘請的資格、考核與限制，以及書院院長須爲專職等，皆有明確的規定。然臺灣因地理上的特殊，延聘符合資格的書院院長較爲不易，因此限制較不嚴格。《大清會典事例》云：「福建臺灣地方現有海東書院，……照省會書院之例，每學各保數人，擇其文堪造就者，送院肄業；令該府教授兼司訓課。……如果著有成效，將該員酌量議敍，倘不實心訓課，即行題參。」㉑清廷之所以准許臺灣府教授兼任海東書院訓課之責，當係便宜之措施。至於由地方行政官員負考核書院院長之責，則與內地各省相同。

院長之外，清代臺灣書院尚有總董等不同名稱的行政人員，分別負責處理或管理有關書院的各種事務。概括言之，總董、董事、當事、會東、監院、齋長、禮房及財帛等，或管理書院財產兼理會計、總務，或僅負責會計與總務之責，或僅負責會計業務，或只處理總務；爐主負責祭祀；院丁與書丁充當打雜；租丁、租趕與租差負責徵收租穀㉒。惟上述不同名稱行政人員編制的大小，係視各書院規模大小、業務多寡與經費是否充裕而定，殊難一致。

(三) 性質

關於清代臺灣書院的性質，吾人可從設立緣起、經費來源和生徒就學三方面，分別加以觀察。如前所述，清代臺灣書院皆受政府之監督，然其中不乏由紳民自行捐募資金而設立者。

根據附表一〈沿革〉一欄加以統計，在上述四十五所書院中，記載欠詳者十所，由地方官設立者十三所，奉文設立者三所，由地方官和紳民協力設立者五所，由紳民自行設立者十四所。記載欠詳者十所暫置不論，其餘三十五所中，以紳民集資設立者最多，地方官設立者次之。此一現象顯示，清代臺灣書院中私立者占相當的比例，而私立書院的遍設，當充分反映人民接受教育的需要與意願，最能說明書院之制「所以導進人才，廣學校所不及」[23]的性質。

因爲清代臺灣的書院，或由地方官倡建，或由紳民籌建，設立緣起不同，因之經費來源亦有不同。大體言之，公立書院的經費以公銀撥支爲主，偶亦接受紳民之捐助；私立書院則以田租爲主，間亦接受官府之補助。以「海東書院」爲例，該書院爲康熙五十九年（一七二〇）分巡臺廈兵備道梁文煊倡建，係官立之書院，其經費來源除公銀撥支外，尚有田租、田底租、園租、利息、店稅、魚塭租及典契價等項。茲引《續修臺灣縣志》的記載如下：

海東書院田

一、在彰化縣大武郡保社、北莊內二抱竹莊，計水田九十一甲七分三釐，折一千零九畝九釐零。每年除完正供粟一百六十石六斗六升六合零外，實收租粟五百七十三石二斗二升三合零。（乾隆五年，拔貢生施士安捐置。）

一、在彰化縣佳秀莊，共計田五十甲，年徵租粟二百七十石，舊係萬壽宮香燈田。（乾隆十七年，巡道金溶撥置。）

一、在臺灣縣羅漢門外莊，年徵租粟二百一十五石八斗，折番銀二百一十五圓。另銀六錢四分。（乾隆二十五年，典史陳琇、監生陳丕、武生陳有志等捐置。）

一、在彰化縣德興莊犁分二張，水田十甲。每年除完正供耗羨丁餉等費外，另收田底租二百石，折官斗實粟一百七十石。（乾隆二十七年，原任海寧州同施士齡捐置。）

一、在嘉義縣廖鶴鳴等園，租銀七十六兩八錢。一書院邊小店，年收稅銀二十兩零。（此項小店現在俱各破損，遷徙空閒居多。）

一、巡道奇寵格撥發銀二百四十兩。（每百兩每月生息銀一兩五錢，每年應收息銀四十三兩二錢。）

一、巡道蔣元樞捐添烏樹林魚塭，租銀一百九十二兩。

一、巡道穆和藺撥發林隆盛捐充膏火銀一千兩。（每月生息銀一十五兩，年共收銀一百八十兩。）

一、巡道萬鍾傑撥發蔣國香名下原典契價銀七百元，折銀五百六十兩。㉔

上述「海東書院」的各項收入，以田租與公銀撥充二項爲數最多，且較固定。此乃因清代臺灣社會經濟之基礎，尚停滯在小農業生產方式之中，故書院的經費除公銀撥支外，不得不從農業本身去籌措，以裕財源。至於私立之書院，如振文書院等，其經費來源以田租爲主，更充分表現小農業生產方式社會經濟基礎之特色。以廣東省爲例，清代廣東書院的經費來源，根據劉伯驥的研究，係以田租爲最鉅，撥公款及地租又次之㉕，與臺灣之情形相類似。顯然地，就經費來源一項說，清代臺灣的書院亦如內地，都是建立在小農業生產方式的社會經濟基礎之上。

就生徒就學言，清代臺灣書院的生徒，雖有生童（內課生與外課生）與生員（附課生）之別，然當時書院對於生徒之就學資格與學額，多無嚴格之限制。一般而言，鄉邑小型的書院，如屏東書院等，對於學區內之生徒，概許其參加該書院每月舉行一次的官課與師課㉖，成績優良者且可獲得書院賞給的膏火；屬於府州大型的海東書院對於入學的生徒，雖有「文堪造就者」與「才俊之士」等籠統資格之限制，且學額亦一度限制爲四十名，然並未嚴格執行。此種不限制生徒的就學資格與學額之情形，充分顯示清代臺灣書院教育係屬推廣教育之性質，故人人皆有就學之機會。

三、書院與中華文化的傳播

自宋代以來，書院在我國傳統教育制度上，逐漸佔有重要的地位。在教育學制系統之中，雖然它始終居於輔助之性質，爲補救學校制度課而不教之缺點、講明正學以達到政教合一的效用，以及爲培養能夠應試掄選的人才而設立㉗；然亦因其爲補助之性質，所受政府的監督與影響較少，故而講學較爲自由，學者主講時較易發揮教育之理想，而成爲維護與傳播中華傳統文化的重鎮。

臺灣的書院爲內地書院的延長，同具維護與傳播中華傳統文化的功能，與中華文化在臺灣的移植，具有密切的關係。茲試就書院的祭祀、學規、建築與名稱等方面加以申論。

就書院的祭祀言，內地的書院皆重祭祀，每置祀產以資祀事。所祭祀之人，或爲先賢先儒，以其有功德於聖門，所以報功而示勸；或爲有功於地方之守令，以其遺愛於士民而誌去思；或爲捐建書院者，以其有功於文教，爲創建書院之功臣。如戴鈞衡〈桐鄉書院四議〉云：

> 一祀鄉賢，今天下郡州縣，莫不有書院，類莫不有崇祀之典。其大者祀孔子及七十二弟子，如各郡縣學宮故事，其小者多各祀其地先賢。吾以為孔子大聖，朝廷既已祀之學宮，無取乎書院之瀆祀，惟各就其地，奉一大賢以為之主，其餘依次從列，山長春秋擇日率諸生行祭，又於月吉月望，相率冠帶拜謁，登堂瞻仰，慨然想見其為人。㉘

臺灣的書院一如內地，亦重祭祀。如道光四年（一八二四）北路理番同知鄧傳安倡建的文開書院，中祀宋徽國朱子文公，兩旁以海外寓賢明太僕寺卿沈光文、明左僉都御史徐孚遠、明兵部侍郎王忠孝、明都御史辜朝薦、明右副都御史沈佺期、明兵部尚書督師盧若騰、明右副都御史郭貞一、清廣州知府藍鼎元八人配享。鄧傳安在〈文開書院釋奠祭先賢文〉云：

> 海外文物，有開必先。仰惟徽國，過化漳、泉；地隔重險，月印萬川，求配曩哲，心儀寓賢。厥初臺島，聲敎未宣；太僕蒞止，槎浮月邊；徐市梅福，脫身升仙；鄭氏東渡，齊士從田；幾社名宿，陳夏比肩；辱臨荒徼，夜郎自憐。惟徐惟沈，摶土而甄，牖民孔易，家誦戶絃。百年遠紹，詎忘薪傳？嗟嗟采蕨，首陽之顛；嗟嗟精衞，滄海是塡。曰忠曰孝，節炳中天。正鵠繹志，百折彌堅。尚書都憲，侍郎聯翩，係遯有厲。桑梓周旋。

匪躬蹇蹇，幸郭競馬。延平諍友，式禮莫愆。亂世平世，易地皆然。文章康濟，鹿洲志專。運籌草檄，脫腕便便。東征作記，湯厲無前。勤事定國，並宜明禋。祀典雖闕，義起從權。講塾新闢，釋奠告虔。大儒作則，配食肆筵。㉙

鄧氏在上文中，對於朱子曁寓賢八人與臺灣的密切關係，皆有詳細的敍述。而上述九人之中，朱子爲閩中大儒，是宋代以來儒學的正宗；寓賢八人則爲中華文化傳播臺灣的先驅，是臺灣文教的拓荒者，文開書院祭祀之，蓋欲書院生徒取法他們，人人成爲傳播中華文化的一份子。其他書院或祀朱子，或祀宋五子者亦然。

就書院的學規言，內地公私立書院皆訂有學規，其中大多係仿效白鹿洞學規而頒訂的㉚。福建省因受朱子影響最深，其書院尤奉白鹿洞學規爲圭臬，以爲諸生爲學做人的準則。臺灣書院的規制，多取法福建省「鼇峰書院」，亦以朱子爲精神偶像，故其學規皆力仿內地，實包括有維護與傳播中華文化的要旨在內。茲舉數例如下：

(1)乾隆五年（一七四〇），分巡臺灣道劉良璧手定海東書院學規六則：一曰明大義，二曰端學則，三曰務實學，四曰崇經史，五曰正文體，六曰愼交友。㉛

(2)乾隆二十四年（一七五九），分巡臺灣道兼提督學政覺羅四明勘定海東書院學規八則：一曰端士習，二曰重師友，三曰立課程，四曰敦實行，五曰看書理，六曰正文體，七曰崇詩學，八曰習舉業。㉜

(3)乾隆三十一年（一七六六），澎湖通判胡建偉自定文石書院學約十條：一曰重人倫，二曰端志向，三曰辨理欲，四曰勵躬行，五曰尊師友，六曰定課程，七曰讀經史，八曰正文體，九曰惜光陰，十曰戒好訟。[33]

(4)嘉慶十六年（一八一一），彰化知縣楊桂森手定白沙書院學規九則：一曰讀書以力行爲先，二曰讀書以立品爲重，三曰讀書以成物爲急，四曰讀八比文，五曰讀賦，六曰讀詩，七曰作全篇以上者之學規，八曰作起講，或半篇學規，九曰六七歲未作文者之學規。[34]

(5)光緒年間，澎湖文石書院主講林豪爲該書院續擬學約八條：一曰經義不可不明也，二曰史學不可不通也，三曰文選不可不讀也，四曰性理不可不講也，五曰制義不可無本也，六曰試帖不可無法也，七曰書法不可不習也，八曰禮法不可不守也。[35]

上述各條目，皆自博大精深的中華文化擷取精華，以爲書院諸生之遵行。各條目之下皆有詮釋，本文爲節省篇幅，故僅列條目而已。從上述各條目之中，吾人可以看出清代臺灣書院維護與發揚中華文化的苦心，而中華文化經過書院近二百年的傳播，其逐漸融入臺灣社會之中，自爲必然的結果。

就書院的建築言，「建築是文化的具體證物」[36]，最能表現不同地區的文化特色。清代臺灣因是閩、粵人民的移墾區，因此臺灣的傳統建築遂表現出濃厚的移民建築色彩，是中華文化的直接移植。書院的建築亦不例外。

清代臺灣各書院的建築，雖因書院本身經費的充裕與否，而有規模大小之別，但其格局則皆取法內地書院。其院舍形式，皆具祠宇性質，或兩進如龍門書院「前後兩進。……前進祀朱子文公、梓潼帝君、關聖帝君；後進祀制字倉先聖人。」[37]或三進如明志書院「計一座三進：中爲講堂，後祀朱子神位，左右兩畔各房爲生童肄業所。左爲敬業堂，一排五間，堂以外另建一小廊。」㊳或宏敞如文開書院「坐坤向艮，兼申寅，周圍六十丈有奇。前列三門，門豎石坊。由門而進爲前堂，階崇三尺。堂前二丈四尺三寸，廣四丈九尺，深不及廣一尺二寸。中祀徽國朱文公，兩旁以海外寓賢八人配享。再進爲講堂，高一丈九尺六寸，深三丈五尺，階崇與前堂埒，廣如前。由講堂而進，聯以甬道，覆以捲栅，左右夾以兩室，是爲後堂，以居山長。其修廣深殺於前。左右兩旁學舍一十四間，爲諸生童肄業之所。前有客廳，後有齋廚。規模宏敞，樸實渾堅。」㊴等，皆爲內地書院建築的移植。

此外，書院建築的風貌，亦因襲內地；甚至建築材料與工人，亦均自內地運來，其完全因襲內地書院之建築，乃是血肉相連的事實。

因爲清代臺灣書院的設立，遍佈臺灣南北各廳縣，總共達數十所。（參閱附表一）且書院爲主持地方文運的中心，是當時讀書人定期聚會的場所，因此其代表中華文化內涵的建築，當能發人思古之幽情，予人潛移默化之作用，有助於中華文化的傳播。

就書院的名稱言，清代臺灣書院的命名，一如內地，多取與創建宗旨「興賢育才」、「提倡文教」有關者，如興賢書院、英才書院、宏文書院、振文書院、修文書院等是。此種寓創建宗旨於書院名稱之中，乃內地書院之一特色，故臺灣書院之名稱不少與內地各書院相同。由此可以看出臺灣書院與內地書院的關聯，以及維護與傳播中華文化之深意。

另外，如文開書院爲紀念臺灣文獻初祖沈光文（字文開）而命名，尤具宏揚中華文化之意義。倡建者北路理番同知鄧傳安談及文開書院命名的緣由說：

溯臺灣歸化之初，得寓賢沈斯庵太僕設教，而人知好學，是全郡風氣開自太僕。按太僕名光文字文開，浙江鄞縣人。今義舉期於必成，即借太僕之表德，豫為書院定名焉。[40]

又如仰山書院「以景仰楊龜山而得名」[41]，倡建者委辦知府楊廷理〈蘭城仰山書院新成志喜詩〉云：

> 龜山海上望巍然，追溯高風仰宋賢；
> 行媿四知敦榘範，道延一線合真傳。
> 文章運會關今古，理學淵源孰後先？
> 留語諸生勤努力，堂前定可兆三鱣。[42]

按楊時，字中立，福建將樂人，與游定夫立雪程門，為二程高弟。其學以身體心驗為主，一傳羅豫章，再傳李延平；李延平再傳朱子，為閩學宗倡，學者稱龜山先生。臺灣書院的創建，多取法福建省的書院，故楊廷理取以命名書院，其於中華文化「承先啓後，繼往開來」之心志，慨然可見。

他如白沙書院之命名，舊稱係「以彰化山川之秀，惟白沙為冠，取其地以名之。」[43]惟今人馬肇選根據文開書院之紀念鄞縣（浙學）沈光文（文開），以及仰山書院之紀念將樂（閩學）楊時（龜山），推測白沙書院可能係紀念新會（粵學）之陳獻章（白沙）而命名的。他說：

> ……上述兩書院與白沙書院關係至為密切，其規模、學規均取法乎後者，這命名亦可能是某種做效或暗示。因為在復明的諱忌下，以地名訛作院名的解釋，當有某種不得已的苦衷，但前二者不發生問題，一係『留』臺之明遺老，一係宋朝的儒學大師。這第二個

原因，是當時彰化的粵籍讀書人已經不少，時常發生請配『粵額』的要求，而且乾隆九年開彰化縣功名之例，卽所謂『登解額』首中舉人的黃師琬，雖然配屬『閩額』，但是他的祖籍却是潮州府的海陽人，道道地地的粵籍。這在當時，當然是教育上的一大壓力，許是為了這個原因，既可平息士子的『意氣』，又孕育某種追遠之至意，祇是不便、不能、不敢或是不願詳細解說。或是命名之際，亦曾考慮到『閩粵分類』的械鬥，乃以地名作為「化之」；而且同時化解了清朝的猜疑，這都有可能。總之，筆者不甚信此單憑地名以定院名之說。為什麼呢？因為白沙坑既不是彰化的名勝，亦非屬險要；而且在當時的『風水』觀念上，並沒有『主人才蔚起之象』。㊹

若馬氏上述的推測屬實，則白沙書院亦如文開書院與仰山書院，在創建命名之初，即隱然有傳播中華文化（粵學）之深意了。

四、書院與地方才俊的培育

唐宋以前，我國的學制只有國學（太學）與鄉學（小學）之分；而鄉學之中，又有黨、庠、術、序之別。其後，國學分館與科，鄉學又分爲府、州、縣之學校。因當時的學校，每徒有其名而無其實，而學校教官亦只課而不教，故宋代的三舍之法與明初的六堂之制，都想從教學上著想，以補其空泛之弊。唯此兩種辦法亦有流弊，故未幾即歸停止。書院之制，遂於此時期中應運而興，以補學校之不及。明人黃泰泉〈論書院〉云：

> 夫太學之教行，而成人有德；小學之教行，而小子有造，則亦何賴於此？惟夫學校教導無實，講學旣廢，修學奚由？刑邵謂此何異兎葵燕麥，則夫別設書院，以延名儒淑子弟，又焉可無哉？㊺

因爲書院以「延名儒淑子弟」爲務，「萃師徒於一堂，晝有講，夜有讀，講業請益，訂期角藝，無風雨晦明之間，有賞奇析疑之樂。」㊻大有裨於生童，故遂與儒學同爲培育人才不可或缺之所。

清代臺灣書院的教育內容，雖與上述宋元明書院不盡相同，但其培育地方才俊的功能則無不同。茲試就書院的藏書、講學之風、膏火制度與人格教育理想等方面，分別加以論述。

就書院的藏書言，唐代首建的麗正書院與集賢書院，原爲國家藏書之所，而非如後世的教育之所，可見藏書實爲書院的重要功能之一。

過去的社會，由於印刷業不發達，書籍的流通不多，故寒士每因無力購書，而有無書可讀的情形。清代臺灣僻處海上，與內地交通不便，書籍的獲得尤爲不易，因此當時書院利用所藏書籍提供士子的研讀，對教育的普及與文化的提高，當有積極的貢獻。以仰山書院爲例，該書院設在臺灣東北部的噶瑪蘭廳，開發較遲，文教落後，書籍缺乏。道光六年（一八二六），福建巡撫孫爾準來臺巡視，至噶瑪蘭廳，見該書院諸生有嚮學之志，而苦乏書籍可讀，因就福建鼇峰書院藏書中，撥出《史記》以下四十餘種，運存仰山書院，以爲諸生稽覽之資㊼。其書多先儒語錄，乃康熙年間張伯行撫閩時，摘刻正誼堂本，自《史記》、《二程粹言》及《李延平集》外，因删節過多，或有不能完備者㊽。然仰山書院數十生童，從此有書可讀，人人稱便。

就書院的講學之風言，自宋元以來，內地各書院皆置有一人或數人主講，負責教授書院生徒，並定期考課生徒之詩文；地方官亦時常蒞臨書院，或與山長講學論道，或協同山長課教書院生徒，以示提倡之意。清代臺灣的書院因襲這種傳統，亦各置院長一人主講，而地方官之提倡亦不遺餘力。

因為清代臺灣主講書院者，不少出身書院，淡於名利，以教育為職志者，如出身白沙書院的鄭用錫、郭成金，先後主講明志書院，「汲引後進」、「及門多俊材」[49]；丘逢甲出身海東書院，光緒十五年（一八八九）成進士後，未就兵部主事之職，而返鄉里任崇文書院院長，誘掖後進[50]；鄭用鑑主講明志書院垂三十年，「誨人諄諄，至老不倦」[51]。至於地方官，亦有不少積極提倡文教者，如首建崇文書院的衞臺揆，「時延諸生，分席講藝，親定甲乙；文學以興。」[52]又如捐建文石書院的胡建偉，「親校文藝，手訂學約十條，以為程式。」[53]再如嘉慶元年（一七九六）任彰化知縣的胡應魁，慨然以振興文教為己任，「其校士矢公矢慎，書院按月課試，躬為評隲，時以育才為心，所拔取者多名下士。」[54]因此當時書院的講學，尚能秉持傳統的制度與精神，而成為各廳縣的學術中心，為各地方人才滙集之所。

就歷代書院講學的內涵看，宋明二代書院的講學，其宗旨為講明正學——理學，因此書院不只為補學校之不逮，而且與理學互為表裏。而清代書院院長的講學，雖仍揭濂、洛、關、閩之學為宗，然其趨向，一受於順治九年（一六五二）藉口書院結黨遊談的禁抑，再受於乾隆九年（一七四四）禮部議覆書院月課試仍以八股為主的限制，於是宋明私營自由講學之風氣，一變而爲官督之定制，故書院講學的實際內容，已由理學轉爲章句之學，而成爲清廷造就治術人才的所在[55]。

就書院的膏火制度言，清代臺灣的書院一如內地，亦皆訂有津貼寒士膏火的辦法，以獎掖雋才，供寒士生活之需。這種膏火制度是我國過去教育突破階級限制的特殊措施，實爲貧寒士子的一大德政，書院生徒不但賴此以自給，且可贍養家室，以安心讀書。

各書院所提供膏火的名額與數量，乃視其院產與收入的多寡而決定的。例如明志書院章程規定：「全年考課八期，每月官師二期，生員超等一名給膏伙銀二圓，餘超等均一圓；特等一名給膏火一圓，餘均五角；一等不給。童生上取一名給膏伙銀一圓，餘上取均五角；中取一名給膏伙銀五角，餘中取均二角五瓣；次取不給。」[56]又如學海書院規定：「每月官師二課，生員超等一名，給膏伙銀二圓，超等二名起，至特等一名止，均一圓。餘特等皆五角，一等不給。童生上取一名一圓，餘均五角。中取、次取不給。」[57]此外，有的書院於年初官課時依成績之優劣，將生童類別爲內課生、外課生及附課生三種，除附課生外，分別賞給若干膏火。例如白沙書院於年初官課時，取生員十二名爲內課生，二十名爲外課生；取童生二十名爲內課生，四十名爲外課生，其餘生童皆爲附課生。師課時，生員內課生各給膏火二圓四十錢，外課生各給一圓二十錢，童生內課生各給一圓二十錢，外課生各給八十錢，附課生皆不給。他如海東書院、崇文書院亦有內、外課生之別，膏火給與各有差等[58]。

因爲清代臺灣社會常以書院應學及第之多寡，以評價書院的教學成果，如澎湖〈文石書院碑記〉云：「澎湖之形勢仍舊，而氣象聿新者，蓋自胡公設立書院始。……公遂捐俸以倡，……延名儒掌教，月給膏火。……季考月課，循循善誘，終如其初。丙戌、丁亥（按乾隆三十一、二年）科歲兩試，入泮者六，備卷者四。從此而掇巍科，登顯仕，人文鵲起，甲等蟬聯，皆我公樂育之功也。」一[59]即反映出此種社會心理的趨向。換言之，與辦書院使地方士子榮登科第，則每受當時地方士紳之讚美與敬佩。在此種情形之下，自然有不少書院積極鼓勵生童應舉，對於參加歲試、鄉試及會試之生童，發給花紅或盤費，以示鼓勵之意。例如龍門、修文、海東、鳳儀、雪峰、文石、仰山及英才等書院，皆有此類獎勵措施，藉以提高生童應舉及第率。

臺灣自歸清版圖後一百餘年間，社會始終停留在移墾形態之中，當時人民多致力於拓墾草萊，每無暇亦無餘力接受教育，因此書院所訂的膏火制度，對於無力入學的優秀士子提供很大的幫助。尤其是臺灣遠隔大洋，赴福建省城、京城參加鄉試、會試甚爲不便，且所費甚鉅，不少寒士每失去赴試之機會，故書院發給花紅或資助盤費，對於士子的赴試，實有莫大的助益。

就書院的人格教育理想言，我國的書院教育，原係人格教育，以「義理之學，修養之道」作爲教育的中心，亦即以高尚人格的養成爲首要目標，而以倡導學術自由研究與知識的傳授爲次要宗旨。如前所述，清代書院重視舉業帖括，課生徒以制藝章句，但仍不忘人格教育的實施。

清代臺灣書院秉持此種傳統，對於人格教育亦至爲重視，此可從當時書院學規（相當於今日的教育宗旨[60]）的訂定，皆首揭育成偉大高尚人格之規條看出。例如海東書院學規（劉良璧撰）第一則爲明大義，第二則爲端學則，第三則爲務實學；文石書院學規（胡建偉撰）第一條爲重人倫，第二條爲端士習，第三條爲辨理欲；白沙書院學規（楊桂森撰）第一則爲讀書以力行爲先，第二則爲讀書以立品爲重，第三則爲讀書以成物爲急等，皆以人格教育的完成，爲該書院的首要宗旨。

此外，書院裝飾的對聯或匾額，多爲勉勵生徒的警句，象徵書院的教育理想，往往包括有教育宗旨在內。對聯如「祖述堯舜憲章文武；栽成禮樂參贊天人」（藍田書院），「六經註腳秦漢以來獨步；千聖傳心孔孟而後一人」（道東書院）；匾額如「禮門」、「義路」（明志書院），「怡情」、「養性」（鳳儀書院），「桂齋」、「蘭齋」（振文書院），「雅歌孝友」（磺溪書院）等，都充分顯示培育健全的人格，實爲當時書院的教育宗旨之一。

當時書院院長與生徒一同住在書院，如學海書院「山長住後堂側室，學生住兩廂齋舍。側室與廂房之間，有漏空花砌磚牆分隔師生各自的小院子。」[60]院長與生徒共處生活，院長除了傳授生徒知識，並督修其課業外，在日常生活與人格修養方面，尤須爲生徒的表率，所謂「桃李不言，下自成蹊」，就是此種生活教育的結果。

五、結　論

綜上所述，可知清代臺灣書院乃中國教育制度的延長，在中華文化移植臺灣，擴大綿延的過程中，實居於重要之地位。

就書院的設立言，清代臺灣書院的設置，先後共有四十五所，遍於全臺各地。就其設置年代言，以雍正、乾隆、嘉慶、道光、光緒諸代爲盛；而清初康熙年間僅設置二所，蓋自雍正積極提倡以後，始普遍設立。光緒一朝設置最多，共計十所，此種情形自係清廷積極經營臺灣的結果。就地理分佈言，臺灣縣（今臺南市縣）獨多，他處較少。但就其發展情形看，早期以南部爲多，而晚期則以中、北部爲盛，這當與經濟及政治中心之北移有關。至於其組織與性質，清代臺灣書院與內地書院並無差別，其「所以導進人才，廣學校所不及」的功能，亦與內地書院相同。然因清代前期的臺灣社會，尚未脫離原始的移墾形態，故臺灣書院除補助學校之不足的傳統功能外，在教化先民，改善社會風氣、樹立社會清議，作爲主持地方文運中心的社會教育功能方面，尤扮演重要之地位，而值得吾人特別重視。

在中華文化的傳播方面，清代臺灣一如內地，多祭祀有中國先賢，如朱子、宋五子或明清寓賢等，以爲書院諸生所取法。書院的學規，皆力仿內地書院，且以朱子爲精神偶像，實包括有維護與傳播中華文化的目的在內。書院的建築，乃中國傳統建築的直接移植，其格局、風貌皆因襲內地；甚至建築材料與工人，亦均來自內地，其代表中華文化內涵的建築，當能予人潛移默化之作用。書院的名稱，亦如內地，多取與創建宗旨──「興賢育才」、「提倡文教」有關者。至於以先賢或寓賢的字號爲命名者，當更具宏揚中華文化之意義。

在地方才俊的培育方面，清代臺灣書院承襲內地書院的傳統，多庋藏有不少經籍，以供士子的研讀，對臺灣教育的普及與文化的提高，當有積極的貢獻。書院的講學，多能秉持傳統的制度與精神，而成爲各廳縣的學術中心，爲各地方人才的滙集之所。書院的膏火制度，使寒士生活有所憑藉，可以安心讀書，在教育機會的提供上，具有重大的貢獻。書院的人格教育理想，以高尚人格的養成爲首要目標，其一切施教，在在顯示培育健全人格的人才，實爲當時書院的教育宗旨之一。因書院所培育的地方才俊，爲清代臺灣建立士紳階級的憑藉，而士紳階級的建立乃是清代臺灣移墾社會轉爲文治社會的表徵[61]，故書院與清代臺灣社會的發展，實具有密切的關係。

附表一：清代臺灣書院一覽表

書院名稱	設置地點	設置年代	沿革	資料來源
崇文書院	臺灣府治	康熙四十三年（一七〇四）	臺灣知府衛臺揆建。	《重修臺灣府志》卷八學校〈書院〉
海東書院	臺灣府治	康熙五十九年（一七二〇）	分巡臺廈兵備道梁文煊建，為全臺最具規模之書院。	《重修臺灣府志》卷八學校〈書院〉
中社書院（奎樓書院）	臺灣府治	雍正四年（一七二六）	為諸生集議之所。	《臺灣通史》卷十一教育志〈臺灣書院表〉

正音書院	臺灣縣治	雍正七年（一七二九）	奉文設立。乾隆十七年，改為四縣公館。	《重修福建臺灣府志》卷十一學校〈書院〉
正音書院	諸羅縣治	雍正七年（一七二九）	奉文設立。	《重修福建臺灣府志》卷十一學校〈書院〉
正音書院	鳳山縣治	雍正七年（一七二九）	奉文設立。	《重修福建臺灣府志》卷十一學校〈書院〉
南社書院	臺灣縣治	雍正年間		《臺灣省通志》卷五教育志制度沿革篇第三章第六節〈書院之規制〉
白沙書院	彰化縣治	乾隆十年（一七四五）	淡水同知攝縣事曾曰瑛建。	《彰化縣志》卷四學校志〈書院〉
鳳閣書院	鳳山縣前營	乾隆十二年（一七四七）		《臺灣省通志》卷五教育志制度沿革篇第三章第六節〈書院之規制〉
龍門書院	彰化縣斗六堡	乾隆十八年（一七五三）	在文昌宮內。	《雲林縣采訪冊》斗六堡〈書院〉

玉峰書院	諸羅縣治	乾隆二十四年（一七五九）	諸羅知縣李倓就原縣學文廟址改建。	《續修臺灣府志》卷八學校〈書院〉
明志書院	淡水廳	乾隆二十八年（一七六三）	永定縣貢生胡焯猷捐置義學於興直堡新莊山腳，淡水同知胡邦翰建為書院。乾隆三十年，淡水同知李俊原議移竹塹。四十二年，淡水同知王右弼乃以校士經費存款改建。四十六年，淡水同知成履泰又移建竹塹西門。	《淡水廳志》卷五志四學校志〈書院〉
南湖書院	臺灣府治	乾隆二十九年（一七六四）	臺灣知府蔣允焄建，以為諸生肄業之地。	《續修臺灣縣志》卷七藝文（二）〈記〉
文石書院	澎湖廳治	乾隆三十一年（一七六六）	澎湖通判胡建偉准貢生許應元之請而捐建。	《澎湖紀略》卷四文事紀〈書院〉
螺青書院	彰化縣東螺堡	嘉慶八年（一八〇三）		《彰化縣志》卷十二藝文志〈記〉
引心書院	臺灣縣治	嘉慶十五年（一八一〇）	拔貢張青峰、監生黃拔萃等出資建。	《續修臺灣縣志》卷三學志〈書院〉

主靜書院	彰化縣治	嘉慶十六年（一八一一）	彰化知縣楊桂森建。	《彰化縣志》卷四學校志（書院）
仰山書院	噶瑪蘭廳治	嘉慶十七年（一八一二）	委辦知府楊廷理建。	《噶瑪蘭廳志》卷四（上）學校（書院）
鳳儀書院	鳳山縣治	嘉慶十九年（一八一四）	攝鳳山知縣吳性誠捐俸，命候選訓導歲貢生張廷欽建。	《鳳山縣采訪冊》丁部規制（書院）
振文書院	彰化縣西螺堡	嘉慶十九年（一八一四）	董事生員廖澄河等捐建。	《雲林縣采訪冊》西螺堡（書院）
屏東書院	鳳山縣港西里阿侯街	嘉慶二十年（一八一五）	歲貢生郭萃、林夢揚等建。	《鳳山縣采訪冊》丁部規制（書院）
興賢書院	彰化縣員林街	道光三、四年間	貢生曾拔萃建。	《臺灣私法》第一卷（下）頁三一二
文開書院	彰化縣鹿港新興街	道光四年（一八二四）	北路理番同知鄧傳安倡建。	《彰化縣志》卷四學校志（書院）
羅山書院	嘉義縣治	道光九年（一八二九）	刑部郎中王朝與嘉義知縣張紳雲等建。	《臺灣私法》第一卷（下）頁三二〇
鳳岡書院	鳳山縣長治里前寮莊	道光十年（一八三〇）	副貢生劉伊仲建。	《鳳山縣采訪冊》丁部規制（書院）

藍田書院	彰化縣南北投堡	道光十一年（一八三一）	南投縣丞朱懋延請南北投、水沙連兩堡士庶，議建書院，以生員曾作雲、管俊升等董其事。	《臺灣中部碑文集成》甲記〈新建南投藍田書院碑記〉
奎璧書院	臺灣縣鹽水港街	道光十一年（一八三一）	沈為鎔、黃琮等就鹽水港街之奎璧社改建。	《臺灣私法》第一卷（下）頁三二三
登雲書院	嘉義縣笨港	道光十五年（一八三五）	邑人鳩資興建。	《臺灣古蹟集》第一輯拾貳嘉義縣
學海書院	淡水廳下嵌莊	道光二十三年（一八四三）	道光十七年，淡水同知婁雲議建；二十三年，同知曹謹續成。	《淡水廳志》卷五志四學校志〈書院〉
修文書院	彰化縣西螺堡	道光二十三年（一八四三）	貢生詹錫齡等捐建。	《臺灣私法》第一卷（下）頁三一七
萃文書院	鳳山縣羅漢內門觀音亭	道光二十五年（一八四五）	貢生黃玉華、監生蕭作又督建。	《臺灣南部碑文集成》甲記〈新建萃文書院碑記〉
奎文書院	彰化縣他里霧堡	道光二十七年（一八四七）	職員黃一章捐建。	《雲林縣采訪册》他里霧堡〈書院〉

登瀛書院	彰化縣北投堡	道光二十七年（一八四七）		《臺灣私法》第一卷（下）頁三一三
玉山書院	臺灣縣茄苳南堡	咸豐元年（一八五一）		《臺灣私法》第一卷（下）頁三二三
道東書院	彰化縣和美線街	咸豐七年（一八五七）	為臺灣目前碩果僅存、規模完整的書院。	《臺灣省通志》卷五教育志制度沿革篇第三章第六節〈書院之規制〉
雪峰書院	鳳山縣港西里阿里港街	光緒三年（一八七七）	職員藍登輝與董事張簡榮、張簡德等倡建。	《鳳山縣采訪册》丁部規制〈書院〉
登瀛書院	臺北府治	光緒六年（一八八〇）	臺北知府陳星聚建。	《臺灣私法》第一卷（下）頁三〇六
朝陽書院	鳳山縣港東潮外莊街	光緒六年（一八八〇）	訓導李政純、歲貢陳奎、廩生蔡瀛登等募建。	《鳳山縣采訪册》丁部規制〈書院〉
明新書院	臺灣府治	光緒八年（一八八二）		《臺灣省通志》卷五教育志制度沿革篇第三章第六節〈書院之規制〉

蓬壺書院	臺灣縣治	光緒十二年（一八八六）	原為引心書院。光緒十二年，臺灣知縣沈受謙改建。	《臺灣通史》卷十一教育志〈臺灣書院表〉
崇基書院	基隆廳治	光緒十五年（一八八九）	江星輝等倡建。	《臺灣私法》第一卷（下）頁三〇七
英才書院	苗栗縣治	光緒十五年（一八八九）	謝維岳等倡建。	《臺灣私法》第一卷（下）頁三〇八
宏文書院	臺灣府治（臺中）	光緒十五年（一八八九）	林朝棟等倡建。	《臺灣私法》第一卷（下）頁三〇九
磺溪書院	彰化縣大肚下堡	光緒十六年（一八九〇）		《臺灣省通志》卷五教育志制度沿革篇第三章第六節〈書院之規制〉
明道書院	臺北府治	光緒十九年（一八九三）	臺灣布政使沈應奎建。	《臺灣通史》卷十一教育志〈臺灣書院表〉

附註

❶ 見王啓宗，《臺灣的書院》，行政院文化建設委員會文化資產叢書，民國七十三年（一九八四）六月初版。

❷ 清代臺灣的儒學，往往在行政區域設治後數年，甚至數十年始行設置；至於澎湖廳等儒學迄未設置，更無論矣。其設置詳細情形如下：

行政區域	行政區域設治年代	儒學設置年代	備註
臺灣府	康熙二十三年（一六八四）	康熙二十四年（一六八五）	光緒十三年，改爲臺南府儒學。
臺灣縣	康熙二十三年	康熙二十三年	光緒十三年，改爲安平縣儒學。
鳳山縣	康熙二十三年	康熙二十三年	
諸羅縣	康熙二十三年	康熙二十五年（一六八六）	乾隆五十一年，改爲嘉義縣儒學。
彰化縣	雍正元年（一七二三）	雍正四年（一七二六）	
淡水廳	雍正元年	嘉慶二十二年（一八一七）	光緒元年，改爲新竹縣儒學。

澎湖廳	雍正五年（一七二七）		迄未設置。
宜蘭縣	嘉慶十七年（一八〇九）	光緒二年（一八七六）	嘉慶十七年，噶瑪蘭廳設治。光緒元年，改爲宜蘭縣。
臺北府	光緒元年（一八七五）	光緒六年（一八八〇）	
恆春縣	光緒元年	光緒三年（一八七七）	
埔里社廳	光緒元年		迄未設置。
淡水縣	光緒元年	光緒五年（一八七九）	
基隆廳	光緒元年		迄未設置。
臺灣府	光緒十三年（一八八七）	光緒十五年（一八八九）	府治設於今臺中市。
雲林縣	光緒十三年	光緒十六年（一八九〇）	
臺東直隸州	光緒十三年		迄未設置。光緒元年，卑南廳設治。光緒十三年，改爲臺東直隸州。

南雅廳	光緒二十年（一八九〇）	迄未設置。

③ 清代臺灣的鄉學——義學、社學與民學，不論其爲漢人而設，或爲番民而設，其教育目的在使就學的學生，獲得讀書、識字的能力，以應付生活之需要，皆屬初級的、普通的教育。見李汝和主修，《臺灣省通志》卷五教育志制度沿革篇第三章第三、四、五節，頁二八—四八，民國五十九年六月，臺灣省文獻委員會出版。

④ 參閱李國祁，《清代臺灣社會的轉型》，頁一—四九，教育部文化講座專集之一一九，社會教育司編印，民國六十七年三月。

⑤ 見吳康，劉著〈廣東書院制度序〉，頁一，國立編譯館中華叢書編審委員會，民國六十七年三月再版。

⑥ 《大清會典》卷七五禮部一九學校一，內府刊本，雍正十年勅撰。

⑦ 見《九通分類總纂》卷四十七學校類四《皇朝通考》，收在鼎文書局出版《十通分類總纂》第九種學校類，頁一〇四，民國六十四年一月初版，臺北市。

⑧ 見周元文纂輯，〈書院〉，《重修臺灣府志》卷二規制志，頁三六，臺灣銀行經濟研究室編印臺灣文獻叢刊第六六種（以下簡稱臺灣文獻叢刊），民國四十九年七月。

⑨ 見莊金德編，〈早期設立之書院〉，《清代臺灣教育史料彙編》第四章第二節，頁六九七，臺灣省文獻委員會發行，民國六十二年四月。

⑩ 見連橫，〈教育志〉，《臺灣通史》卷一一，頁二七四，臺灣文獻叢刊第一二八種，民國五十一年二月。

⑪ 例如劉良璧纂輯《重修福建臺灣府志》載：「彰化縣正音書院：□□□□□□。」因其設置地點、年代與沿革皆不詳，所以附表一未予採錄。見該書卷十一學校〈書院〉，頁三三二，臺灣文獻叢刊第七四種，民國五十年三月。

⑫清世宗與清高宗二帝有關書院的上諭，爲清代書院教育的重要文獻，特予抄錄於後：

(1)（清世宗）雍正十一年上諭：「各省學校之外，地方大吏每有設立書院、聚集生徒講誦肄業者。朕臨御以來，時時以教育人才爲念，但稔聞書院之設，實有裨益者少，而浮慕虛名者多。是以未曾勅令各省通行，蓋欲徐徐有待而後頒降諭旨也。近見各省大吏，漸知崇尚實政，不事沽名邀譽之爲；而讀書應舉之人，亦頗能屏去浮囂奔競之習，則設立書院，擇一省文行兼優之士讀書其中，使之朝夕講誦，整躬勵行，有所成就，俾遠近士子，觀感奮發，亦興賢育才之一道也。督撫駐劄之所，爲省會之地，著該督撫商酌舉行，各賜帑金一千兩，將來士子群聚讀書，須預爲籌畫，資其膏火，以垂永久。其不足者，在於存公銀內支用。封疆大臣等並有化導士子之職，各宜殫心奉行，黜浮崇實，以儲國家菁莪棫樸之選。如此，則書院之設，有裨益於士習文風而無流弊，乃朕之所厚望也。」（見《大清世宗憲皇帝實錄》卷一二七，雍正十一年正月壬辰條）。

(2)（清高宗）乾隆元年諭令：「書院之制，所以導進人才，廣學校所不及。我世宗憲皇帝命設之省會，發帑金以資膏火，恩意至渥也。古者，鄉學之秀，始升於國。然其時諸侯之國皆有學。今府州縣學並建，而無遞升之法。國子監義雖設於京師，而道里遼遠。四方之士，不能胥會，則書院即古侯國之學也。居中講習者，固宜老成宿望，而從游之士，亦必立品勤學，爭自濯磨，俾相觀而善，庶人材成就，足備朝廷使，不負教育之意。若僅攻舉業，已爲儒者末務。況藉爲聲氣之資，游揚之具，內無益於身心，外無裨於民物。即降而求文章成名，足希古之立言者，亦不多得，寧養士之初旨耶？該部即行文各省督撫學政，凡書院之長，必選經明行修，足爲多士模範者，以禮聘請。負笈生徒，必擇鄉里秀異，沉潛學問者，肄業其中。其恃才放誕，佻達不羈之士，不得濫入書院中。酌倣朱子白鹿洞規條，立之儀節，以檢束其身心。倣分年讀書之法，予以程課，使貫通乎經史。有不率教者，則擯斥勿留。學臣三年任滿，諮訪考覈。如有教術可觀，人材興起，各加獎勵。六年之後，著有成效，奏請酌量議敍。諸生中材器尤異者，准令薦舉一、二，以示鼓舞。」見《大清高宗純皇帝實錄》卷二〇，乾隆元年六月甲子條）。

⑬ 見曹松葉，〈宋元明清書院概況〉，中大語史週刊第十集第一一四期，頁四五四八，民國三十年一月。

⑭ 見呂祖謙，〈白鹿洞書院記〉。轉引自盛朗西，《中國書院制度》第二章，頁四七，民國六十六年三月臺一版，華世出版社發行。

⑮ 見劉伯驥，《廣東書院制度》，頁一三四—五。

⑯ 院長一詞，唐代曾稱為使，宋以來多稱為山長，間有稱為院長。乾隆三十年上諭云：「各省書院，延師訓課，向有山長之稱，名義殊為未協，既曰書院，則主講習者自應稱為院長。」（《大清會典事例》卷三九五，乾隆三十年）其後院長遂為書院主講者之定稱，然稱山長者亦時有之。

⑰ 見《大清高宗純皇帝實錄》卷二〇，乾隆元年六月甲子條。

⑱ 見《大清會典事例》卷三九五，乾隆元年。

⑲ 同前書，乾隆三十年。

⑳ 同前書，乾隆五十年。

㉑ 同前書，乾隆五年。

㉒ 見張勝彥，〈清代臺灣書院制度初探（上）〉，頁二〇，食貨月刊復刊第六卷第三期，民國六十五年六月，臺北市。

㉓ 同⑰。

㉔ 見謝金鑾總纂，《續修臺灣縣志》卷三學志，頁一七五—六，臺灣文獻叢刊第一四〇種，民國五十一年六月。

㉕ 見劉伯驥，《廣東書院制度》，頁一八一。

㉖ 見張勝彥，〈清代臺灣書院制度初探（下）〉，頁一五。

㉗ 同㉕，頁一一。

㉘ 轉引自盛朗西，《中國書院制度》第五章，頁二一三。

㉙ 見周璽總纂，〈文〉，《彰化縣志》卷十二藝文志，頁四三二—三，臺灣文獻叢刊第一五六種，民國五十一年十一月。

㉚ 白鹿洞學規爲朱子所訂，包括五教之目、爲學之序、修身之要、處事之要和接物之要，簡要明白，南宋以來中國的書院多奉爲教育宗旨。

㉛ 見劉良璧纂輯，劉良璧撰〈海東書院學規〉，《重修福建臺灣府志》卷二十藝文〈記〉，頁五六〇—一。

㉜ 見余文儀主修，覺羅四明撰〈海東書院學規〉，《續修臺灣府志》卷八學校〈書院〉，頁三五六—九，臺灣文獻叢刊第一二一種，民國五十一年四月。

㉝ 見林豪總修，胡建偉撰〈文石書院學約〉，《澎湖廳志》卷四文事〈書院〉，頁一一二—八，臺灣文獻叢刊第一六四種，民國五十二年六月。

㉞ 見周璽總纂，楊桂森撰〈白沙書院學規〉，《彰化縣志》卷四學校志〈書院〉，頁一四三—六。

㉟ 見林豪總修，林豪撰〈文石書院續擬學約〉，《澎湖廳志》卷四文事〈書院〉，頁一二〇—三。

㊱ 見漢寶德，〈臺灣的傳統建築〉，頁一，六十八年冬令青年自強活動臺灣史蹟源流研究會講義，臺灣史蹟源流研究會編印。

㊲ 見倪贊元編輯，〈祠廟寺觀〉，《雲林縣采訪冊》斗六堡，頁一五，臺灣文獻叢刊第三七種，民國四十八年四月。

㊳ 見鄭鵬雲、曾逢辰纂輯，〈書院〉，《新竹縣志初稿》卷三學校志，頁九四，臺灣文獻叢刊第六一種，民國四十八年十一月。

㊴ 見周璽總纂，楊桂森撰〈詳報捐建鹿港文開書院牒〉，《彰化縣志》卷十二藝文志札牒，頁四〇二。

㊵ 見周璽總纂，鄧傳安撰〈勸建鹿仔港文開書院疏引〉，《彰化縣志》卷十二藝文志〈引〉，頁四二九。

㊶ 見陳淑均總纂，〈書院〉，《噶瑪蘭廳志》卷四（上）學校，頁一三九，臺灣文獻叢刊第一六〇種，民

國五十二年三月。

㊷同前註，〈附考〉，頁一四〇。

㊸見周璽總纂，〈曾日瑛列傳〉，《彰化縣志》卷三官秩志，頁一〇一。

㊹見馬肇選，〈臺灣書院小史〉，頁七一—二，臺灣省立彰化社會教育館研究叢書之四，民國六十六年九月、再版。

㊺轉引自劉伯驥，《廣東書院制度》，頁一。

㊻見吳尚友，〈迴瀾書院記〉。轉引自劉伯驥，《廣東書院制度》，頁二。

㊼福建巡撫孫爾準運存噶瑪蘭廳仰山書院的書籍四十餘種，其書目俱存於〈噶瑪蘭廳志〉，爲目前僅存的清代臺灣書院藏書目錄。從該書院藏書目錄中，吾人可以獲知當時仰山書院生徒的讀書內容。茲特抄錄書目、冊數如下：

《史記》三十二本、《諸葛武侯集》二本、《陸宣公文集》二本、《韓魏公集》六本、《司馬溫公集》六本、《周濂溪集》四本、《二程文集》四本、《二程語錄》五本、《二程粹言》二本、《張橫渠集》四本、《上蔡語錄》一本、《重編楊龜山集》三本、《重編羅豫章文集》二本、《李延平集》二本、《朱子文集》十四本、《朱子語類》六本、《朱子學的》二本、《讀朱隨筆》二本、《張南軒文集》三卷、《黃勉齋集》四本、《陳克齋集》二本、《眞西山文集》二本、《道統錄》三本、《伊雒淵源錄》四本、《道南源委》一本、《濂、洛、關、閩、書》五本、《文文山集》二本、《謝疊山集》一本、《重編熊勿軒集》一本、《許魯齋集》二本、《方正學集》二本、《重編薛敬軒集》四本、《居業錄》四卷、《陳剩夫遺稿》一本、《羅整庵存稿》二本、《困知記》一本、《學蔀通辨》四本、《楊椒山集》一本、《張陽和集》一本、《思辨錄輯要》四本、《讀禮志疑》二本、《問學錄》一本、《陸稼書集》二本、《學規類編》六本、《養正類編》六本。

以上見陳淑均總纂，〈紀物〉，《噶瑪蘭廳志》卷八雜識（下），頁四三六—四四三。

㊽ 同前書，頁四三六。

㊾ 見陳培桂纂輯，〈列傳二先正〉，《淡水廳志》卷九（中），頁二七〇—二，臺灣文獻叢刊第一七二種，民國五十二年八月。

㊿ 見連橫，〈列傳八丘逢甲〉，《臺灣通史》卷三十六，頁一〇三三。

(51) 同前書卷三十四列傳六〈鄉賢列傳〉，頁九六八。

(52) 同前書卷三十四列傳六〈循吏列傳〉，頁九三九。

(53) 同前書，頁九四四。

(54) 見周璽總纂，〈胡應魁列傳〉，《彰化縣志》卷三官秩志，頁一〇四。

(55) 見劉伯驥，《廣東書院制度》，頁二一—三。

(56) 見鄭鵬雲、曾逢辰纂輯，〈書院〉，《新竹縣志初稿》卷三學校志，頁九七。

(57) 見陳培桂纂輯，〈書院〉，《淡水廳志》卷五志四學校志，頁一四一。

(58) 見《臺灣私法》（臨時臺灣舊慣調查會編，神戶，金子印刷所，明治四十三年），頁三一〇、三二五、三二六。

(59) 見《臺灣教育碑記》，頁二八—九，臺灣文獻叢刊第五四種，民國四十八年七月。

(60) 見王鎮華，〈臺灣現存的書院建築（三）〉，中國時報「人間副刊」，民國六十七年十一月二十日。

(61) 參閱李國祁，〈清代臺灣社會的轉型〉，頁二六—三九。

附記：本文曾於一九八六年十月在香港珠海書院主辦的「中國歷史研討會」宣讀。

清代治臺政策的再檢討：以渡臺禁令為例

一、前言

自一六八三年（清康熙二十二年），臺灣納入清朝版圖，至一八九五年（清光緒二十一年）臺灣割讓給日本為止，清廷治理臺灣計二百十三年，此乃近代臺灣歷史的重要部份。在此一長達二百多年之期間，清廷治臺政策的設計，其所要達成的目標為何？其效果為何？原因何在？這是值得深入探討的課題。

多年來，臺灣史學者對此一課題的研究雖極為重視，惟歷來學者有關清代治臺政策的探討，多著重於治臺政策的分期，並據以作全盤性的綜合討論，較少從事深入的專題研究，因此其研究雖具有相當程度的廣度，但深度似仍有所不足。有鑑於此，本文乃試圖以渡臺禁令為例，對清代治臺政策再作檢討，藉以明瞭施琅與治臺政策的關聯，渡臺禁令的執行及其偏差，而其重點則在指出渡臺禁令的不良影響，評論治臺政策的失當。

二、清初平臺前漢族移民的渡臺

移民能否成功，係由各種社會文化因素所決定。移民在移入地能發展至何種規模，亦須視移入地社會文化發展之情形而定❶。明朝末葉以前，雖已有不少漢族移民渡臺，惟當時臺灣尚爲未開化之地區，仍停留在以原住民爲主體的「部落社會」（tribal society），社會型態閉塞，生產力低微，無法收容太多的外來人口；而這時期閩粵沿海居民仍傾向以經濟發展作爲解決人口壓力問題的手段，來臺者多爲逃難者、逃犯，或從原住民收購土產之小貿易商，部份則於臺灣本島或澎湖群島從事漁業活動，並無移民久居之意，故此時期漢族移民定居臺灣者不多❷。

一六二四年（明天啓四年），荷蘭人入據臺灣，帶來工商貿易發展之機會與殖民地式之統治組織，人口收容力增加，漢族移民乃獲得發展之機會。加以荷蘭係一商業主義的海權國家，當他們發現臺灣的鹿皮、蔗糖等產品是其亞洲貿易的重要商品，可爲其遠東商業帶來可觀的利益後，遂十分重視臺灣內部的開發，一方面獎勵農墾，實行撫番教育；一方面也獎勵誘引漢族移民來臺拓殖，使得臺灣的產業日趨發達，外來移民繼續入遷並定居發展已成爲可能。而這時的閩粵地區人口壓力已達到飽和點，再加上連年的戰亂與飢荒，使得人民生計日益困難，不少居民乃被迫鋌而走險，渡海來臺，謀求生路。這些移民不僅包括商賈、漁民，尚有農夫、工匠，以及各種勞工，他們或從事商業活動，或戮力農業墾殖，臺地一時人口大增，至荷據末期漢人總數已成長至數萬人之譜[3]。

荷據時期，由於來臺漢人開始實行農業定居，使得漢人聚落不斷地建立與成長，原來孤立保守的臺灣「部落社會」乃逐漸開化，慢慢轉型成爲「民間社會」（folk society），爲其後臺灣的進一步開發奠定了良好的基礎[4]。惟就荷蘭人的立場而言，荷蘭人雖則歡迎漢族移民渡臺墾殖，然漢人的人數愈多，經濟發展愈大，荷蘭人對於漢人勢力的成長，就愈感到恐懼而開始警戒。而就漢族移民的立場來說，臺灣愈是開發，經濟愈是發展，則對荷蘭人的聚歛，就愈是不滿，其結果遂爆發一六五二年（清順治九年）郭懷一的驅荷事件。荷蘭人雖很快地鎮壓了此次事件，並屠殺了數千名漢人，但由於漢人社會的日漸壯大，荷蘭人不免終日恐懼於爲漢人所驅逐，而採取進一步的防制措施。因此，漢人在臺灣的拓殖雖始於荷人據臺時期，但眞正奠定漢人移民臺灣之基礎的，還是在明鄭時期[5]。

一六六一年（清順治十八年），鄭成功因在大陸的反清復明事業遭遇到嚴重的挫折，爲生聚教訓，以完成其恢復大業，乃揮軍入臺驅逐荷蘭人，在臺灣首度建立漢人政權，使臺灣在實際上與名義上均歸屬中國。明鄭時期實施大規模地移民，有計畫有組織地開發臺灣，並努力推行漢化教育，使得傳統中國社會組織得以在臺灣充分發展，中華民族的擴張從此開始由大陸延伸到海洋。

三、施琅平臺與清代治臺政策的確立

㈠ 施琅平臺

施琅，原名郎，福建晉江人。早年加入鄭芝龍軍，爲左衝鋒。一六四六年十二月（順治三年十一月），隨鄭芝龍降清❻。施郎降清後，頗受重用，這是清朝對歸降將士採取的羈縻政策，同時也是利用鄭芝龍舊部征剿東南抗清武裝力量的一種策略❼。但翌年十月（順治四年九月），鄭成功退保安平時，施郎又叛清朝，與其弟顯俱投效成功。同時投效者，尙有前浙江巡撫盧若騰、進士葉翼雲、舉人陳鼎、海澄人甘輝、南安人邱縉、林壯猷、金裕等❽。施郎因頗知兵事，風宇魁梧，自樓櫓、旗幟、伍陣相離之法，無不精熟，因此鄭成功拔爲左先鋒❾。一六四九年十一月，鄭軍攻克雲霄，施郎戰功居首。其後，施郎又配合右先鋒楊才攻和平寨，單獨攻克溪頭寨；鄭成功進取厦門，施郎獻策最多，功勞最大。一六五一年五月（順治八年四月），清將馬得功等趁鄭成功南下勤王之際，進襲厦門，施郎以渡假閒員率部數十人邀擊馬得功，搶救厦門，功績卓著，鄭成功賞銀二百兩。旋因發生誤會❿，施郎逃亡，其父與其弟皆爲鄭成功捕殺。施郎走頭無路，乃再度亡降清朝，改名琅。

施琅的二度降清，開啓了明鄭將領降清的先例。在施琅之前，即一六四七——九年，明鄭部將洪政、楊期潢戰死於海澄；邱縉、林壯猷戰死於同安；柯宸樞、柯宸梅死守於詔安。

明鄭的部將，只有抗清戰死者，尙無投降清朝的叛將。同時，由於施琅曾是明鄭部將，熟悉鄭氏內幕，利用反間引誘之計，分化鄭氏諸將的團結，進行招降納叛的工作，使得明鄭抗清陣營開始出現不穩的情勢，所以鄭成功在施琅投降清朝之後，曾頓足云：「唉！吾不幸結此禍胎，貽將來一大患！」⑪

施琅再度降清，清廷初授爲同安副將，旋因功陞爲同安總兵官。一六六二年（康熙元年），擢爲福建水師提督；其後，復因功加授右都督，掛靖海將軍印⑫。施琅曾於一六六七年十二月（康熙六年十一月）與一六六八年五月（康熙七年四月），兩次上奏攻臺，詳陳臺灣必須進剿的理由，以及臺灣可以進取的形勢。奏疏中強調，以閩省及浙粵二省所有船隻，選拔精銳，足可攻臺，不必向清廷支取與多事周折；且以堂堂天朝，不宜讓鄭氏「恃海島爲險，蔓延鴟張，荼毒生靈」，放棄邊疆土地，損失腴地賦稅，致失國體與實利。疏中同時強調，攻臺係「一時之勞，萬世之逸也」，以激動清廷⑬。清廷可能基於天下已一統，臺灣本非中國版圖，不想妄動干戈；且鑒於一六六四年十二月（康熙三年十一月）與一六六五年四月（康熙四年三月）施琅兩次攻臺，均受風濤所阻，損失慘重，未始不以爲戒。因此，內調施琅入京，授以內大臣，並裁福建水師提督缺，焚毀戰船，以斷征臺之念⑭。

一六八一年二月（康熙二十年正月），鄭經去世，子克塽繼立，權臣馮錫範專政，明鄭內部政爭不已，人心惶惑不安。因此，施琅因閩人大學士李光地與福建總督姚啓聖的力保，再授爲福建水師提督。施琅到達福建後，認爲事事馳會督撫，恐失軍機，遂上疏請主專征之權，清廷許之。施琅乃積極籌備東征事宜，於一六八三年七月（康熙二十二年六月）下令渡海東征，澎湖一役大破明鄭海軍，決定了明鄭滅亡的命運，鄭克塽納土投降，全臺底定。

(二) 清代治臺政策的確立

施琅平臺，結束明鄭抗清的局面，完成了中國全境的統一，這是滿清入主中國四十年來的重大事件。惟因「在取得臺灣以前，清朝當局對臺灣的認識還是比較模糊的。朝廷大員中沒有人去過臺灣，也沒有人認眞研究過臺灣問題。」[15]因此在平臺之後，清廷中央與地方官員對臺灣地位和海防的重要性，均缺乏眞正的瞭解，對臺灣的棄留，竟發生很大的爭議。朝廷與福建省方多主張放棄臺灣，認爲「遷其人，棄其地」，就不會再有所謂「恃爲窟穴，倚險負固，飄突靡常。」[16]如鄭氏三代據其地者，成爲東南沿海各省的禍患。即使康熙皇帝，他雖嘉勉施琅平臺的大功，對施琅及其他有功人員的封賞獎勵均極爲優渥，但對於臺灣的納入版土仍有「臺灣僅彈丸之地，得之無所加，不得無所損」之語[17]，足見清廷主政者對臺灣的缺乏了解與忽視。

在清廷主政者不瞭解臺灣，忽視臺灣地位重要性的情形中，祇有平臺統帥施琅是唯一的例外。施琅於一六八三年九月（康熙二十二年八月）抵臺受降，在臺灣停留將近百日，於同年十二月內渡。留臺期間，他曾親自到臺灣南北兩路勘察，明鄭降將劉國軒等也給了他不少正確的情報與有價值的意見，使他對臺灣的物產人民與山川形勢，獲得相當程度的瞭解[18]。因此，施琅回到福州參加由工部右侍郎、特命料理福建軍前糧餉事務蘇拜所主持的臺灣善後會議時，乃就實地的瞭解，「諄諄極道」，強調絕無僅守澎湖，放棄臺灣之理。但因與會的蘇拜、福建巡撫金鋐等皆未到過臺灣，未能盡悉施琅發言的梗概，所以會中竟有「宜遷其人，棄其地」的論調；惟同時亦覺「棄虞有害」，所議不一，未能獲得結論。因臺灣善後會議對臺灣的棄留莫衷一是，施琅於是單銜入奏力爭，其有名的〈恭陳臺灣棄留疏〉如下：

> 臺灣地方，北連吳會，南接粵嶠，延袤數千里，山川峻峭，港道迂迴，乃江、浙、閩、粵四省之左護。
>
> 臣奉旨征討，親歷其地，備見野沃土膏，物產利薄，耕桑並耦，魚鹽滋生，滿山皆屬茂樹，遍處俱植修竹。硫磺、水籐、糖蔗、鹿皮，以及一切日用之需，無所不有。……此誠天以未闢之方輿，資皇上東南之保障，永絕邊海之禍患，豈人力所能致？
>
> 夫地方既入版圖，土番、人民，均屬赤子。善後之計，尤宜周詳。……今臺灣人民稠密，戶口繁息，農工商賈，各遂其生，一行徙棄，安土重遷，失業流離，殊費經營，實非長策。……如僅守澎湖而棄臺灣，則澎湖孤懸汪洋之中，土地單薄，界於臺灣，遠隔金廈，豈不受制於彼而能一朝居哉？是守臺灣則所以固澎湖。臺灣澎湖一守兼之，沿邊水師汛防嚴密，各相犄角，聲氣關通，應援易及，可以寧息。……部臣、撫臣未履其地，棄留未決。臣閱歷周詳，不敢遽議輕棄者也。……臺灣設總兵一員，水師副將一員，陸師參將二員，兵八千名；澎湖設水師副將一員，兵二千名。通共計兵一萬名，足以固守，又無添兵增餉之費。其防守總兵、副、參、遊等官，定以三年或二年轉陞內地，無致久任，永為成例。
>
> 蓋籌天下之形勢，必求萬全。臺灣一地，雖屬外島，實關四省之要害。勿論彼中耕種猶

能少資兵食，固當議留；卽為不毛荒壤，必藉內地輓運，亦斷斷乎其不可棄。……棄之必釀成大禍，留之誠永固邊圉。⑲

施琅在前述奏疏中，反覆說明遷民的困難，棄地的後患，專守澎湖的不可能，以及設官置兵並不加重政府的負擔；他並就臺灣的地理形勢，強調臺灣「實關四省之要害」，不但促使清廷對臺灣的實況有進一步的認識，也消除了清廷的疑慮，不再誤以為臺灣為逋逃之淵藪，棄臺之說乃成為過去。論者以為，「施琅關於留守臺灣的主張，垂於千古，其可貴之處在於：在臺灣留棄問題的爭論中，他站得高，看得遠，態度明朗而堅定，毫不含糊，決不動搖，力爭不退，直至清廷明確表示留住臺灣而後已。他的舉動眞可謂造福於子孫萬代，至今人們思之仍不免對他肅然起敬。」⑳誠然，施琅在臺灣棄留問題的爭議中，確已扮演了決定性的角色，其貢獻是值得肯定的。

但就另一方面來看，施琅的力求保留臺灣，係消極地純就海防上著眼，僅為了東南沿海各省的安全而已，並無積極經營臺灣之意；而清廷的接受施琅建議，詔設臺灣府縣，並駐兵防守，也是基於同一觀點，亦即非為理臺而治臺，乃為防臺而治臺㉑，故清廷治臺政策的設計，可說一開始便有偏差，實行一種被動防制的消極政策，「那就是封閉臺灣，不讓海峽兩邊的同胞自由來往，以求得保住臺灣的安定，封建國家不受損害。」㉒職是之故，其一切措施，諸如人事政策、民政政策、財政政策、經濟政策、保安政策等，在在皆僅基於治安上的考慮而已，其為閉鎖的格局，無法成為開展的局面㉓，乃勢所必然。

四、渡臺禁令的頒佈與實施

一六五六年七月（順治十三年六月），當鄭成功在大陸東南沿海從事反清復明運動時，清廷曾下令浙江、福建、廣東、江南、山東、天津各督撫提鎭，嚴禁沿海人民與鄭氏「貿易往來」，「資以糧物」[24]，惟收效不大。鄭成功入臺後，清廷復於一六六一年九月（順治十八年八月）頒布「遷界令」，將浙江、江南、福建、廣東四省瀕海地方人民「盡令遷移內地」[25]；其後，又於同年十一月下令福建、浙江、江南三省官員兵民不得違禁出界貿易及居住耕種，違禁者「不論官民俱以通賊論處斬」[26]。揆清廷一再禁止人民出海貿易，並實施遷界之目的，乃在杜絕沿海人民對鄭氏的接濟，實施堅壁清野之計，「片板不許下水，粒貨不許越疆」[27]，以削弱明鄭抗清的力量。惟此種政策的實施，對明鄭固不無影響，但沿海各省居民損失最爲慘重，受害最大，「民皆破產，哀號自盡」[28]，「數千里膏腴魚鹽之地，百萬億衆生靈，一旦委而棄之，將以爲得計乎？徒殃民而已！」[29]對清廷而言，「實爲代價甚高，犧牲甚大之政策。」[30]

施琅平臺，明鄭政權覆亡之後，清廷已無實施遷界與海禁的必要，但如前述的討論，由於治臺政策設計上的偏差，處處以防範臺灣再度成爲反政府的根據地爲首要考慮，因而頒行一連串消極措施的禁令，使得治臺政策顯得相當僵化，未能因應閩粤兩省和臺灣地區住民的需要而作適當的調整。渡臺禁令的頒佈，就是這種消極封禁政策的最具體表現。

一六八四年五月（康熙二十三年四月），清廷雖詔設臺灣府（原明鄭時期承天府），領臺灣、鳳山（原萬年州）、諸羅（天興州）三縣，澎湖設巡檢，置分巡臺廈兵備道及臺灣鎮總兵，隸福建省，臺灣正式納入清朝版圖；並於同年十一月取消平臺之前所頒佈的「申嚴海禁」之命令，允許沿海商漁船可以出海到臺灣貿易或捕魚，但唯恐臺灣再成為「盜藪」，對大陸與臺灣之間人民的往來，卻嚴格管制如下：

一、流寓臺灣之無妻室產業者，逐令過水，交原籍管束；有妻室產業者，移知原籍，並申報臺廈兵備道稽查。不許招致家眷。

二、犯罪時，罪在杖笞以下者，照常發落，免其驅逐；該徒罪以上者，押回原籍治罪。

三、大陸人民渡臺須領照單，經臺廈兵備道稽查，再得臺灣海防同知驗可，始許放行。不准攜帶家眷。禁粵地人民渡臺㉛。

清廷上述的管制，一面將認為不適宜者逐回大陸，一面又限制大陸人民渡臺，其管制之重點在於盡量限制臺灣人口之增加。惟其不許招致家眷及不許攜眷渡臺之辦法，使人民不能享天倫之樂，釀成變態的人口組合，引起嚴重之社會問題，成為管制後議論之中心㉜。

至於禁止粵人渡臺，則與施琅有關。根據《重修臺灣府志》的記載：「臺灣始入版圖，為五方雜處之區，而閩、粵之人尤多。先時，鄭逆竊踞海上，開墾十無二、三。迨鄭逆平後，招徠墾田報賦。終將軍施琅之世，嚴禁粵中惠、潮之民，不許渡臺；蓋惡惠、潮之地，數為海盜淵藪而積習未忘也。琅歿，漸弛其禁，惠、潮民乃得越渡。」㉝當時廣東惠、潮之民，在臺種地傭工，人數不下數十萬，皆無妻孥，「皆於歲終賣穀還粵，置產贍家，春初又復之臺，歲以爲常。」㉞此種季節性遷移而不作農業定居，以致其在臺生活未獲安定，較易發生問題，此或爲施琅禁止粵人渡臺原因之一。至乾隆末年，解除攜眷入臺之禁後，粵人之渡臺，始與閩人同享平等待遇。

由於限制大陸與臺灣之間人民的往來，乃清廷的既定政策，因此自一六八四年（康熙二十三年）至一七九〇年（乾隆五十五年）的一百零六年間，群臣之奏請與當局之決策，均集中於偷渡與攜眷入臺問題。其間，曾五禁四弛，其情形如下：

(一)一六八四年——一七一八年（康熙二十三年——康熙五十七年），計三十四年間，禁。
(二)一七一八年——一七三二年（康熙五十七年——雍正十年），計十四年間，禁。
(三)一七三二年——一七四〇年（雍正十年——乾隆五年），計八年間，弛。
(四)一七四〇年——一七四六年（乾隆五年——乾隆十一年），計六年間，禁。
(五)一七四六年——一七四八年（乾隆十一年——乾隆十三年），計二年間，弛。
(六)一七四八年——一七六〇年（乾隆十三年——乾隆二十五年），計十二年間，禁。
(七)一七六〇年——一七六一年（乾隆二十五年——乾隆二十六年），計一年，弛。
(八)一七六一年——一七九〇年（乾隆二十六年——乾隆五十五年），計二十九年間，禁。
(九)一七九〇年（乾隆五十五年）以後，弛㉟。

如上所述，首次禁令施行三十四年之久。惟其間雖有各種命令規條限制大陸與臺灣之間人民的往來，但因執行並不徹底，故偷渡來臺者以此一時期最多。其後，自一七一八年至一七九〇年的七十二年間，曾四禁四弛，可謂朝令夕改，此非當局之無主見，實爲當時高人口壓力的反映㊱。蓋康熙末年，中國因長期的承平，人口增加迅速，已有年豐而米貴的現象；且當時的臺灣又正值快速開發時期，人力需求甚殷，因此由大陸東渡來臺灣者甚多，其中有不少爲未辦領照手續之偷渡者，故清廷乃屢次重申嚴拏偷渡者。

雍正初年，因偷渡與攜眷入臺問題仍甚嚴重，所以藍鼎元、福建總督高其倬、廣東巡撫鄂彌達等，先後建議或直接奏請准許人民攜眷入臺。藍鼎元爲一經濟之學者，一七二一年（康熙六十年）曾隨其族兄福建省南澳鎮總兵藍廷珍到臺灣平定「朱一貴事變」，參贊戎幕，運籌帷幄，貢獻很多。藍氏由於曾親履臺灣，對當時臺灣情況的了解最爲透徹，因此一七二四年（雍正二年）臺厦道吳昌祚向他請教治臺方針時，藍氏乃針對攜眷入臺問題向吳氏坦誠地提出建議云：「客莊居民，從無眷屬。合各府、各縣數十萬之傾側無賴遊手群萃其中，無室家宗族之繫累，欲其無不逞也難矣。婦女渡臺之禁旣嚴，又不能驅之使去，可爲隱憂。鄙意以爲，宜移文內地，凡民人欲赴臺耕種者，必帶有眷口，方許給照載渡，編甲安插。臺民有家屬在內地，願搬渡臺完聚者，許具呈給照赴內地搬取，文武汛口不得留難。凡客民無家眷者，在內地則不許渡臺；在臺有犯，務必革逐過水，遞回原籍。有家屬者雖犯，勿輕易逐水。則數年之內，皆立室家，可消亂萌。」㊲藍氏的建議，曾由吳昌祚層轉給福建當局參考。福建當局亦認爲過去祇許人民隻身來往，其立業在臺灣者，旣不能棄其田園，又不能搬移眷屬完聚，實非妥善之策，於是攜眷、搬眷問題爭論不休。

一七二五年（雍正三年），雍正皇帝命令新任福建總督高其倬針對攜眷、搬眷問題「詳愼酌量」，定議具奏。兩年後，高其倬乃遵照命令具奏，認爲「若令全不攜眷，固非民願；

若一概搬眷，歲增日益，又將有人滿之患，均非長策。」㊳因此，他建議四點：一、在臺人民，無業無田產之人，一概不准搬眷。二、有田產、房廬之人，即行給照，令其搬往安插。三、佃戶住臺經五年，而業主又肯具結保留者，准其給照搬眷。四、其餘一概不准㊴。唯高氏此一建議，經交由戶部等衙門商議，認爲係違反舊例，在民間徒增煩擾，非國家向來立法之初意，而遭到否決，嚴禁攜眷與偷渡之禁令，仍照舊執行。

至一七三二年（雍正十年），廣東巡撫鄂彌達對於藍鼎元向所建議的攜眷、搬眷之意見深以爲然，於是參酌藍氏的主張，向清廷奏請云：「民人之立業臺灣者數十萬。彼既願爲臺民，凡有妻子在內地者，許呈明給照，搬眷入臺，編甲爲良，則數十年之內，赤棍漸消，人人有室家之繫累，謀生念切，自然不暇爲非。更念有司善撫教之，則人人感激興奮，安生樂業。」㊵鄂彌達的奏請，同年六月由雍正皇帝交付大學士鄂爾泰、張廷玉等覆議；旋由鄂爾泰等議奏云：「臺地開墾承佃、僱工、貿易，均係閩粵民人，不啻數十萬之衆，其中淳頑不等。若終歲群居，皆無室家，則其心不靖，難以久安。鄂彌達陳奏，亦安輯臺地之策。臣等公同酌議：查明有田產生業，平日安分循良之人，情願攜眷來臺入籍者，地方官申詳該管道府，查實給照，令其渡海回籍，一面移文原籍地方官，查明本人眷口，塡給路引，准其搬移入臺。」㊶經雍正皇帝採納，攜眷入臺之限制首次解除。

其後數年，渡臺之禁令亦隨之稍見放寬。但當時不僅大陸有人口壓力，即臺灣亦因人口劇增，而呈現人滿爲患的現象，所以解禁後七年（一七三九年，乾隆四年）福建總督郝玉麟奏請自翌（一七四〇）年起，停止給照，並禁止人民搬眷入臺，偷渡者照例治罪。

自一七四〇年（乾隆五年）起，至一七九〇年（乾隆五十五年）正式設立「官渡」㊷的五十年間，因大陸與臺灣雙方人口壓力均大，不論採取禁或弛之政策，皆易使一方之社會失調，而改採相反的措施，故三禁後六年又再度開禁；開禁二年後，又作第四度的嚴禁。但開禁僅准人民搬眷，而非准許人民自由來往。在臺有業良民欲自內地搬眷，或內地人民欲至臺灣探親，均須經過麻煩之領照手續；隻身無業之民、在臺無親屬可依者，均不准渡臺；若由客頭船戶包攬偷渡，一切照例嚴行查拏㊸。

清廷此種管制政策，其後仍繼續施行。一八三四年（道光十四年）及一八三八年（道光十八年）且一再申明。直至一八七五年二月（光緒元年正月），因辦理臺灣等處海防兼理各國事務欽差大臣沈葆楨的奏請，施行一百九十餘年的內地人民渡臺禁令，始與私入番境等禁令，同時廢止㊹。

五、渡臺禁令的影響

㈠延遲臺灣的開發

渡臺禁令的長期實施，限制了大陸與臺灣之間人民的自由往來，對清代臺灣的影響很大。就對臺灣經濟的影響而言，顯而易見的，是延遲臺灣的開發。

清人平臺以前，臺灣曾先後經過荷蘭人三十八年和明鄭二十三年的統治。荷蘭人統治臺灣期間，西班牙人曾一度佔領臺灣北部，形成南北對抗的局面。當時，由於荷蘭人的獎勵，漢人移民的墾殖獲得相當的進展，而且人口滋長甚快，在臺灣漢人的經濟勢力因而獲得伸張，奠定了漢人農業社會的基礎，已如前述。其開拓之區域，即以今之臺南爲中心，北及北港、蕭壠、麻豆、灣裡、茄拔、新港、大目降等地，陸續北上；西班牙人據有之北部，則以鷄籠（今基隆市）、滬尾（今臺北縣淡水鎭）爲中心，擴及金包里、三貂嶺，下及淡水河流域諸地，東至蛤仔難（今宜蘭）、南迄竹塹（今新竹）㊺。

鄭成功驅逐荷蘭人以後，臺灣在實際上和名義上皆歸屬中國。當時，鄭氏爲充裕糧食供應，以謀經濟上能自給自足，一方面仿寓兵於農之古制，積極推行屯田制度；一方面極力安撫原住民，授以耕種之法，以增加糧食生產㊻。同時，更嚴令將士將眷屬接到臺灣，並多方招納流亡。根據《海上見聞錄》的記載：「時以各社土田，分給與水陸諸提鎭，而令各搬其家眷至東寧居住；令兵丁俱各屯墾。」㊼鄭成功命令諸將搬眷至臺，不僅對增加耕墾勞力有莫大幫助，而且亦可使將士安心守業，不致離散。此與清代的禁止攜眷入臺，是大異其趣的。至於招納流亡，鄭成功入臺後，曾利用清廷下「遷界令」，引起沿海地區一片混亂之際，「招沿海居民之不願內徙者數十萬人東渡，以實臺地。」㊽這不但加強了明鄭抗清的力量，對臺灣的開發，也大有助益。

但清人平臺之後，在消極防制的治臺政策之下，其所欲達成之目標僅爲東南沿海各省海防的安全而已，因此荷據時期與明鄭時期獎勵墾殖的措施，遂棄置不用。事實上，當時臺灣初定，井里蕭條，哀鴻未復，清廷雖詔設臺灣、諸羅、鳳山三縣，統轄於臺灣府，但政令所及，實僅臺灣縣而已。鳳山置縣後，「土地寥曠，文武職官多僑居府治。」[49]至一七〇四年（康熙四十三年），知縣始駐縣。諸羅亦「置縣後，以民少番多，距郡遼遠，縣署、北路參將營皆在開化里佳里興，離縣治南八十里。四十三年奉文：文武職官俱移歸諸羅山，縣治始定。」[50]鳳山縣包括今高雄縣及其南部，諸羅縣包括今嘉義縣及其北部，轄區均極遼闊，地廣人稀，亟待大量人力從事墾殖，清廷如能順應時勢的需要，開放人口壓力甚大的閩粵地區居民渡臺墾殖，不僅可促進臺灣的開發，也可緩和閩粵地區的人口壓力[51]，實爲一舉數得之舉。但清廷反而頒佈渡臺禁令，嚴格管制內地人民的渡臺，其延遲了臺灣的開發，實甚可惜。

尤有甚者，清廷不僅限制內地人民渡臺，更把部份原居臺灣的官民內遷。鄭克塽和他的族人，劉國軒、馮錫範等人及其眷口，明宗室監國魯王世子朱桓、瀘溪王朱慈、巴東王朱江等，均被迫遷入內地，然爲數尚屬有限；而所謂「僞文武官員丁卒，與各省難民相率還籍，近有其半。」[52]其人數恐當以十萬計。施琅所謂「人去業荒」[53]，可想見其不是一個小數目。清廷此舉或基於治安的考慮，惟其對臺灣的開發，必產生不良的影響。

㈡ 形成嚴重的社會問題

渡臺禁令的實施，其影響是多方面的。就對臺灣社會的影響而言，由於渡臺禁令禁止人民攜眷入臺，影響了當時臺灣社會的人口組合與社會風氣，因此發生許多畸形現象，社會問題至爲嚴重。

臺灣原爲中國的邊疆地區，最初自大陸遷入者，多係不帶家眷之冒險家。如前所述，鄭成功入臺後，曾命令將士搬眷至臺，但有眷屬者仍佔少數。一六六八年（康熙七年），施琅之〈盡陳所見疏〉云：「賊衆散處，耕鑿自給，失於操練，終屬參差不齊。而中無家眷者十有五、六，豈甘作一世鰥獨，寧無故土之思？」[54]一六八二年（康熙二十一年），施琅所奏請之〈決計進剿疏〉言及澎湖情形亦云：「劉國軒、林陞、江欽等，共賊衆六千餘，內有家眷舊賊約二千名，其餘俱係無眷口新附之衆。」[55]可見男女性別比例的不均衡。

臺灣入清版圖之後，清廷雖撤消海禁令，但赴臺者却不許攜眷，已入臺者也不許招致家眷。清廷此一規定，雖甚奇特且不近人情，然自有其用意：一、使其有所顧慮，不敢在臺灣爲非作歹，有軌外行動；否則，就要牽連到留居內地的家眷。二、使其有所戀念，不易在臺灣永久安居落戶，生養孳息；必須於春耕時前往，秋收後回籍[56]。在此種限制之下，在臺灣的漢人遂多爲年輕力壯之男子，老弱婦孺絕少，人口組合至爲異常。總計自清人平臺至雍正初年的四十餘年間，除開發歷史較久的臺灣縣，人口組合稍近正常外，其餘新開墾地區，男多女少之情形，仍甚顯著。藍鼎元的〈經理臺灣疏〉云：「統計臺灣一府，惟中路臺邑所屬，有夫妻子女之人民。自北路諸羅、彰化以上，淡水、鷄籠、山後千有餘里，通共婦女不及數百人；南路鳳山、新園、瑯璚以下四五百里，婦女亦不及數百人。」[57]此外，一七一七年（康熙五十六年）纂修完成的《諸羅縣志》對該縣的男女人口比例，以及造成之原因亦記載云：「男多於女，有村莊數百人而無一眷口者。蓋內地各津渡婦女之禁既嚴，娶一婦動費百金；故莊客佃丁稍有贏餘，復其邦族矣。或無家可歸，乃於此置室，大半皆再醮、遺妾、出婢也。臺無愆期不出之婢。」[58]

一七二一年（康熙六十年），清廷派兵平定「朱一貴事變」期間，藍鼎元曾記錄諸羅縣境「大埔莊」的人口組合云：「十八重溪在哆囉嘓之東，去諸羅邑治五十里。……其中爲大埔莊，土頗寬曠。……未亂時，人煙差盛，今居民七十九家，計二百五十七人，多潮籍，無土著，或有漳泉人雜其間，猶未及十分之一也。中有女眷者一人，年六十以上者六人，十六以下者無一人。皆丁壯力農，無妻室，無老耆幼稚。」[59]藍氏上述所記載大埔莊之人口組合異常情形，雖係一特殊之個案，但亦足以說明在渡臺禁令的管制之下，新招墾地區之人口組合，實不易維持正常。

異常的人口組合，自然無法形成正常的社會。男女性別比例既甚爲懸殊，婦女身價甚高，婚姻論財遂不能免[60]，貧窮之子因此不易婚媾[61]。清代臺灣社會「羅漢脚」（流浪漢）充斥，當與此風氣有關。同時，由於未能成家的青壯男子多，家族血緣關係少，除因而易於形成以地緣爲基礎的結合關係，造成強烈的分類意識外[62]，自亦需與異姓協力團結，結拜或結盟之風，即由此而起。《諸羅縣志》云：「尚結盟，不拘年齒，推能有力者爲大哥；一年少者殿後，曰尾弟。歃血而盟，相稱以行次。家之婦女亦伯叔稱之，出入不相避；多凶終隙末及閨閣藏垢者。」[63]羅漢脚充斥，「遊手日多，輾轉聚處。倡亂之姦民甫十數人，附和即可千百。」[64]加上結拜或結盟之風，「歃血而盟」，肝膽相照，赴湯蹈火，皆所不辭，此乃清代臺灣社會時生動亂的原因之一。

(三) 形成偷渡之風

渡臺禁令的實施，其另一影響是形成偷渡之風。由於渡臺禁令種種不合理的規定，對閩粵地區居民渡臺多所限制，大陸與臺灣之間人民的自由往來因而受阻；但在高人口壓力之下，不少人仍被迫鋌而走險，未辦理渡臺領照手續，即行偷渡來臺，造成大陸與臺灣海防的嚴重漏洞[65]。

一六八四年（康熙二十三年），渡臺禁令頒行之初，即有偷渡情事，但初時尚不嚴重。一七一二年（康熙五十一年）以降，屢次重申禁令，此即偷渡者衆多之明證。嗣後隨著閩粵人口壓力之增加，偷渡問題亦漸趨嚴重。據一七六〇年（乾隆二十五年）福建巡撫吳士功〈題准臺民搬眷過臺疏〉稱：「例禁雖嚴，而偷渡者接踵。臣與督臣俱令先後查拏，或偷渡不成而被獲，或出港遇風而退回，計自乾隆二十三年十二月起，至二十四年十月止，一載之中，共盤獲偷渡民人二十五案，老幼男婦九百九十九口；內溺斃男婦三十四口，其餘均經訊明，分別遞回原籍。其已經發覺者如此；其私自過臺，在海洋被害者，恐不知凡幾。」[66]可見偷渡問題的嚴重。

當時閩粵人民的偷渡來臺，厦門是其總路。又有自小港偷上舡者，如曾厝垵、白石頭、大擔、南山邊、鎮海、岐尾；或由劉武店至金門、料羅、金龜尾、安海、東石，每乘小漁船私上大船。至於偷渡者之入臺，則臺灣西部海岸之各港澳，北自雞籠八尺門（今基隆港），南迄瑯璚後灣仔（今恆春南灣），以及東部海岸之蛤仔難及釣魚臺等較大港口，潛渡流民之足跡幾已遍及各地。

由於偷渡非官府所允許，於是內地窮民在臺營生之父母妻子急欲赴臺就養者，不得已乃群賄船戶，頂冒水手姓名，用小漁船夜載出口，私上大船，輾轉偷渡入臺。其間，不少招引包攬偷渡者之船戶客頭，往往昧著良心，對偷渡者予取予求，如《重修臺灣縣志》所稱：「更有客頭串同習水積匪，用濕漏小船，收載數百人，擠入艙中，將艙蓋封頂，不使上下；乘黑夜出洋，偶值風濤，盡入魚腹。比到岸，恐人知覺，遇有沙汕，輒趕騙離船，名曰放生。沙汕斷頭，距岸尚遠，行至深處，全身陷入泥淖中，名曰種芋。或潮流適漲，隨波漂溺，名曰餌魚。」[67]種種人間不幸慘劇，因此接連發生。而有關偷渡之事，已有「放生」、「種芋」、「餌魚」等隱語出現，亦可見當時偷渡之盛。

六、結論

統治政策的目標，一般而言，大抵在求「國家的生存與發展」；露骨地說，則在「鞏固政權」[68]。臺灣位處中國大陸東南海上，是清朝的一個後開發地區，因此清代治臺政策應以謀求臺灣的安定，並促進臺灣的開發爲首要目標；唯就清代治臺政策的設計，渡臺禁令的實施，以及渡臺禁令的影響而言，顯然並未達成既有的目標，值得吾人深入檢討。

從前述的論述中可知，一六八三年清廷平定臺灣，當時所以會對臺灣的棄留發生很大的爭議，乃因清廷中央與地方官員對臺灣地位與海防的重要性，均缺乏眞正的了解；即使時年三十，年富力強的康熙皇帝也不例外。康熙皇帝雖嘉勉施琅平臺的大功，對施琅及其他有功人員的封賞獎勵均極爲優渥，但對臺灣的納入版土，仍有「臺灣僅彈丸之地，得之無所加，不得無所損」之語。臺灣的終於納入中國版圖，端賴平臺統帥施琅的力爭，他在有名的〈恭陳臺灣棄留疏〉中，剴切說明輕棄臺灣，僅守澎湖之不當，以及臺灣關係東南各省海防的重大。施琅此一奏請，不但促使清廷對臺灣的實況獲得進一步的認識，也消除了清廷的疑慮，不再誤以爲臺灣爲逋逃之淵藪，棄臺之說才成爲過去。但因施琅的力求保留臺灣，純係就海防著眼，僅爲東南沿海各省的安全而已，並無積極經營臺灣之意；而清廷的接受施琅的建議，將臺灣納入版圖，也是基於同一觀點，亦即非爲理臺而治臺，乃爲防臺而治臺，所以其治臺、政策的設計，可說一開始便有偏差，實行一種被動防制的消極政策，結果清代治臺遂成閉鎖的格局，無法成爲開展的局面。

清廷被動防制消極政策的最具體表現，就是渡臺禁令的實施。渡臺禁令自一六八四年頒佈，至一八七五年廢止，總共施行了一百九十餘年。其間雖幾度對攜眷搬眷入臺的限制，作有限度的放寬，但因清廷的決策始終在禁弛之間徘徊，且限制內地人民渡臺的禁令長斯存在，因而使得清代治臺政策顯得相當僵化，所以一七二一年「朱一貴事變」平定之後，清廷一度又興起棄臺的打算，經藍鼎元的力爭始作罷論[69]。相隔四十年的兩次棄臺之說，充分顯示清政權的陸權性格，對海洋的忽視與排斥。

渡臺禁令的長期實施，限制大陸與臺灣之間人民的自由往來，對清代臺灣的影響很大。首先，就對臺灣經濟的影響而言，是延遲臺灣的開發。清人平臺以前，臺灣曾經荷蘭人和明鄭的統治，當時因荷蘭人和明鄭皆極力獎勵漢人移墾臺灣，所以開發甚速。但清廷平臺之後，卻反其道而行，不僅多方限制內地人民渡臺，更把部份原居臺灣的官民內遷，以致造成「人去業荒」的現象，其延遲臺灣的開發，實甚顯著。其次，就對臺灣社會的影響而言，是形成嚴重的社會問題。由於渡臺禁令限制人民攜眷入臺，因而社會青壯男子多，婦女絕少，人口組合至爲異常，社會風氣亦不易導正，長期呈現移墾社會的特徵⑩。清代臺灣社會時生動亂，當與人口組合及社會風氣密不可分。可見清廷的消極防制政策，不但未能防止臺灣社會問題的發生，反而是形成嚴重社會問題的根源。

另外，就對大陸與臺灣的海防而言，渡臺禁令雖對閩粵人民渡臺多所限制，但在高人口壓力之下，不少人乃被迫鋌而走險，未辦理領照手續，即行偷渡至臺，因而形成偷渡之風，造成嚴重的海防問題。清廷以海防安全理由而頒行渡臺禁令，結果却導致海防問題，足證其治臺政策確有可議之處。

附註

❶ 見陳紹馨纂修，《臺灣省通志稿》卷二人民志人口篇，頁三二，臺灣省文獻委員會發行，一九六四年六月。

❷ 同前註，頁三六－七。又參閱陳紹馨，〈西荷殖民主義下菲島與臺灣之福建移民〉，收入陳著《臺灣的人口變遷與社會變遷》，頁二五－七，聯經出版事業公司出版，一九七九年五月初版。又參閱曹永和，〈明代臺灣漁業誌略〉，收入曹著《臺灣早期歷史研究》，頁一五八－七三，聯經出版事業公司出版，一九七九年七月初版。另參閱許瑞浩，《清初限制渡臺政策下的閩南人移民活動》，國立臺灣大學歷史研究所碩士論文，頁七九，一九八八年六月。

❸ 根據陳紹馨的研究，在臺漢人總數至一六六一年，可能已達三萬四千人，其中包括婦孺九千人，壯丁二萬五千人，此為荷蘭重商主義下，漢人人口之最大數目。見陳著，〈西荷殖民主義下菲島與臺灣之福建移民〉，前引書，頁二九－三二。

❹ 見許瑞浩，前引文，頁七九－八〇。

❺ 見曹永和，〈荷據時期臺灣開發史略〉，前引書，頁六五。又參閱陳其南，《臺灣的傳統中國社會》，頁一九，允晨文化公司出版，一九八七年三月，臺北。

❻ 關於施琅降清的時間，史籍記載頗多出入，導致史學界對施琅降清的次數也有不同看法。考之有關資料，當以兩次降清說為是。見施偉青，《施琅評傳》，頁一三，厦門大學出版社發行，一九八七年七月第一版。

❼ 同前註，頁一五。

❽ 見沈雲，《臺灣鄭氏始末》，頁一四，臺灣文獻叢刊第一五種，臺灣銀行經濟研究室編印，一九五八年

六月，臺北。

⑨ 見黃宗羲，《賜姓始末》，頁一七，臺灣文獻叢刊第二五種，一九五八年九月。

⑩ 施琅雖有軍功，但頗恃才而倨。有標兵得罪，逃於成功，施琅捕治之。鄭成功馳令勿殺，施琅已斬之，因此發生誤會。同前註。

⑪ 見施德馨，〈襄壯公傳〉，收入施琅《靖海紀事》，頁二六，臺灣文獻叢刊第一三種，一九五八年二月。

⑫ 見連橫《臺灣通史》卷三〇列傳二〈施琅列傳〉。

⑬ 見施琅，〈邊患宜靖疏〉、〈盡陳所見疏〉，收入《靖海紀事》，頁一－八。

⑭ 參閱張炎憲，〈清代治臺政策之研究〉，頁一，臺灣大學歷史研究所碩士論文，一九七四年六月。

⑮ 見孔立，〈康熙二十二年：臺灣的歷史地位〉，《臺灣研究集刊》一九八三年第二期，頁五七，廈門大學臺灣研究所出版。

⑯ 見《大清聖祖仁（康熙）皇帝實錄》卷一百十一，康熙二十二年七月丙申條，頁一〇。

⑰ 同前註，卷一百十二，康熙二十二年十月丁未條，頁二一。

⑱ 見郭廷以，《臺灣史事概說》，頁九一－二，正中書局發行，一九五四年三月臺初版，臺北。

⑲ 見施琅，〈恭陳臺灣棄留疏〉，收入《靖海紀事》下卷，頁五九－六二。

⑳ 見林其泉，〈施琅與清初治臺政策〉，《臺灣研究集刊》一九八四年第一期，頁五〇。

㉑ 見周蔭恩，《臺灣郡縣建置志》，頁七二，正中書局發行，一九四五年十一月滬一版，上海。

㉒ 同⑳。

㉓ 見張菼，〈清代初期治臺政策的檢討〉，臺灣文獻第二十一卷第一期，頁二二－三五，一九七〇年三月。又參閱張世賢，《晚清治臺政策（一八七四－一八九五）》，頁三二三－四，中國學術獎助委員會出版，一九七八年六月初版，臺北。

㉔ 見《大清世祖章（順治）皇帝實錄》卷一百二，順治十三年六月癸巳條，頁一〇。

㉕ 同⑯，卷四，順治十八年八月己未條，頁一〇。

㉖ 見席裕福纂修，《皇朝政典類纂》卷三百八十八〈刑〉二十〈兵律關津〉，頁一二。

㉗ 見夏琳，《閩海紀要》上卷，頁二八，臺灣文獻叢刊第一一種，一九五八年四月。

㉘ 見沈雲，前揭《臺灣鄭氏始末》，頁五二。

㉙ 見江日昇，《臺灣外記》（第二冊），頁二〇七，臺灣文獻叢刊第六〇種，一九六〇年五月。

㉚ 見浦廉一著、賴永祥譯，〈清初遷界令考〉，臺灣文獻第六卷第四期，頁一一七，一九五五年十二月。關於清初遷界的影響，另請參考：一、謝國楨，〈清初東南沿海遷界考〉，收入氏著《明清之際黨社運動考》，頁三〇八—三二四，臺灣商務印書館人人文庫，一九六七年一月臺一版，臺北；二、蘇梅芳，〈清初遷界事件之研究〉，國立成功大學歷史學報第五期，頁三九五—四一二，一九七八年，臺灣臺南。

㉛ 見陳紹馨纂修，《臺灣省通志稿》卷二人民志人口篇，頁一二〇，臺灣省文獻委員會發行，一九六四年六月，臺北。又當時對往來大陸與臺灣之間船隻與人民的驗可放行，規制綦嚴。往來兩地的臺屬商船多在漳、泉製造，竣工之日，稟請地方官查驗，經官府核准後烙印，取具澳里族鄰具結，給付照票，始得航海，從事渡臺貿易。其船照內，載明船戶、舵工、水手等之姓名、年齡、容貌、箕斗、籍貫於航帆兩旁，大書縣名、字號及船戶姓名，並定規程如下：一、商船之欲到臺灣者，須稟請原籍地方官，取具無違禁制結狀，給其照票。二、當商船出入正口，海防同知稽查掛驗舵工水手之年齡、容貌、箕斗、籍貫及船客之姓名、籍貫，並所積載貨物違例否，然後放行。三、私煮與販臺產硝磺及合製火藥，照私鑄炮位例。若與生番交易，或偷漏出海者，以通賊罪論。海防同知稽查船隻有文武二口：文口專查驗船籍、船員、搭客及載貨等，初設於西定坊，後移安平；武口由水師汛弁臨驗船隻出入，設於臺江口鹿耳門。以上見趙良驤纂修，《臺灣省通志稿》卷三政事志防戍篇，頁六七—八，一九五九年六月。

㉜ 見陳紹馨纂修，前揭《臺灣省通志稿》卷二人民志人口篇，頁一二一。

㉝ 見范咸重修，《重修臺灣府志》卷十一〈武備〉（三）〈義民〉，頁三六三，臺灣文獻叢刊第一〇五種，

一九六一年十一月。

㉞ 見藍鼎元，〈粤中風聞臺灣事論〉，收入《平臺紀略》附錄，頁六三，臺灣文獻叢刊第一四種，一九五八年四月。

㉟ 參閱莊金德整修，《臺灣省通志》卷二人民志人口篇，頁九九—一〇〇，一九七二年六月，臺灣臺中。

㊱ 同前註，頁一〇〇。又參閱許瑞浩，前引文，頁一九—二一。

㊲ 見藍鼎元，〈與吳觀察論治臺灣事宜書〉，前揭《平臺紀略》附錄，頁五二。又閱於藍鼎元的治臺主張，請參閱黃秀政，〈論藍鼎元的積極治臺主張〉，臺灣文獻第二十八卷第二期，頁一〇九—一二〇，一九七七年六月。

㊳ 見《大清世宗憲（雍正）皇帝實錄》卷六十一，雍正五年九月庚辰條，頁三二。

㊴ 同前註，頁三二—三。又參閱莊金德，〈清初嚴禁沿海人民偷渡來臺始末（上）〉，臺灣文獻第十五卷第三期，頁四，一九六四年九月。

㊵ 見中央研究院歷史語言研究所編輯，《明清史料》戊編第二本，禮部〈爲內閣抄出福建巡撫吳奏〉移會，頁一〇七。

㊶ 同前註。

㊷ 所謂〈官渡〉，係指經由政府准予開設的正口出入，如當時之鹿耳門、鹿仔港、八里坌等三口。見莊金德，〈清初嚴禁沿海人民偷渡來臺始末（下）〉，臺灣文獻第十五卷第四期，頁四七，一九六四年十二月。

㊸ 同㉟，頁一〇〇。

㊹ 見《大清德宗景（光緒）皇帝實錄》卷三，光緒元年正月戊申條，頁四—五。

㊺ 見陳世慶整修，《臺灣省通志》卷四經濟志綜說篇，頁一七，一九七一年六月。

㊻ 同前註，頁二六。

47 見阮旻錫，《海上見聞錄》卷二，頁三九，臺灣文獻叢刊第二四種，一九五八年八月。

48 見沈雲，前揭《臺灣鄭氏始末》，頁五二。

49 見王瑛曾重修，《重修鳳山縣志》卷一輿地志建置沿革，頁五，臺灣文獻叢刊第一四六種，一九六二年十二月。

50 見周鍾瑄纂修，《諸羅縣志》卷一封域志建置，頁五，臺灣文獻叢刊第一四一種，一九六二年十二月。

51 關於清初閩粵地區的人口壓力，請參閱羅爾綱，〈太平天國革命前的人口壓迫問題〉，收入《中國近代史論叢》第二輯第二冊，頁一六一—八七，正中書局發行，一九六七年十月臺二版。又參閱陳紹馨纂修，前揭《臺灣省通志稿》卷二人民志人口篇，頁二二—二七。

52 見施琅，〈壤地初闢疏〉，前揭《靖海紀事》下卷，頁六七。

53 同前註。

54 見施琅，〈盡陳所見疏〉，前引書，頁六。

55 見施琅，〈決計進剿疏〉，前引書，頁一五。

56 參閱莊金德，前揭〈清初嚴禁沿海人民偸渡來臺始末(上)〉，頁二。

57 見藍鼎元，〈經理臺灣疏〉，前揭《平臺紀略》附錄，頁六七。

58 同50，卷十二雜記志外紀，頁二九二。

59 見藍鼎元，〈紀十八重溪示諸將弁〉，《東征集》卷六，頁八三，臺灣文獻叢刊第一二種，一九五八年二月。

60 關於婚姻論財情形，《臺灣縣志》曾有詳細的記載：「臺之婚姻，先議聘儀，大率以上、中、下禮爲準：其上者無論；即下者，亦至三十餘金、綢綾，疋數不等，少者亦以六疋爲差送之儀，非十四、五金不可。在富豪之家，從俗無難；貧窮之子，其何以堪？故有年四旬餘而未授室者，大抵皆由於此也。」見陳文達纂修，《臺灣縣志》輿地志(一)風俗，頁五四，臺灣文獻叢刊第一〇三種，一九六一年六月。

61 貧窮之子既不易婚媾，在「不孝有三，無後爲大」的傳統觀念之下，養子之風因而相當盛行。其情形有如《諸羅縣志》的記載：「自襁褓而育之者，曰螟蛉。臺俗八、九歲至十五、六，皆購爲己子。更有年未衰而不娶，忽授壯夫爲子，授之室而承其祀。」見周鍾瑄纂修，前引書，卷八風俗志雜俗，頁一四八。

62 清代臺灣的分類意識，係表現在同籍聚落的普遍建立等社會行爲上。同籍聚落團結互保，地域觀念非常強烈，其情形正如藍鼎元「諭閩粵民人」一文所指出的：「漳、泉百姓但知漳泉是親，客莊居民又但知客民是親。」（見藍氏，前揭《東征集》，卷五，頁八一）因此，有清一代臺灣的分類械鬥事件層出不窮，是造成清代臺灣社會動亂不安的因素之一。參閱黃秀政，〈清代臺灣的分類械鬥事件〉，國立中興大學文史學報第九期，頁一一七—一五三，一九七九年六月；又參閱戴炎輝，《清代臺灣的鄉治》，頁二九八—三〇三，聯經出版事業公司出版，一九七九年。

63 同㊿，卷八風俗志雜志，頁一四七。

64 見姚瑩，〈飭嘉義縣收養游民札〉，收入《中復堂選集》卷二，頁一八五，臺灣文獻叢刊第八三種，一九六〇年九月。

65 參閱莊吉發〈清初閩粵人口壓迫與偷渡臺灣〉，大陸雜誌第六十卷第一期，頁二五—三三，一九八〇年一月。

66 同㊵，頁一〇八。

67 見王必昌纂修，《重修臺灣縣志》卷二山水志海道，頁六九，臺灣文獻叢刊第一一三種，一九六一年十一月。

68 見張世賢，前揭《晚清治臺政策》，頁四。

69 參閱黃秀政，前揭〈論藍鼎元的積極治臺主張〉，頁一〇九—一二〇。

70 關於清代臺灣的移墾社會特徵，請參閱李國祁，〈清代臺灣社會的轉型〉，收入《臺北市耆老會談專集》，頁二五一—二七九，臺北市文獻委員會編印，一九七九年九月。

附記：本文曾於一九八九年四月在香港大學亞洲研究中心主辦的「亞太地區地方文獻研討會」宣讀；發表後，並獲七十九學年度行政院國家科學委員會獎助，特此致謝。

（國立中興大學文史學報第二十期，民國七十九年三月，臺灣臺中）

臺灣武裝抗日運動

——研究與史料（一八九五—一九一五）

一、引言

近代以來，臺灣由於地理環境特殊，常遭致外國的覬覦和入侵❶。十七世紀三十年代，荷蘭和西班牙曾分別入佔臺灣南部和北部，爲時達三十餘年❷。荷西入佔臺灣之時，臺灣雖已是爲數達三百餘社的原住民和數萬漢人生息之地，但他們缺乏組織，因此對外力的入侵未能予以有力的抵抗。惟十九世紀末葉至二十世紀中葉的五十年間（一八九五—一九四五），日本雖然根據中日馬關條約割讓臺灣的條款派兵佔領臺灣，但是臺灣已是我三百萬住民安身立命之所，臺灣住民義不臣倭，誓不爲倭民，起先曾以武裝力量抗拒日本的佔據，給予日本統治當局以嚴重的挑戰。武裝抗日運動失敗之後，臺灣住民繼之以政治運動的方式抗日，從未稍懈，此即所謂的近代臺灣民族運動。可以說，終日本據臺五十年間，臺民從未停止抗日的運動。

臺灣住民的抗日運動，是近代臺灣史上至爲重要的一部份；惟有關此一運動的研究與史料，似尚未有人作過系統的介紹，使得有志於研究此一史實者每苦於暗中摸索和嘗試錯誤，而浪費不少的時間和精神。本文的撰寫，乃在試圖對臺灣住民武裝抗日運動的史實，就歷來學者的研究概況，以及有關史料的整理、刊佈與收藏情形，作一初步的介紹，以供學界的參考。但因個人才疏學淺，見聞不廣，疏漏必多，甚盼學者專家不吝賜正補充，以匡不逮。

二、武裝抗日運動的分期

日據時期臺灣住民的抗日運動，似可以一九一五年的「西來庵事件」為界限，而劃分為前後兩期：前期自一八九五年至一九一五年，為期二十年，是武裝抗日運動時期；後期自一九一五年至一九四五年，長達三十年，為政治抗日運動時期❸。政治抗日運動亦稱非武裝抗日運動，因非本文介紹之範圍，故以下僅就武裝抗日運動再作進一步的分期，並就各期重要史事略作說明。

為期二十年的武裝抗日運動，一般多以一九〇二年臺灣總督府派軍突襲已「歸順」日本的林少貓，並消滅雲林地區的抗日義民為界限，再劃分為兩個階段❹。茲分述如下：

㈠第一階段——本階段為保土衛國而戰時期，先是「臺灣民主國」的抗日，接著是黑旗軍與義軍的並肩作戰，最後是義民的紛起抗日，前後七年。其經過情形如下：

(1)「臺灣民主國」的抗日：自一八九五年五月二十五日「臺灣民主國」成立，至六月六日「臺灣民主國總統」唐景崧潛逃廈門，前後僅十三天。這是官紳和清軍結合的北部抗日戰爭，其領導人物為丘逢甲、陳季同、唐景崧、林朝棟、林維源等人。他們成立「臺灣民主國」

以獨立自救，商結外援，雖則主事者多臨陣而逃，抗日無功，而未能挽回割臺的命運，但此一行動也表達了臺灣官民反對割讓的心聲。

⑵黑旗軍與義軍並肩作戰：自一八九五年六月八日日軍進入臺北城，至同年十月二十一日臺南城淪陷，共計四個多月。這是黑旗軍和中南部義軍並肩作戰的時期，由黑旗軍領袖劉永福主持全局，義軍領袖姜紹祖、吳湯興、吳彭年、徐驤、簡成功等人指揮各地的戰役，其戰鬥之壯烈，遠非北部的官紳和清軍結合的抗日戰爭可比，軍民的奮勇抵抗，充分表現出不屈不撓的民族精神。

⑶義民的紛起抗日：一八九五年十月，日軍雖入臺南城，暫時壓制黑旗軍和義軍的抵抗，但不旋踵，義民卽紛起抗日。其重要人物北部爲陳秋菊、胡嘉猷、林大北、林李成、簡大獅等；中部爲簡義、柯鐵、張呂赤等；南部爲黃國鎭、陳發、阮振、林少貓等。他們有組織、有聯繫，曾接連重創日軍，給予日本統治當局莫大的困擾。直至第四任臺灣總督兒玉源太郎起用後藤新平爲民政長官，出現所謂「兒玉、後藤體制」❺，軟硬兼施，終於在一九〇二年結束初期的武裝抗日運動。

㈡第二階段——本階段自一九〇二年至一九一五年，計十三年，是民族革命起義時期。其中，苗栗事件與中國革命運動的關係最爲密切❻。茲根據臺灣省文獻委員會出版的《臺灣前期武裝抗日運動有關檔案》（程大學編譯）、《羅福星抗日革命案全檔》（莊金德、賀嗣章編譯）和《余淸芳抗日革命案全檔》（程大學、王詩琅、吳家憲等編譯）等書，將各事件的發生時間、地點和領導人等略述於後：

⑴北埔事件：一九〇七年十一月，發生於新竹廳北埔支廳，領導人爲蔡清琳。本事件歷時數日，曾殺死北埔支廳長渡邊龜作等五十七位日本官民，另傷五（六）名。

⑵林圯埔事件：一九一二年三月，劉乾、林啓禎等人因竹林採伐問題，率衆襲擊南投廳林圯埔支廳頂林庄警察派出所，殺死日本巡查（警察）數人，歷時近二十日，失敗被殺。

⑶苗栗事件：一九一三年三月，羅福星在新竹廳苗栗一堡秘密組織中華革命黨支部，結合同志，密謀大舉起事。可惜爲日警偵知，同年十二月羅福星被捕於淡水，另有同志五百餘人亦先後被補。同一情形的，除羅福星事件外，尚有關帝廟事件（首領李阿齊）、東勢角事件（首領賴來）、大甲及大湖事件（首領張火爐）、南投事件（首領沈阿榮）等，其結合狀態及目的均相同。上述事件，因一併審理於苗栗臨時法院，故總稱苗栗事件。

⑷新庄事件：臺北廳新庄支廳的楊臨，於一九一五年春開始吸收同志，計劃於是年農曆七月十五日晚上襲擊新庄支廳，盡殺日人，但爲其同謀詹藤所出賣，被捕者計楊臨等七十人。

⑸西來庵事件：西來庵事件的主要人物包括余清芳、江定和羅俊三人。他們以臺南市的西來庵爲籌謀抗日革命的基地，並利用各地齋堂，假借宗教信仰，宣傳日人暴政，藉以喚醒民族意識。待時機成熟，遂於一九一五年七月，率領黨徒向臺南廳甲仙埔支廳和噍吧哖支廳的警察派出所猛攻，爆發所謂「西來庵事件」。事經數月，始爲擁有優勢火力的日本警察隊和臺南守備隊所敗。本事件死難及被捕的人數之多，均屬空前，而日人大肆屠殺噍吧哖一帶的居民，亦使本抗日事件增加其悲慘性格，故有「噍吧哖慘案」之稱。

三、武裝抗日運動研究的概況

臺灣住民的武裝抗日運動，雖然發生於日據初期的二十年間（一八九五—一九一五），但有關該一運動的研究，似遲至民國三十四年台灣光復以後才受到應有的重視。

臺灣光復以後，由於台灣總督府統治的告終，不再有研究上的禁忌；加以有關檔案或訪問紀錄的整理與刋佈，使得關心該一運動的中外學者乃得據以研究，而獲得相當可觀的研究成果。以下試分就中文、日文和西文三方面，將有關的專著和論文，簡介於後：

(一) 中文部份

一九二五年，漢人（黃玉齋）所編著的《臺灣革命史》，似爲第一部臺灣武裝抗日運動的中文著作。漢人鑑於日本據臺後的臺灣史一片空白，有的只是「日本殖民發達史而已」❼，因此誓願致力搜集有關抗日運動的宣言書（諭告文）、傳單、祈禱文、詩文、自傳等史料，從事臺灣革命史的編撰，經七年之努力，終於在南京出版此一專著。全書共有十九章：一、導言，二、林大北的革命，三、劉德杓的革命，四、陳發的革命，五、詹阿瑞的革命，六、初期革命的結論，七、蔡清琳的革命，八、劉乾的革命，九、黃朝的革命，十、陳阿榮的革命，十一、羅福星的大革命，十二、張火爐的革命，十三、李阿齊的革命，十四、賴來的革命，十五、羅阿頭的革命，十六、余清芳的大革命，十七、中期革命結論，十八、臺灣最近的革命運動，十九、下期革命結論。其組織雖嫌鬆懈，行文不夠嚴謹，而史料的考證也甚粗疏，唯因係創始之作，其華路襤褸之功，自不可沒。

臺灣光復以後，陳漢光首先於民國三十七年出版《臺灣抗日史》，由守堅藏書室出版。陳著敍述臺灣抗日，始於一八九四年的甲午備戰，終於翌年臺南城的失守，是有關「臺灣民主國」的抗日，以及黑旗軍與義軍並肩作戰的著作。隨後，方豪於民國四十年出版《臺灣民族運動小史》，正中書局發行。方著係臺灣民族運動的通史之作，其第五章〈臺灣的武裝抗日〉爲武裝抗日運動的部份。

近三十年來，從事武裝抗日運動研究和介紹的文獻界先進爲數不少，其中成就較著者計有曾迺碩、程大學、王詩琅、張雄潮等人。曾迺碩先後在臺北文物、臺灣文獻等刋物發表〈『民主國』考證〉、〈唐景崧之防臺奏電〉、〈割臺之諫阻〉、〈臺澎交接文獻之校訂〉、〈議和書正誤〉、〈吳湯興事蹟考證〉、〈丘逢甲事蹟考證〉、〈張之洞與拒日保臺〉、〈翁同龢有關割臺記事〉和〈乙未陽曆元旦義軍會攻臺北城〉等論文，這是有關乙未武裝抗日運動的一系列研究，甚具參考價值。這些論文，數年前已彙輯爲《乙未拒日保台運動》論文集，由臺灣史蹟源流研究會出版，未署出版時間。另外，曾氏又在文藝復興、南瀛文獻、臺北文物、臺灣文獻等刋物發表〈乙卯余、羅、江之恢復臺灣運動（上、下）〉、〈李阿齊領導之抗日運動〉等有關武裝抗日運動的論文多篇，詳見《乙未拒日保臺運動》附錄〈曾迺碩臺灣史事著作目錄〉，茲不贅述。

程大學現任臺灣省文獻委員會委員，他對武裝抗日運動史的研究，據筆者所知，專著有

《余淸芳傳》——臺灣省文獻委員會編印的《臺灣先賢先烈專輯》第二輯，爲「西來庵事件」之重要文獻與研究，民國六十七年印行；論文有〈臺灣的先賢先烈〉，這是近年來程氏在「臺灣史蹟源流研究會」的講義。另外，程氏自《臺灣總督府公文類纂》翻譯、整理不少武裝抗日運動史料，陸續由臺灣省文獻委員會印行，嘉惠學子不淺。參見本文下一部份「史料」之介紹。

王詩琅爲日據時期臺灣新文學運動的重要作家，也是臺灣文獻界的先進，他在臺灣風物、臺北文物等刊物陸續發表〈乙未臺民的抗日戰〉、〈臺灣武裝抗日史序說〉、〈全臺的武裝抗日戰〉等二十餘篇討論武裝抗日運動的論文。王氏這些論文，篇幅多不長，但屢有創見，對初學者頗多啓示。上述諸文已收入王氏編著的《日本殖民地體制下的臺灣》一書中，於民國六十九年由衆文圖書公司印行。張雄潮有關武裝抗日運動研究的論文，根據筆者手邊資料，共有發表在臺灣文獻的〈唐景崧抗日之心迹及其奏電存稿〉（第十六卷第一期）、〈苗栗抗日英烈三秀才〉（第十七卷第一期）、〈臺灣乙未抗日死難五統領〉（第十七卷第二期）、〈光緒乙未廷臣疆吏諫阻割臺的幾個論調〉（第十八卷第一期）等四篇論文。上述論文中，第一篇係節敍唐景崧的防臺與抗日經過，列舉各史家的評騭，及唐氏爲防臺抗日與諫阻割臺的前後奏電，並從中論述其抗日才略與處境心迹，從而說明唐氏處境的困惑與其心迹的值得原諒❽。第二篇敍述乙未臺灣抗日之時，苗栗地區的三位秀才：吳湯興、姜紹祖和徐驤的英勇抗日及其死難經過，以表彰其英烈，並供關心臺灣抗日史者之參證。第三篇旨在敍述乙未臺灣抗日的五位統領：楊載雲、吳彭年、楊泗洪、蕭三發和柏正材的抗日事略及其死難經過，藉以表揚孤忠，並說明乙未臺灣中南部抗日的幾個階段。第四篇則為比較分析光緒乙未廷臣疆吏諫阻割臺的幾種調論，並批評清廷之終未能採納，實不免偷安之譏。

對乙未「臺灣民主國」抗日作過專題研究的學者，主要有梁華璜、李孟晉、吳水吉、晨風、莊金德、吳密察、施家順和陳偉芳等人。梁華璜現任國立成功大學歷史系教授，其專著《光緒乙未臺灣的交割與保臺》，於民國六十三年由庚子出版社印行❾。梁氏就日文資料和中文資料互相參證，頗能兼顧史料的周延和平衡，其探討的問題主要包括：一、李鴻章之子李經方的行徑，二、「臺灣民主國」的經過，三、保臺與抗日，四、臺灣義民（軍）的抗日與劉永福的地位（見該書前言）。這是目前國內有關「臺灣民主國」研究較為深入的論文。另外，梁氏於一九六八年、民國六十四年分別在南洋大學學報發表〈近代日本南進的序幕：中日戰爭與割讓臺灣〉（第二期）、臺灣文獻發表〈甲午戰爭前日本併吞臺灣的醞釀及其動機〉（第廿六卷第二期），皆頗具學術參考價值。

李孟晉和吳水吉分別以〈乙未臺灣民主國及其影響〉和〈從乙未臺灣抗日運動看臺灣民族運動之性質〉論文，獲得珠海書院中國歷史研究所（民國六十三年）、私立中國文化學院史學研究所（民國六十五年）的碩士學位。本文共分五章：一、甲午前日本覬覦臺灣之一端，二、甲午中日戰爭與臺澎，三、割臺之諫阻與臺灣官民奮鬥的經過，四、臺灣民主國，五、結語；吳文共分八章：一、緒論，二、清廷於甲午戰前之臺灣經營，三、馬關議和日使強索臺灣之特殊背景及割臺條款之簽訂，四、清廷朝野反對割臺之風潮，五、乙未抗日組織成立之背景及其成立之經過，六、乙未臺灣抗日運動之經緯，七、從乙未臺灣抗日運動看臺灣民族運動之性質，八、結論。它們是香港和臺灣地區以「臺灣民主國」研究獲得學位的兩篇論文。

晨風於民國三十六年在廣州私立嶺南大學學報發表〈一八九五年臺灣民主運動失敗之原因〉（第七卷第一期）一文，是早期有關「臺灣民主國」的論文。該文指出：「臺灣民主國的所以失敗，……運動不植基於民心，而欲借助外力，根本已屬錯誤。領導方面，文武官吏俱陷動搖。對軍事之廢弛，財政之混亂，絕無補救。紳士方面，有持觀望態度之一派如林維源等，後卒與日本合作。其能如丘逢甲、許南英等之始終表示反抗者，已十無二、三。唯農民方面，雖土客間有爭執，尚能同仇敵愾，憑據地利，稍與日軍以創傷，不致如正規軍之甫戰即潰耳。」⑩莊金德於民國五十六年在臺灣文獻發表〈乙未割臺前後朝野的諍諫與臺灣官民奮鬥的經過〉（第十八卷第三期）一文，該文係根據有關檔案中的原始史料，就乙未割臺前後舉國朝野的諍議與諫阻、臺灣官民的反對與奮鬥、爭取列強的援助與保臺等，作系統的整理與敍述，俾助讀者對該一史事的了解。吳密察於民國七十年在臺大歷史學系學報發表〈一八九五年『臺灣民主國』的成立經過〉（第八期）一文，該文係利用唐景崧、張之洞與總理衙門之間往來的電報等可信性較高的史料，一方面觀察臺灣如何利用排日的方式，順著時局的推移，一步步地走向「自主」，另建一個徒具形式的抗日政府；一方面也從發展過程中觀察建立「臺灣民主國」構想的來源。

施家順著有《臺灣民主國的自主與潰散》一書，於民國七十三年由現代教育出版社出版。施著主要是討論「臺灣民主國」自主的背景、經過與潰散，並兼及有關「臺灣民主國」首倡者及其性質的討論。陳偉芳的《臺灣乙未戰紀》，於一九八一年由廣西人民出版社印行，該書旨在強調臺灣住民對日本帝國主義的「鬥爭」，學術價值不高[11]。

關於日本據臺以後的義民抗日，則有尹章義的〈林少貓抗日殉國事蹟考實〉一文。尹文於民國七十三年九月發表在臺北文獻直字第六十九期，共分七部份：一、引言，二、林少貓的出身，三、劉永福離臺前林少貓抗日事蹟考實，四、林少貓乙未、己亥間抗日史略及其評價，五、林少貓殉國事蹟，六、林少貓被誣稱爲「土匪」之原因試析，七、結論，亦有參考價值。

討論國民革命運動與台灣關係者，主要有陳三井、李雲漢等人。陳三井著《國民革命與臺灣》一書，係於民國六十九年由近代中國出版社出版，內容共分四章：一、血濃於水——臺灣與大陸的一體關係；二、血肉相連——國民革命與臺灣的密切關係；三、同心相結——臺灣同胞響應國民革命的犧牲奮鬥精神；四、匡復中華的起點，重建民國的基地。陳氏另撰有〈羅福星與中國革命〉一文，於民國七十年在「中華民國建國史討論會」發表，這是前述專著第三章有關羅福星革命部份的更進一步探討，爲目前有關羅福星抗日史事最富學術參考價值的論文。李雲漢撰有《國民革命與臺灣光復的歷史淵源》一書，於民國六十年由幼獅文化事業公司出版，近年也作爲李氏在臺灣史蹟源流研究會的講義。李著旨在析論國民革命與臺灣光復的歷史淵源，而把臺灣住民的武裝抗日和政治抗日同時放在國民革命運動的統緒來看，以說明臺灣和大陸的血肉相連關係。其他以〈國民革命與臺灣〉類似題目編纂或撰述論文者，尚有黃朝琴、魏紹徵、吳思珩、曾廼碩等人[12]，茲不一一介紹。

以羅福星抗日史事爲專題，撰寫專書者有羅秋昭、覃怡輝、蔣子駿等人。羅秋昭爲羅福星的孫女，著有《羅福星傳》和《大湖英烈——羅福星傳》二書，前者較為嚴謹，於民國六十二年由黎明文化事業公司出版；後者係一部以文藝筆調撰寫的傳記，可讀性頗高，於民國六十七年由近代中國出版社出版。覃怡輝著有《羅福星抗日革命事件研究》一書，列入中央研究院三民主義研究所專刊之一，於民國七十年出版。覃著共分八章：一、緒論，二、日本統治下的臺灣，三、抗日革命前的羅福星，四、革命運動的推展，五、革命運動的成績，六、革命運動的事洩，七、革命運動的審判，八、結論；另附錄〈羅福星烈士年譜〉，可供研究之參考。蔣子駸著有《羅福星與臺灣抗日革命運動之研究》，於民國七十年十二月由黃埔出版社出版。蔣著共分八章：一、羅福星生平與思想淵源，二、革命動機與偉大抱負，三、革命計畫與進展，四、革命組織與各系的發展，五、革命遭受挫敗的原因與經過，六、受審情況與日人的殘忍處置，七、革命影響與繼起的革命事件，八、羅福星的革命精神永垂千古。此外，尚有連曉青、鍾華操等撰寫專文⑬，亦可供參考。

王國璠編著《臺灣抗日史》（甲篇），也是近年來有關臺灣抗日史的重要著作之一，於民國七十年由臺北市文獻委員會發行。其書共分九章：一、牡丹事件，二、中日甲午戰爭之經緯，三、日軍侵略澎湖，四、中日媾和，五、臺灣澎湖之割讓，六、日軍侵臺，七、日軍始政，八、敵愾同仇誓復失土，九、劉永福誓守危疆。敍事詳贍，內容豐富，亦頗具參考價值。

此外，黃秀政在臺灣文獻發表〈中日馬關議和的割地問題〉（第廿五卷第三期），析論割地乃不可避免，割地帶來無窮禍害。林子候在臺灣風物發表〈馬關議和後『臺灣抗日政府』

辨正〉（第廿八卷第四期）一文，對「臺灣民主國」的建立背景、組織、經過、歷史地位與失敗因素等，皆有所辨正，與林氏另一專著《臺灣涉外關係史》第九章第四節「臺灣民主國」所敍，均值得參考。

(二) 日文部份

日據時期，有關臺灣住民的武裝抗日運動，日本統治當局和私人所編纂之書籍爲數甚多。惟因這些書籍皆係史料的編纂，似不宜視爲研究專著或論文，因此有關這些書籍的內容，擬於「史料」部分再作介紹。

有關臺灣住民抗日運動研究的日文專著或論文，亦於第二次世界大戰結束後才出現。茲根據筆者聞見所及，試將有關的專著和論文略作介紹。

以「臺灣民主國」爲研究專題，撰寫專著或論文者有黃昭堂和新田隆信等人。黃昭堂著有《臺灣民主國の研究——臺灣獨立運動史の一斷章》，該書係黃氏在東京大學的博士論文，於一九七〇年由東大出版會出版。全書共分八章：一、日本の臺灣領有，二、列國と台灣の割讓，三、臺灣獨立へのプロセス，四、各地における抗日運動，五、臺灣民主國樹立の背景，六、臺灣民主國の實態，七、抗日運動の主體勢力，八、臺灣民主國の歷史的意義。儘管該書若干觀點有待商榷，不盡爲吾人所同意，但不可否認的，該書是迄今爲止討論「臺灣民主國」較爲深入的專著之一。黃氏出版該書之前，曾於《アジア研究》等刊物發表〈臺灣民主國建立の背景〉、〈臺灣民主國樹立發案者についての研究〉、〈清朝に對する臺灣住民

の意識——日本領臺直前當時を中心に〉、〈日本の臺灣接收と對外措置〉等論文。詳見該書〈主要參考文獻〉（頁二七九），茲不贅述。新田隆信撰有〈臺灣民主國の成立とその法的地位〉一文，於一九五六年發表於《富山大學紀要經濟學部論集》第十號，這是一篇討論「臺灣民主國」之成立，並從國際法觀點探討其法律地位的論文。

向山寛夫的《日本統治下における臺灣民族運動史》，全書共十四章，係向山氏於一九六一年在九州大學的博士論文，這是一部綜論日據時期臺灣住民抗日運動的專著。戴天昭的〈日清戰役三國干涉と台灣〉一文，則係探討俄德法三國干涉還遼與臺灣的關係，於一九六九年在《法學志林》（東京法政大學發行）第六六卷第三號發表。

許世楷的《日本統治下の臺灣——抵抗と彈壓》一書，係探討包括武裝和政治的抗日運動之專著，是許氏在東京大學的博士論文，於一九七二年由東大出版會出版。許著共分二部：第一部爲〈統治確立過程における抗日運動（一八九五—一九〇二年）〉，計有「日本領有に對する阻止運動」、「北部における清國への復歸運動」和「中南部における抗日運動の割讓」三章，這是武裝抗日部份；第二部爲〈統治確立後の政治運動（一九一三—一九三七年）〉，包括「政治運動の擡頭」、「統一戰線の時代」、「分裂の時代」和「諸團體の凋落」四章，這是政治抗日部份。許著的若干觀點吾人並不同意，但該書仍不失爲臺灣抗日史的重要著作之一。另外，許氏曾於一九六八年在《國家學會雜誌》（東京國家學會發行）第八一卷第三—八號連載〈臺灣統治確立過程における抗日運動（一八九五—一九〇二）〉一文，該書第一部卽由此一論文修訂而成。

喜安幸夫是年輕一代的研究者，曾留學國立臺灣大學政治研究所。喜安氏撰有《臺灣島抗日秘史——日清、日露戰間の隱された動亂》和《臺灣統治秘史——霧社事件に至る抗日の全貌》二書，分別於一九七九，一九八一年由東京原書房發行（以上二書臺北鴻儒堂出版社有影印本）。《臺灣島抗日秘史——日清、日露戰間の隱された動亂》一書，主要內容是探討日據初期「臺灣民主國」、臺灣抗日義勇軍的抵抗和被消滅的經過。時間從一八九五年馬關條約的簽訂到一九〇二年全臺平定爲止，包括樺山資紀、桂太郎、乃木希典和兒玉源太郎四個時期，並略爲提及兒玉源太郎、後藤新平的治臺政策[14]。《臺灣統治秘史——霧社事件に至る抗日の全貌》一書，其內容爲探討一九〇二年第一階段武裝抗日運動結束以後的臺灣總督府統治措施，而以第二階段的武裝抗日事件，以及初期的政治抗日運動爲主，迄一九三〇年的霧社事件爲止。全書共分七章：一、開發される台灣——かくて帝國富強の基地は成った，二、青天の霹靂——北埔事件の發生，三、林圯埔山中の騷亂——開發に追いつめられた農民たち，四、中國革命の余波——免れなかった舊來の性情，五、最後の武裝蜂起——通しなかった神通力，六、燃え上る文化、政治活動——板垣退助から臺灣共產黨まで，七、霧社事件——血塗られた理蕃事業。上述兩書均屬概述性著作，亦值得研究臺灣武裝抗日運動史事之參考。

附帶一提的是，霧社事件雖發生於政治抗日時期的一九三〇年，但此一山地住民的武裝抗日事件，就其系統來說，則應屬於武裝抗日運動部份，可說是武裝抗日運動的延長。當時臺灣總督石塚英藏曾因而去職，足見此一事件牽涉之大。歷來有關霧社事件的中日文研究論文甚多，惟就筆者所知，似以一九八一年戴國煇主編的《臺灣霧社蜂起事件——研究と資料》一書最爲詳贍[15]，足供學者之重要參考。

㈢ 西文部份

關於武裝抗日運動研究的西文專著和論文，係以英文部份爲主，其他法文或德文等論述皆甚爲少見。同時，有關該一史事的英文專著和論文，無論是質或量，似皆無法和中日文的論述相比。以下僅就筆者聞見所及，將主要的研究者及其論文試作簡單介紹。

美國夏威夷大學（Univ. of Hawaii）歷史系藍厚理教授（Harry J. Lamley），是研究「臺灣民主國」和日據初期抗日運動的著名學者。藍氏於一九六四年在華盛頓大學(Univ. of Washington)提出"The Taiwan Literati and Early Japanese Rule, 1895-1915: A Study of Their Reactions to the Japanese Occupation and Subsequent Responses to Colonial Rule and Modernization"博士論文，該文除前言和結論外，共分三部份：第一部份是The Ch'ing Period，包括Taiwan During the Ch'ing Period和The Taiwan Literati Prior to 1895二章；第二部份是The Japanese Occupation of 1895，包括Gentry Resistance to the Japanese Takeover和Other Reactions of the Literati to the Occupation二章；第三部份是The Early Japanese Period，包括General Background of the Early Japanese Period, The Taiwan Literati and Colonial Rule和Adjustment to Change: Modernization, Reform and Assimilation 三章。其

中所討論日據初期臺灣士紳的抗日，以及其後的因應，為研究日據初期抗日運動和臺灣社會領導階層的重要論文。

除前述博士論文之外，藍氏圍繞一八九五年的「臺灣民主國」抗日運動，另撰有三篇論文：其一是"The 1895 Taiwan Republic: A Significant Episode in Modern Chinese History"，於一九六八年八月發表於 *The Journal of Asian Studies*,(Vol. XXVII, No. 4)；該文已由吳密察、蔡志祥合譯，收入黃富三、曹永和主編的《臺灣史論叢》（民國六十九年四月，衆文圖書公司印行）一書。其二為"The 1895 Taiwan War of Resistancc: Local Chinese Efforts Against a Foreign Power"，發表於 Leonard H. D. Gordon 主編的 *Taiwan: Studies in Chinese Local History*（《十九世紀後期臺灣史》論文集），於一九七〇年由哥倫比亞大學(Columbia Univ.)出版。其三即"A Short-lived Republic and War, 1895: Taiwan's Resistance against Japan"，發表於薛光前（Paul K. T. Sih)主編的"*Taiwan in Modern Times*"一書，於一九七三年由聖約翰大學(St. John's Univ.)出版；該文已譯成中文，收在薛光前、朱建民主編的《近代的臺灣》（民國六十六年九月，正中書局印行）一書。藍氏以一美國人而致力於「臺灣民主國」抗日運動之研究，其觀點頗能代表西方學者對該一運動的一般看法，足可作為國內學者之重要參考。

H. B. Morse 是中國史的學者，也是臺灣割讓期間的目擊者，他除了把目擊經過記述下來之外，又於一九一九年在"*The New China Review*"(Hongkong: Kelly and Walsh, Vol. 1)發表"A Short Lived Republic Formosa, (May 24th to June 3rd, 1895)"一

文(按"The New China Review"已由國內經文書局影印出版)。這是一篇討論「臺灣民主國」成立十二天期間的論文，因作者曾目擊臺灣割讓之經過，故其文實兼具重要的史料價值。

陳以德(Edward I-te Chen)撰有"Japan's Decision to Annex Taiwan: A Study of Ito-Mutsu Diplomacy,1894 - 95"，發表於"*Journal of Asian Studies*"(Vol. XXXVII, No.1)，於一九七七年由芝加哥大學(Univ. of Chicago)出版。陳文共分四部份：(一)軍事勝利，(二)海軍的建議，(三)力圖避免外國干涉，(四)與西方列強平等。這是一篇討論有關甲午戰爭期間日本決定吞併臺灣的論文，如與前述梁華璜的〈近代日本南進的序幕：中日戰爭與割讓臺灣〉和〈甲午戰爭前日本併吞臺灣的醞釀及其動機〉兩篇論文合併研讀，則對乙未臺灣割讓乙事的背景，當有更為深入的了解。另外，陳氏在其博士論文"Japanese Colonialism in Korea and Formosa: A Comparison of its Effects upon the Development of Nationalism"第四章(頁五三—六〇)中，也曾討論「臺灣民主國」，惟部份觀點仍有待商榷。

F.O. Quo的"British Diplomacy and the Cession of Formosa,1894 - 95"一文，於一九六八年發表於"*Modern Asian Studies*"(Ⅱ,2)。該文討論英國在臺灣割讓乙事所扮演的角色，這是一般學者較易忽略的部份，如配合「三國干涉與臺灣」方面的論文合併閱讀，則對甲午戰後遠東局勢發展的背景，當能獲得進一步的了解。A. B. Woodside的"T'ang Ching-sung and the Rise of the 1895 Taiwan Republic"一文，係於一九六三年發表於"*Papers on China*"(Vol. 17;East Asian Research Center, Harvard

University)；該文討論唐景崧和「臺灣民主國」的關係，宜和前述曾廼碩的〈唐景崧之防臺奏電〉、張雄潮的〈唐景崧抗日之心迹及其奏電存稿〉等論文合讀，用能對唐景崧在「臺灣民主國」的地位，有較爲深入的認識。

此外，Leonard H. D. Gordon 的"Taiwan and the Powers, 1840 - 1895"（發表於 *Taiwan: Studies in Chinese Local History*, New York；Columbia Uni. Press, 1970）、Maurice Meisner 的"The Development of Formosan Nationalism"（發表於 *The China Quarterly*, July - September, 1963）、A. R. Colquhoun 的"Formosa: Japanese as Colonists"（見 A.R. Colquhoun, *The Mastery of the Pacific*, 1902, pp. 358-378）等，也都是有關日據初期臺灣武裝抗日運動的論文。

四、武裝抗日運動史料的整理與刊佈

關於武裝抗日運動的史料，現存的多係抗日運動發生當時或隨後數年的官方和私人記載，少部份則爲臺灣光復後國內各級文獻機構採訪所得。這些史料，以中日文爲主，西文史料非常有限，其中部份日文史料於臺灣光復後由文獻機構譯成中文出版，部份則由日本的出版社影印重刊。茲分爲公文檔案等十一類，將有關武裝抗日運動的中外文史料作一簡單介紹。

(一) 公文檔案

(1)中文：臺灣原爲中國的一省，因此在清史檔案中散見有關臺灣武裝抗日運動的記載，例如《大清德宗景皇帝實錄》（世續等修）、《宮中檔光緒朝奏摺》（故宮博物院編）、《清光緒朝中日交涉史料》（故宮博物院編）、《清季外交史料（光緒朝）》（王彥威編）、《十二朝東華錄（光緒朝）》（朱壽朋纂修）等，都是從事這方面研究所不宜忽略的。另外，日據時期的《臺灣總督府檔案》（原名爲《臺灣總督府公文類纂》），其前二十幾年檔案中涉及武裝抗日運動的部份，近年已由臺灣省文獻委員會編譯出版，主要有《臺灣前期武裝抗日運動有關檔案》（程大學編譯）、《臺灣北部前期抗日運動檔案》（陳得文、吳家憲編譯）、《羅福星抗日革命案全檔》（莊金德、賀嗣章編譯）、《余清芳抗日革命案全檔》（王詩琅、吳家憲等編譯）等（其他尚多，不及備述），爲研究者提供很大的方便。

(2)日文：日文檔案，主要是《大日本外交文書》（外務省編）和《臺灣總督府檔案》（臺灣總督府編）。前者爲日本的外交檔案，其中廿八卷、廿九卷、卅三卷等，與甲午戰爭、臺灣武裝抗日史事都有密切的關係。《臺灣總督府檔案》係最直接的檔案，其有關武裝抗日運動的史料，部份已編譯出版，已如前述。

(3)西文：英、美兩國和干涉還遼的俄、德、法三國的外交檔案，均有不少關於臺灣割讓前後的外交報告⑯，研究時如能設法參證，則對臺灣割讓前後的國際形勢，當有進一步的了解。

(二) 其他官方史書

(1)中文：檔案之外，中文的官方史書例如臺灣省文獻委員會編的《臺灣省通志》卷九革命志抗日篇，以及臺北市、高雄市暨各縣市文獻機構出版的方志之抗日篇或革命篇。這些方志的抗日史事部份，不少係各該文獻機構實地調查所得，頗能補充文獻記載之不足。

(2)日文：日文的官方文書甚多，其中以下列四種最重要：一、臺灣總督府警務局編的《臺灣總督府警察局沿革誌》第二篇（上卷），這是根據警務局內部資料，由原任警官的鷲巢敦哉主編，其記載從日本佔領臺灣開始，至一九一五年西來庵事件爲止[17]，是最爲詳贍的日文史料。二、臺灣總督府法務部編纂的《臺灣匪亂小史》，其內容包括北埔事件至西來庵事件（一九〇七—一九一五），也就是第二階段的武裝抗日部份。該書由在法務部服務的秋澤次郎所編，雖係站在殖民地統治者的立場，但其史料價值仍甚高（按該書後來作者加以增訂，此卽《臺灣匪誌》一書之由來）。三、臺灣憲兵隊編的《臺灣憲兵隊史》，這是以憲兵隊的活動爲主之史料，根據口述資料、臺灣憲兵隊歷史、臺灣陸軍部史料，以及臺灣總督府各府州廳保存之各種史料而編成。四、參謀本部編《明治廿七、八年日清戰史》第七、八卷，其記述從近衛師團登陸臺灣開始，至第二師團占領臺南的軍事行動爲止。

(三) 戰記

(1)中文：有關臺灣抗日戰爭經過的中文史料，多集中於臺灣割讓前後期間，例如思痛子的《臺海思慟錄》、吳德功等的《割臺三記》、洪棄生的《瀛海偕亡記》（以上見臺銀臺灣文獻叢刊），以及王炳耀輯《中日甲午戰輯》、佚名輯《中日戰爭資料》、姚錫光著《東方兵事記略》、林樂知著譯、蔡爾康纂輯的《中東戰紀本末》（以上見文海近代中國史料叢刊及續輯）等均是。

(2)日文：乙未臺灣的割讓，由於日本係以武力佔領，因此日文部份的戰紀，遠比中文史料爲多，例如椋本乙吉的《近衞師團南國征討史》、杉浦和作的《明治廿八年臺灣平定記》、松本正純的《近衞師團臺灣征討史》、堀江八郎的《南征史》等多達數十種。這些日文戰記雖都是站在侵略者立場編寫的，惟因多是親身經歷者所作，故其史料價值仍甚高，足供研究者的重要參考。目前這些日文史料庋藏在國立中央圖書館臺灣分館，詳見該分館出版的《日文臺灣資料目錄》（頁六四—七一）。

(3)西文：西文的有關戰記不多，據筆者所知有德國人シュマッヘル（日文譯音）的《臺灣戰役》，該書已由日人宇津木信夫譯成日文出版。

(四) 日記

(1)中文：有關臺灣割讓及臺灣住民抗日的日記，較爲重要的有翁同龢的《翁同龢日記》、易順鼎的《魂南記》、俞明震的《臺灣八日記》和胡傳的《臺灣日記與稟啓》等。這些日記的作者，翁同龢參贊中樞，易順鼎曾爲「臺灣民主國」奔走借款，俞明震爲「臺灣民主國內務大臣」，胡傳爲當時臺灣的地方官，由於他們所處地位的重要，因此他們的日記頗受重視。

(2)日文：日文的日記，例如《樺山資紀日記》、《步兵第四旅團陣中日記》、齋藤淺次郎的《支那臺灣征記》、兒島諺之助的《日記》等。上述的日記當中，樺山資紀因係首任臺灣總督，爲侵臺日軍指揮官，故其日記之價值特別高。其他的日記，或爲旅團日記，或爲從軍士兵手記，也有參考價值。

(五) 書簡集與報告書

(1)中文：中文的書簡集，主要有《李文忠公全集》（吳汝綸編）、《劉忠誠公遺集》、《張文襄公全集》（王樹枏編）等。因爲李鴻章、劉坤一、張之洞諸人與甲午戰爭、臺灣割讓，以及「臺灣民主國」的拒日保臺，都有非常密切的關係，所以他們的書簡集都有很高的史料價值。

(2)日文：日文的報告書，例如當時日本首相伊藤博文的《秘書類纂：臺灣資料》、《臺灣總督府民政事務成蹟提要》（臺灣總督府民政局編，一八九七），以及《臺灣總督府陸軍幕僚歷史草案》（一八九五－一九〇五，臺灣總督府陸軍幕僚編）等，都是重要的史料。

(3)西文：西文的報告書，例如原爲美國國務卿，馬關議和期間擔任清朝使節團顧問，臺灣交割時又伴同李經芳辦理的 John W. Foster，在其關係文書"Papers of John W. Foster," Ms.（deposited at Princeton Univ. Library）之中，有少部份是當時的臺灣關係文書可供參閱。又如一八九五年日軍侵臺之時，擔任清朝淡水關稅吏的 H. B. Morse，在其關係文書"Letter - books, 1886 - 1907," Ms., 5 Vols (deposited at Houghton Library,

Harvard Univ.)中，也有不少臺灣割讓前後的記載，這些都是目擊者的記錄，史料價值極高。

㈥ 新聞與雜誌

⑴中文：有關臺灣住民武裝抗日運動二十年間的中文雜誌期刊，多爲臺灣光復後由各級文獻機構發行的刋物，例如《臺灣文獻》、《臺北文物》（後改名爲《臺北文獻》）、《臺南文化》等約二十種，以及臺灣風物雜誌社發行的《臺灣風物》等。這些刋物雖是廣泛刋載有關臺灣史的文章，並不限於武裝抗日運動之範圍，但其中不乏值得一讀的論文。

⑵日文：日文的相關雜誌與新聞，與中文部份相反，多爲二次大戰以前發行的，主要是《東京朝日新聞》、《大阪朝日新聞》、《外交時報》、《東京經濟雜誌》、《實業世界：太平洋》、《臺灣日日新報》、《臺灣警察協會雜誌》、《風俗畫報》臨時增刋的〈臺灣征討圖繪〉與〈臺灣土匪掃攘圖繪〉等。這些報章雜誌刋載當時抗日運動消息，或在東京發行，或在臺灣發行，甚具參考價值。目前它們大多存於日本各該新聞雜誌社所在，或日本國會圖書館憲政資料館等處，部份在國立中央圖書館臺灣分館亦可找到。

㈦ 傳記與名錄

⑴中文：中文的名錄，例如台灣省文獻委員會出版的《臺灣抗日忠烈錄》（張俊仁編撰）、《臺灣南部地區抗日份子名册》（吳伯村等編譯）等，這些名錄爲武裝抗日運動研究提供不

少方便。

⑵日文：日文的傳記，例如《臺灣史と樺山大將》（藤崎濟之助撰）、《臺灣と乃木大將》（渡部求撰）、《兒玉源太郎》（宿利重一撰）、《後藤新平傳》（鶴見祐輔撰），以及《辜顯榮翁傳》（該傳記編纂會編）等。前四位傳主，或為日據初期的臺灣總督，或為臺灣總督府的民政長官，都是臺灣總督府統治政策的執行人，其傳記與武裝抗日運動關係之密切，是不言而喻的。至於辜顯榮，因係日據時期臺灣總督府所謂的「協力者」之代表，故其傳記向受抗日運動的研究者所重視。

名錄方面，例如寫本《臺灣匪魁略歷》、臺灣總督府發行的《臺灣列紳傳》、臺灣新民報編印的《臺灣人士鑑》等，都可供研究之參考。

㈧ 備忘錄回憶錄與採訪錄

⑴中文：中文的回憶錄，例如《劉永福歷史草》。該書係由劉永福之孫的家庭教師黃海南，根據劉永福晚年之回憶而記述，經羅香林輯校出版，其中第九、十兩章為劉氏於臺灣割讓前後的經驗談。採訪錄例如臺灣省文獻委員會採訪所得的〈臺北縣大安寮三角湧抗日經過情形調查報告書〉（王世慶採錄）、〈樹林抗日史料座談會記錄〉、〈海山抗日資料集〉（以上皆為手稿，現存該會圖書館）等。

⑵日文：日文的備忘錄或回憶錄，例如陸奧宗光的《蹇蹇錄》和鷲巢敦哉的《臺灣統治回顧談》等。陸奧宗光是甲午戰爭期間的日本外務大臣，為馬關議和的日方代表，他將親身

經歷撰成是書⑱，極爲珍貴。鷲巢敦哉爲前述《臺灣總督府警察沿革誌》的主編，他將種種未公開的史料予以披露，其記述值得留意。

(3)西文：西文的備忘錄或見聞錄，例如法人A. Gérard的"Ma Mission en Chine, 1893-1897"，一八九八年在巴黎出版。另有美國從軍記者James W. Davidson，將其在臺灣割讓前後聞見所得，寫成"The Island of Formosa, Historical View from 1430 to 1900"(New York, 1903)一書⑲，該書第十八至廿二章爲有關臺灣割讓與「臺灣民主國」抗日的重要史料。

(九) 詩文集

有關臺灣割讓，以及武裝抗日運動的詩文集，根據筆者所知，似只有中文的幾部，它們是《臺陽詩話》（王松撰）、《滄海遺民賸稿》（王松撰）、《嶺雲海日樓詩鈔》（丘逢甲撰）、《窺園留草》（許南英撰；以上見臺銀臺灣文獻叢刊），以及《甲午中日戰爭文學集》（阿英編）等，都收錄不少相關的詩文，足供研究上之參考。

(十) 史料叢編

有關的史料叢編，和詩文集一樣，也只有中文的幾種，它們是：一、鼎文書局影印出版的《中日戰爭文獻彙編》，該彙編共有七册（另有附册），有關甲午戰爭的文獻幾乎皆已搜羅齊全，史料價值極高。二、臺灣商務印書館發行的《近代中國外交史資料輯要上卷中卷》

（蔣廷黻編），該輯要的第十二章〈朝鮮問題〉和第十三章〈甲午之戰〉，分別搜集很多有關的電稿和奏稿，在研究上提供不少方便。三、臺灣中華書局印行的《中國近百年史資料初編續編》，該叢編搜集不少有關甲午戰爭、馬關議和與臺灣抗日的文獻，如前述兪明震的《臺灣八日記》卽包括在內。

(十) 一般記載

(1)中文：中文的臺灣史一般記載中，也有不少關於臺灣武裝抗日的部份，例如連橫的《臺灣通史》一書，其卷四〈過渡紀〉，以及卷卅六〈丘逢甲列傳、吳徐姜林列傳、吳彭年列傳、唐劉列傳〉等，都是重要的文獻。

(2)日文：日文的臺灣史書籍中，關於臺灣武裝抗日的部份，例如伊能嘉矩的《臺灣文化志》和《臺灣志》二書，前者的第十六篇〈臺灣の割讓〉，後者的第五章〈割讓以後の臺灣〉，都有相關的記載。又如東鄉實、佐藤四郎合著的《臺灣植民發達史》一書，其第四章〈軍備〉和第五章〈理蕃治匪〉，也都有關於臺灣武裝抗日的記載，從事研究時宜加參證。

(3)西文：西文的臺灣史一般記載，例如德人 Ludwig Riess 的"Geschichte der Insel Formosa"，以及另一德人 Albrecht Wirth 的"Geschichte Formosa's bis Anfang 1898"二書⑳，前者在其第十一章〈滿淸統治時代的臺灣（一六八三一一八九五）〉，後者在其第五章〈日本人〉中，都有關於臺灣割讓，以及初期武裝抗日的記載。這兩部書雖係站在日本的立場而寫的，但因它們都完成於臺灣割讓後不久，正當臺灣武裝抗日運動如火如荼地展開時；而且其記載也足以代表當時一般西方人對臺灣武裝抗日的看法，故其史料價值很高，爲研究者所珍視。

五、結論

一八九五年的臺灣割讓，及隨後長達二十年的武裝抗日運動，不但是臺灣史上的重要課題，也是近代中日關係史的重大事件之一。因此，有關該一範圍的研究概況，以及史料的整理、刋佈與收藏情形，實值得吾人特別注意。

根據前述的介紹，迄今爲止有關該一範圍的研究，似以中文和日文論述較爲可觀，西文則甚覺不足。此一現象，一方面固因西方國家並非當事國，遠離臺灣；另一方面也說明了西方學者對該一研究範圍的忽視。如何鼓勵更多的西方學者加入該一範圍的研究，使西方學界對臺灣住民誓死抗日的民族精神[21]，有更深一層的體認，乃是刻不容緩之事。

至於史料，在臺灣割讓前後，中日雙方都留有不少文獻，這些都是很寶貴的。惟中文史料因多屬私人記載，每散見於各關係人物的奏電或文集之中，非但不便於史料的整理與刋佈，而且史料本身的衝突矛盾，更減少了其作爲歷史證據的說服力。而日文史料，由於立場不同，無論是官方的編纂品或私人記載，大多把臺灣抗日義軍義民稱之爲「匪」，而加以口誅筆伐；大多擁護日軍的「征討」臺灣，並推崇臺灣總督府的「治績」[22]，遂致是非不明，正義不彰。如何於站在殖民統治立場而編纂的日文史料中，找出線索，而求得歷史的眞相，當是任何一位有志的研究者所應努力克服的問題。

不過，從另一個角度來看，日據時期臺灣總督府對臺灣史料搜集和保存的兢業態度，也是值得欽佩的。今日關於日據初期的中文、日文和西文史料，很多是經由臺灣總督府圖書館的努力，而得以留傳下來。臺灣光復後，臺灣武裝抗日運動的研究得以順利展開，與當時臺灣總督府保存史料的貢獻實有至爲密切的關係，這也是吾人必須了解的。

附註

❶ 覬覦和入侵臺灣的外國，除本文提及的荷蘭、西班牙和日本三國以外，尚有英國、法國和美國等國家。中英鴉片戰爭期間，英艦曾數次騷擾臺灣，臺灣兵備道姚瑩、臺灣鎮總兵達洪阿力却之。中法戰爭期間，法軍也曾封鎖臺灣，並攻佔澎湖，爲督辦臺灣事務大臣劉銘傳所敗。另外，十九世紀中葉美國人也有佔領臺灣的計劃。以上分別參見林子候，《臺灣涉外關係史》第四篇清代涉外關係，頁一七九—一八七，三民書局總經銷，民國六十七年三月初版；《法軍侵臺檔》（全四冊），臺灣文獻叢刊第一九二種，臺灣銀行經濟研究室編輯，民國五十三年三月出版；庄司萬太郎，〈米國人の臺灣占領計劃〉，臺北帝國大學文政學部史學科研究年報第一輯，頁三六三—四二七，一九三四年五月。其他的列強入侵事件尚多，茲不一一列舉。

❷ 荷蘭人於西元一六二四年入侵臺灣南部，至一六六二年被鄭成功趕走，結束在臺灣的佔領。西班牙人於一六二六年入佔臺灣北部，至一六四二年被荷蘭人打敗，退出臺灣。

❸ 例如程大學即持此觀點，見程著，〈臺灣的先賢先烈〉，頁一一一—一二，七三年暑期青年自強活動臺灣史蹟源流研究會講義。惟亦有以一九一九—二〇年間，臺灣留日學生在東京先後成立「聲應會」、「啓發會」、「新民會」等團體，並發行月刊雜誌《臺灣青年》等活動，作爲政治抗日運動的開始，其說亦有可採。

❹ 參閱郭廷以，《臺灣史事概說》第八章再度淪陷與再度光復，頁二三二—二四一，正中書局發行，民國四十七年三月臺二版；黃大受，《臺灣史要略》第十三章日寇侵臺與義民抗暴，頁二一〇—二二九，大中國圖書公司總經銷，民國六十六年十月臺初版；方豪，《臺灣民族運動小史》第五章臺灣的武裝抗日，頁二二一—二二八，正中書局發行，民國四〇年六月臺初版；程大學編譯，《台灣前期武裝抗日運動有關檔案》（全一冊）序言，臺灣省文獻委員會發行，民國六十六年五月。

❺ 關於「兒玉、後藤體制」，請參閱矢內原忠雄著、周憲文譯，《日本帝國主義下之臺灣》，頁八六—七，

臺灣銀行臺灣研究叢刊第三十九種，民國四十五年六月。

❻ 參閱陳三井，〈羅福星與中國革命〉，中華民國建國史討論會論文，民國七十年八月。

❼ 見漢人，《臺灣革命史》自敍，頁一。收在沈雲龍主編，近代中國史料叢刊續輯五〇九，《臺灣》附錄，文海出版社印行。

❽ 見張雄潮，〈唐景崧抗日之心迹及其奏電存稿〉，臺灣文獻第一六卷第一期，頁七十八，民國五十四年三月。

❾ 梁著〈光緒乙未臺灣的交割與保臺（上、下）〉，亦於同年三月、九月發表於國立中央圖書館館刊新七卷一、二期。

❿ 見該文結論部份。按該文已收錄在中華民國開國五十年文獻第一編第五冊《列強侵略》㈢，正中書局印行，民國五十九年七月臺二版。

⓫ 大陸學者有關乙未割臺的論文，據筆者所知，尚有來新夏的〈中日馬關訂約之際的反割臺運動〉和李光璧的〈一八九五年臺灣抗日戰爭中的徐驤和劉永福〉，二文皆收錄於《中日甲午戰爭論集》，於一九五四年由五十年代出版社出版。另外，廈門大學學報哲社版等亦發表有關丘逢甲、張之洞的論文多篇，參閱許雪姬〈清代臺灣史研究的回顧與展望〉注釋第一八—二〇，許文亦發表於本專號。

⓬ 黃朝琴等撰的《國民革命運動與臺灣》，於民國四十四年九月由中華文化出版事業委員會出版；魏紹徵編的《國民革命與臺灣》，於民國四十七年十一月由中央文物供應社出版；吳思珩撰的《國民革命與臺灣》，於民國六十五年三月發表於臺灣文獻第二六卷第四期、第二七卷第一期合刊；曾廼碩的《國父與臺灣的革命運動》，於民國六十七年由幼獅文化事業公司出版。

⓭ 連氏的論文〈苗栗革命事件的初步檢討〉，見文獻專刊第二卷第三、四期，民國四十年十二月；鍾氏的專文〈革命抗日先烈羅福星〉，見臺灣先賢先烈專輯第三輯，民國六十七年六月。

⓮ 參閱張炎憲的書評，《臺灣島抗日秘史——日清、日露戰間の隱された動亂》，臺灣風物第卅一卷第二期，頁一二五，民國七〇年六月。

⑮ 戴國煇主編的《臺灣霧社蜂起事件——研究と資料》一書，計分二部：第一部〈研究編〉，包括〈霧社蜂起事件の概要と研究の今日的意味——臺灣少數民族ガ問いカけるもの〉（戴國煇）、〈日本帝國主義の臺灣山地支配——霧社蜂起事件まで〉（小島麗逸）、〈臺灣における『蕃人』教育〉（宇野利玄）、〈臺灣總督府の對人掌握策と高山族〉（田中宏）、〈昭和政治史における霧社蜂起事件〉（春山明哲）、〈日本國內ジセ一ナリズムにおける霧社蜂起事件〉（松永正義）、〈日本文學に現われた霧社蜂起事件〉（河原功）、〈霧社蜂起と中國革命——漢族系中國人の內なる少數民族問題〉（戴國煇）、〈霧社をたずねて（拔枠）〉（大田君枝、中川靜子）；第二部〈資料編〉，包括〈霧社蕃騷擾事件調查復命書〉（拓務省管理局長生駒高常）、〈霧社事件誌〉（臺灣總督府警務局）、〈霧社事件ニ關スル概況說明書〉（臺中州能高郡警察課），〈霧社事件に就て〉（臺灣軍參謀陸軍步兵大佐服部兵次郎）、〈霧社蜂起事件日誌〉（春山明哲）、〈霧社蜂起事件關係文獻目錄〉（河原功編）。另有〈霧社蕃騷擾地域略圖〉（〈霧社事件の顚末〉より）、〈霧社付近圖〉二個附圖。

⑯ 例如俄國檔案："*First Steps of Russian Imperialism in Far East*, 1883～1903"（Krasny Archiv, Vol. L11, pp. 54～124），該檔案已譯成英文發表在"*The Chinese Social and Political Science Review*"（XVIII/2, July 1934）這不但是研究包括三國干涉還遼的重要文件，也是研究有關「臺灣民主國」商結外援，以展開拒日保臺運動的重要史料。

⑰ 參閱許世楷，《日本統治下の臺灣——抵抗と彈壓》之〈文獻解題〉部份，頁四三一—三；又參閱許世楷，《日本統治下の民族運動——武力抵抗篇》上卷（即原《臺灣總督府警察沿革誌》第二篇上卷）之「解說」部份，頁一—九。

⑱ 該書已由龔德柏譯成中文，書名改爲《甲午中日戰爭秘史》，列入臺灣商務印書館人人文庫特一二九，民國六十年五月臺一版。

⑲ 該書已由蔡啓恆譯成中文，書名爲《臺灣之過去與現在》，列入臺灣銀行臺灣研究叢刊第一〇七種，民國

六十一年四月。

⑳ Ludwig Riess的"*Geschichte der Insel Formosa*"一書，已由周學普翻譯，發表在臺灣銀行經濟研究室出版的臺灣研究叢刊第三十四種《臺灣經濟史三集》，民國四十五年四月。Albrecht Wirth的"*Geschichte Formosa's bis Anfang* 1898"一書，亦已由周學普翻譯，發表在臺灣研究叢刊第五十四種《臺灣經濟史六集》，民國四十六年九月。

㉑ 參閱拙著，〈臺灣同胞的抗日運動〉，頁二二－八，明道文藝第四三期，民國六十八年十月。又參閱拙著，〈臺灣同胞的中華民族精神〉，臺灣日報副刊，民國六十七年十一月四日。

㉒ 例如井出和季太記述日本據臺後四十一年（一八九五－一九三六）之統治經過，取書名爲《臺灣治績志》，即爲一例。按該書已由臺灣省文獻委員會譯成中文出版，書名改爲《日據下之臺政》（郭輝編譯），民國四十五年十二月。

附記：本文會於民國七十四年四月在思與言雜誌社主辦的「臺灣史研究的回顧與展望研討會」宣讀。

（思與言第二十三卷第一期，民國七十四年五月，臺北）

《臺灣青年》與近代臺灣民族運動

（一九二〇—一九二二）

一、前言

清光緒二十年（一八九四），中日兩國因朝鮮問題而爆發甲午戰爭。結果，中國的海陸軍皆告失敗，因此被迫於翌年與日本簽訂馬關條約，割臺灣予日本。惟清廷雖割讓臺灣，但臺灣住民誓不爲倭民，曾組織「臺灣民主國」，以爾結外援，圖謀自救。事敗之後，臺民猶「義不臣倭」，仍前仆後繼，群起反抗，展開爲期達二十年之久的武裝抗日運動。

民國四年（一九一五）以後，由於臺灣總督府統治政策的轉變——由武力鎮壓改爲籠絡，乃至同化政策❶，而且當時日本統治當局的政治經濟勢力已有效地控制臺灣社會，臺灣住民乃被迫放棄二十年血戰的武裝抗日方式——所謂原型的民族主義（protonationalism），改採非武裝的抗日運動——所謂近代的民族主義（modern nationalism）❷，而開始波瀾壯濶的近代臺灣民族運動。

近代臺灣的民族運動，因係採取非武裝的抗日方式，不再利用刀槍作爲抗爭的工具，因此言論刊物遂成爲民族運動最有力的武器之一。當時，作爲臺灣住民唯一喉舌地位的《臺灣民報》，自其前身《臺灣青年》的發刊起，即在艱苦的環境之下，努力發揮其作爲言論刊物的功能。本文之撰寫，即以《臺灣青年》作爲探討之對象，試從《臺灣青年》的發刊經過及其言論，討論其㈠「作島民言論之先聲」；㈡開啓民智，傳播東西文化；㈢呼籲臺民自治，與各民族運動組織相結合等方面的功能；並析論其對近代臺灣民族運動的貢獻。

本文所用資料，以《臺灣青年》發行兩年期間的文章爲主，另輔以有關日據時期殖民統治與民族運動的文獻與論文，以及關係人物的訪問記或回憶錄。筆者希望，透過本文的初步探討，能有助於學者了解當時《臺灣青年》的言論主導地位及其影響，進而對日據時期臺灣總督府的殖民統治與近代臺灣民族運動的眞相，有進一步的認識。

二、發行沿革

發行一份刊物，在今日來說，並不是一件困難的事。但是，在六十多年前的日據時期，却是一件非常不容易的事。其困難情形，誠如楊肇嘉的回憶：「迂迴曲折，經過多少日子的奮鬥，纔得實現。」❸

民國九年（一九二〇）一月十一日，東京臺灣留學生所組織的「新民會」在東京召開成立大會，擬訂章則，推舉林獻堂、蔡惠如爲正副會長，蔡式穀、黃呈聰等爲幹事。會中，彭華英、林仲澍兩人提議發刊雜誌，經大會一致通過。但發刊雜誌非錢莫辦，發刊決議雖經通過，因「新民會」的成員多係遠離故鄉的留學生，大家對於如何實現決議，都沒有把握。幸而同年三月六日，「新民會」副會長蔡惠如由東京赴北京之時，在東京車站拿出一千五百圓交給送行的林呈祿，囑咐林呈祿等進行雜誌出版事宜。「新民會」會員感於蔡氏的義氣，於是一面展開募捐，一面則積極籌備出版事宜，終於同年七月十六日在東京正式發行《臺灣青年》創刊號❹。該刊發行之後，因頗受臺灣島內有識者所歡迎，居住祖國及南洋各地的臺灣住民亦大力支持，故零星的捐款陸續滙到，遂得以順利推展社務，結果竟出乎當時臺灣總督府總務長官下村宏之意料，未成爲「三號雜誌」❺。

當時負責雜誌出版業務的，主要是東京留日學生。根據陳三郎的統計，這些留日學生大部份來自臺灣的中上家庭，他們多由官方派遣或經由官方鼓勵而成行❻。其中，少部份的留學生像東京高等師範的蔡培火、明治大學的林呈祿二人，已分別在臺灣接受過相當之教育，並有數年的服務經驗，年紀較大❼，很自然地在《臺灣青年》的發行當中，分別擔負重要責任——蔡培火爲編輯兼發行人，林呈祿爲司庫。（另有明治大學的彭華英擔任庶務）

除了前述的蔡、林、彭三人以外，當時參與《臺灣青年》出版業務的留日學生尚有多人，他們就讀的學校分別是：

(1)明治大學：蔡先於、郭國基、蔡式穀、羅萬俥、鄭松筠、蔡玉麟。
(2)慶應大學：張聘三、陳炘、呂靈石、王江漢。
(3)早稻田大學：王敏川、黃呈聰、黃朝琴、林仲澍、黃周、王金海。
(4)東京商科大學：吳三連、蔡珍曜、陳崑樹。

(5)東京帝國大學：劉明朝、蔡伯汾、林攀龍。
(6)專修大學：林伯殳、蔡敦曜。
(7)東京醫學專門學校：周桃源、石煥長。
(8)東京高等師範：謝春木。
(9)其他學校：李瑞雲、徐慶祥、吳丁福、呂盤石、郭馬西、劉青雲、顏春芳、林猶龍、陳以文、涂火、林中輝、林濟川、林舜聰、陳光明、林朝槐、楊維命、張明道、李乘鰲等❽。

創刊號的《臺灣青年》爲二十四開本，定價四十錢，計日文六十二頁，漢文五十四頁，正文之前有當時臺灣總督田健治郎（署名讓山健，見圖一）、蔡元培（見圖二）等人的題字。卷頭之辭（見圖三）及各篇內容（目次見圖四）均極慷慨激昂，淋漓盡致。該刊第一、二卷各發行五號，第三卷發行六號，第四卷發行二號，至民國十一年（一九二二）二月十五日爲止，一共出版十八號。後改組爲《臺灣》❾，並派蔡培火爲臺灣分社主任，回臺推展該刊業務。

就《臺灣青年》的內容而言，第一卷第一、二號溫和委婉，強調青年人要奮起，努力發展文化；以後偏重地方自治的解說，介紹世界殖民地的情勢，於是漸有民族運動之色彩。第一卷第四號遭受初次的「禁止發售」，第二卷第三號、第三卷第六號、第四卷第二號也相繼禁售，惟第二卷第三號又出版「訂正版」刊行。被禁售的各期，內容被日本政府認爲不當，主要原因是關於主張設置臺灣議會，以及批評日本殖民政策較爲激烈❿。

《臺灣青年》的發行，無論在日本或臺灣，都風行一時。在臺灣，尤其受到總督府醫學

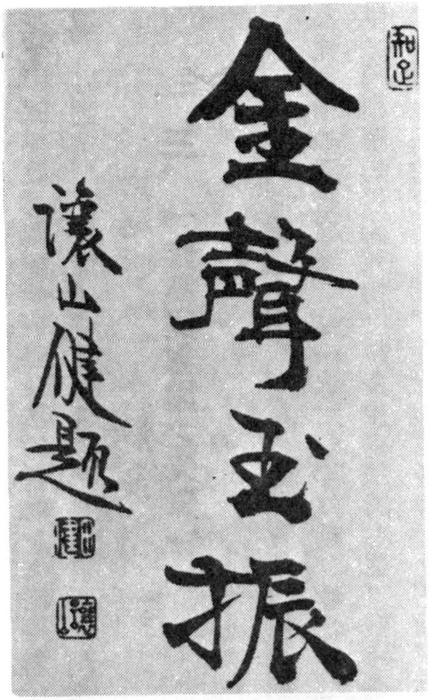

圖一：臺灣總督田健治郎題字

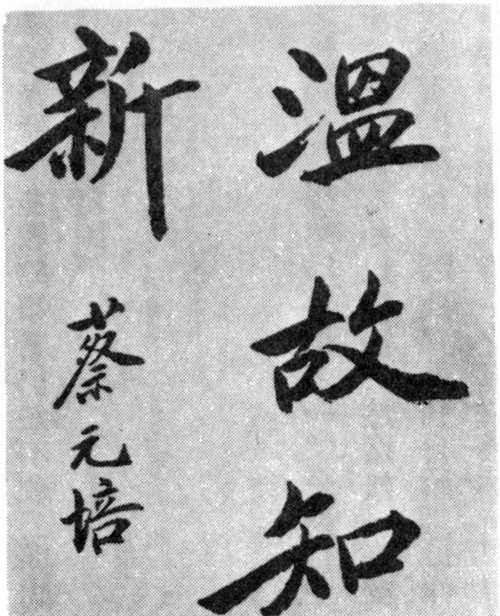

圖二：蔡元培題字

校（臺大醫學院前身）、師範學校和中等學校年輕學子們的支持⓫。惟亦因此，日本統治當局的壓力隨之加重，閱讀該刊的學生常會受到學校當局的警告，而社會人士則遭到警察的干涉。所以，該刊自第一卷第三號起，例於〈社告〉中強調該刊：「係依據內地新聞紙法所出版發行者，而在臺灣則遵照新聞紙令第十七條之法令手續，……在社會上可謂爲光明正大之言論機關，在法律上又可謂爲完全合法之文化事業，具有正式公認之能力，毫無暗險違法之嫌疑，望請放心閱讀。」但合法的刊物並未能得到法律的保障，多數的讀者仍然不敢公開閱讀，以避免無謂的麻煩。這種情形，實爲殖民地人民無限辛酸的寫照。

三、「作島民言論之先聲」

「作島民言論之先聲」，是《臺灣青年》創刊號〈社告〉所揭櫫的目標之一。臺灣自一八九五年割讓給日本，至一九二〇年以前，雖已經二十五年的日本殖民統治，然迄無一臺灣住民所創辦的言論刊物，以表達臺民的心聲，保障臺民應有的權益。因此，該刊自始即以作爲臺灣住民的喉舌自居，在總社及各分社之招牌，亦皆標示「臺灣人唯一之言論機關」，以明該刊的努力目標。

由於《臺灣青年》的創刊負有如此神聖的使命，所以該刊在發行期間，始終致力於要求島民言論與出版之自由，作爲社會改革運動的言論機關，並爭取日本開明人士的同情與支持。該刊的奮鬥目標，雖終因日本統治當局的壓制，而無法順利達成，但仍有其貢獻。

圖三：卷頭之辭

臺灣青年

卷頭之辭

空前で而も絶後であらうところの世界大戰亂は、過去の歷史となつた。幾千萬の生靈、このために赤い血潮を流して、白い枯骨と化した。アー、慘絶！慘絶！人類の不幸これより大なるものまたとあらうか。

この絶對の大不幸によつて、生き殘つた全人類は既往の惰眠から醒めた。暗黑を厭みて光明を慕ふやうに醒めた。橫暴に抗じて正義に從ふやうに醒めて來た。利己的、排他的、獨尊的の野獸生活を排して共存的、犧牲的、互讓的の文化運動を企てるやうに醒めて來たのである。觀よ、國際聯盟の成立、民族自決の尊重、男女同權の實現、勞資協調の運動等、一としてこの大覺醒の賜でないのはない。臺灣の青年！高砂の健兒！吾人は猶ほ立たないで居られやうか。斯の大運動の眞義を解せず、これに共鳴し得ないやうな人は、人としての價値が零であらう。況や國民となるに於いてをやである。

不幸にも我が臺灣は地理的に偏陬で且つ狹小である。吾人はその爲めで、文化的世界の大勢に落伍したものである。甚だ殘念でならぬ。諸君よ、吾人はかやうに文化の落伍者となつてゐる結果我が三百萬の不幸をのみ來して他に影響なしとならば、まだよいかも知れぬ。若しや吾人の缺陷の致すところとして、更に國中の均衡を失はしめ、世界の平和を破らせるやうな基を造ることであるならば、その罪惡實に懼しいものでなければならぬ。吾人は須く三省猛省するを要する。吾人は平和を愛護する前提として、先づ自新自強の途を講ずる必要があるのである。

吾人は深思熟考の末、遂にかく悟つた。即ち廣く內外の言論に耳を傾け、取るべきものを細大となく取り入れて我が養ひとする。而して養ひ得た力を惜げなく內外に向つて盡すと云ふことは、正に吾人の理想で、邁進すべき目標である。我が敬愛する青年同胞！共に立て、共に進めよ。

圖四：創刊號目次

臺灣青年創刊號目次

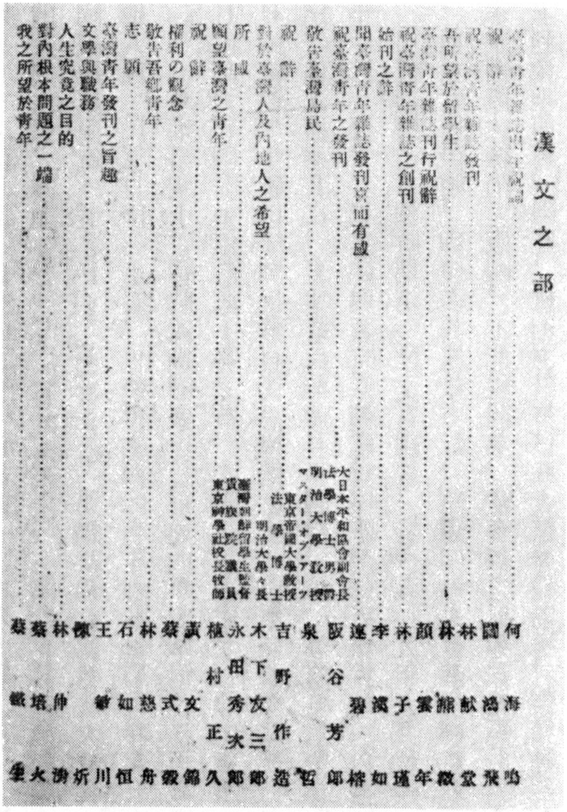

漢文之部

就要求島民言論與出版之自由而言，《臺灣青年》不斷地刊登有關言論自由的主張，介紹世界新思潮與各國輿情，以喚起臺民勇敢地站起來爭取說話的權利，並極力呼籲臺灣總督府應放寬言論的尺度。該刊的創刊，正值第一次世界大戰之後，民族自決思潮盛行之時，當時的臺灣住民，誠如 John L. Jang 所指出：「像世界其他殖民地的人民一樣，……也受到美國總統威爾遜（Woodrow Wilson）理想共和宣言的極大鼓舞。威爾遜總統所提倡的殖民地人民『民族自決』主張，也使得臺灣的青年熱烈地期待掙脫日本的統治，成立『自治政府』。」⑫惟事實上，當時歐洲國家由於經過四年大戰的消耗與破壞，國力不振，相對地正是日本國力和國際地位急劇上昇之時，臺灣住民要成立「自治政府」，實至為困難。因此，留日的臺灣學生雖已受到民族自決思潮的洗禮，但衡諸實際情況，對民族自決並未抱持任何希望，僅退而求其次，要求臺民能像日本國內一樣，享有言論與出版之自由而已。而《臺灣青年》此一要求，也正好與當時臺灣總督田健治郎所標榜的「內地延長主義」不謀而合。

田健治郎是日據時期第一位文官總督，於一九一九年十月就任。田氏素持同化政策的主張，他在就任伊始，即發表其施政方針，略謂：「夫臺灣乃構成日本領土的一部份，雖然屬日本帝國憲法統治之版圖，不能視同英、法各國之以殖民地祇為其本國政治之策源地，或經濟上利源地而論。因此，統治方針皆以此大精神為前提，作種種經營設施，使臺灣民衆成為完全之日本臣民，效忠日本朝廷，加以教化善導以涵養其對國家之義務觀念。」⑬田氏上述的施政方針，簡言之，即臺灣的各種措施都以內地（日本國內）的標準來衡量，也就是以臺灣作為內地的延長。這就是所謂的「內地延長主義」。除了政治上抱持同化政策的主張以外，田氏的漢學修養甚佳，他初抵臺灣時所賦的兩首七言絕句中，也有「一視同仁臨此民」之詩句⓮，充分表示田氏推動同化政策的決心。因此，田氏的出任臺灣總督，一方面固然可以說是原敬內閣的「大英斷」⓯，是順應世界大勢的妥當安排；另一方面，也一度給臺灣同胞帶來希望。

無可否認的，由於田氏的政治主張及其出身背景，他在擔任臺灣總督的四年期間（一九一九年十月—一九二三年九月），確曾致力於「內臺」共婚，「內臺」共學等同化政策的推行⓰。同時，田氏亦較其前七任武官總督易於接近，根據《臺灣總督府警察沿革誌》中卷的記載，《臺灣青年》創刊號發行之前，蔡培火、林呈祿等曾訪問當時正回東京述職的田氏，告以該刊的發行宗旨及編輯方針，提示創刊號原稿請田氏審查，並請田氏在創刊號題字⓱。但是，田健治郎終究是日本政府的臺灣總督，而不是臺灣住民的長官；他在臺灣的一切施政都是配合日本帝國的需要，而不是基於臺灣住民的福祉。所以，當他看到第四卷第二號刊載有吳三連的〈對酒專賣之私見〉、張聘三的〈言論自由之批判〉和鄭雪嶺的〈希望改善留學生待遇〉等文章，認爲它們或批評總督府的施政，或要求言論自由，都不符合日本統治當局的利益，遂加以壓迫，施以「禁止發售」的處分。其他的第一卷第四號、第二卷第三號、第三卷第六號，也都因爲刊載不符合臺灣總督府立場的文章，而遭到同樣的命運。顯然地，在總督府的專制統治之下，言論與出版的自由仍是遙不可及的。

就作爲社會改革運動的言論機關而論，《臺灣青年》的創刊，係「新民會」第二項行動目標：「爲擴大宣傳主張，啓發島民，連絡臺灣同志之聲氣，發刊機關雜誌」的實踐。又因

「新民會」是社會改革運動的重要團體之一，其行動的首要目標即「爲增進臺灣人之幸福，開始政治改革運動」⑱，故該刊自始即與社會改革運動密不可分。在該刊發行期間，它一直本著既定的目標，充分發揮其作爲社會改革運動言論機關之功能，呼籲臺灣住民革除不良的習俗，作新民，以迎頭趕上先進國家的社會文化。這一類的文章，在該刊各號之中，比較重要的至少有以下各篇：

題目	作者	期號	時間	備註
保存すべき我衞生的習慣	黃朝清	創刊號	一九二〇、七	
臺灣改良に就いて	蔡敦曜	創刊號	一九二〇、七	
勞働問題と臺灣	陳光明	第一卷第二號	一九二〇、八	
臺灣に婦人問題があるか	彭華英	第一卷第二號	一九二〇、八	
結婚の改善を絕叫す	范志義	第一卷第五號	一九二〇、一二	

婦人教育の理想	王金海	第二卷第一號	一九二一、一	
社會教育之必要	莊狷夫	第二卷第一號	一九二一、一	
男女差別撤廢	黃璞君	第二卷第一號	一九二一、一	
論婚姻	楊維命	第二卷第二號	一九二一、二	
婦人問題の根本主義を論じ且つ臺灣婦女界の惡現狀を排す	周桃源	第二卷第四號	一九二一、五	
案頭雜感	黃織昌	第二卷第四號	一九二一、五	討論婚姻問題
婚姻を論ず	陳崑樹	第三卷第一號	一九二一、七	
新時代的婦女和戀愛結婚	蘇儀貞	第三卷第一號	一九二一、七	
根本的結婚革命論	陳崑樹	第三卷第五號	一九二一、一一	

就普渡而言	王開運	第三卷第五號	一九二一、一一

以上的十五篇，如就其討論的主題或著重之點來分類，計討論婚姻問題六篇、婦女問題四篇、民俗問題二篇，其他衞生問題、勞動問題、社會教育問題各一篇。此一趨勢，除因受時代思潮的影響以外，也反映出日據時期臺灣社會的婚姻問題與婦女問題之嚴重，實亟待改革。

關於婚姻問題，根據前述楊維命〈論婚姻〉一文所敍，當時臺灣社會尚有早婚之俗，爲父母者每等不及子女長大成人，即匆促爲之「婚配以了向平之願」，不但因此阻礙男女雙方身體的發展，而且其智能也不足以成家立業，這是造成臺灣落後的原因之一[19]。另據陳崑樹的〈論婚姻〉一文，婚姻論財，以黃金多寡爲婚姻價値的觀念，常導致婚姻的不幸，也是當時臺灣的重要社會問題之一[20]。婦女問題也是《臺灣青年》討論的主題之一。臺灣知識份子此種重視婦女問題的趨向，對日據時期臺灣婦女問題素有研究的梁惠錦曾歸納爲：㈠歐美女權運動的激盪，㈡中國婦女問題的啓發，㈢日本本土思潮的影響，㈣臺灣社會的變遷四個因素[21]。筆者以爲，其中當以受到日本本土思潮的影響最大。當時臺灣的婦女問題，根據周桃源的〈論婦人問題的根本主義兼排除臺灣婦女界的惡現狀〉一文，主要是人身買賣問題和女子淫娼問題[23]。另據黃璞君的〈男女差別撤廢〉一文，則男尊女卑的觀念仍根深柢固，「直把女子當作奴隸的最腐敗、最無視人權的東洋特有的道德，不但把女子當作奴隸，且把女子當作一種買賣的東西。眞是視女子比土糞還不如了！」㉓這當然是極嚴重的婦女問題，無怪乎有心人要極力呼籲改革了。

至於民俗問題，日據時期臺灣社會迷信之風甚熾，根據曾景來的《臺灣宗教和迷信陋習》和增田福太郎的《臺灣的宗教——附童乩》二書，當時的迷信之風，農村地區比城市嚴重，其迷信對象包括自然萬物、日月星辰和地理風水等，幾至無所不信的程度㉔。這對臺灣社會的進步，以及教化事業的推行，當然有不利的影響。因此，王開運在〈就普渡而言〉一文中，痛陳此種祭祀孤魂野鬼的普渡習俗：「使子孫多長一迷信，一不利也。由個人經濟而言，際此金融困迫，糜費無謂之財，二不利也。由衞生言，珍饈羅列，須至魚餒肉敗而後食，三不利也。」接著，王開運又在結論中呼籲：「有此種種不利，禁之猶恐不遑，況敢因循而效尤乎？噫！天下事不患不知，唯患知而不能行耳。以後若能毅然痛改，力挽頹風，則爲我臺造福不淺矣。」㉕按迷信之風的形成，原有其複雜的社會與文化背景，其改革亦非一朝一夕所能奏功。當時《臺灣青年》呼籲改革民俗的成效如何，實不易遽予評估，但此舉至少是臺灣知識份子從事本土社會改革之一例。

因爲《臺灣青年》創刊之時，正是近代臺灣文化啓蒙之際，因此該刊的發行，除了作爲「新民會」的機關雜誌外，同時也兼有文化啓蒙之任務，這就是該刊從事社會改革的原因。而事實上，社會改革與民族運動的關係至爲密切，社會的進步當有助於民族運動的推展，從這個觀點來看，《臺灣青年》的重視社會問題，其做法是相當正確的。

就爭取日本開明人士的同情與支持來說，《臺灣青年》創刊的最後目標，原係圖謀脫離日本的殖民統治，回歸祖國；但因彼時的祖國正是軍閥割據時期，四分五裂，統一而強大的中國尚遙遙無期，故難以寄望祖國之援助。根據甘得中的追溯，早在光緒三十三年（一九〇七），臺灣民族運動志士林獻堂在日本與梁啓超相見，林氏請教梁氏：「我們處異族統治下，政治受差別，經濟被搾取，法律又不平等，最可悲痛者，尤無過於愚民教育，處境如斯，不知如何而可？」梁氏曾告訴林氏，不要期待來自祖國的援助，他說：「三十年內，中國絕無能力可以救援你們。」㉖梁氏因此勸林氏，要設法與日本政界的自由開明人士多接觸，藉此以迫使臺灣總督府改變其高壓的統治政策，爲臺灣住民爭取較佳的地位與待遇。論者以爲，梁氏的看法，對林氏後來始終堅持溫和的改革行動，具有很大的影響㉗。

如前所述，《臺灣青年》創刊號刊行之前，蔡培火、林呈祿等曾造訪當時正回東京的臺灣總督田健治郎，徵得田氏的諒解。此外，該刊的編輯群林呈祿等人更利用各種途徑結交日本的自由開明人士，邀請他們爲《臺灣青年》撰稿，以壯聲勢。因爲當時正値歐戰之後，舉世和平運動方興未艾，日本國內自由派的勢力相當大，以男爵阪谷芳郎爲首的「日本平和協會」也正在積極展開活動，該協會對臺灣、朝鮮的留學生極爲友好；而且林呈祿與該協會總幹事川上勇也素有交情㉘，所以稿源不斷。以創刊號爲例，即有六篇之多（見附表一）。

綜觀日人方面的撰稿者，可分爲兩個系統：其一是由前述的阪谷芳郎、川上勇所羅致的人士，如木下友三郎、永田秀次郎、平沼淑郎、元田作之進、帆足理一郎、北澤新太郎、佐野架裟美、石本惠吉、三宅雪嶺、田中萃一郎、村川堅固、占部百太郎、佐野學、小林丑三郎、河津暹、末弘巖太郎、杉森孝次郎等。其二則由東京神學社校長植村正久牧師介紹而來的人士，如田川大吉郎、島田三郎、古島一雄、山脇玄、永井柳太郎、清瀨一郎、五來欣造、松岡正男、和田豬三郎、友枝高彥、安岡正篤、吉野作造、海老名彈正、姉崎正治、內崎作三郎、江木翼、安部磯雄、尾崎行雄、江原素六、藤田逸男、山本忠興。此外，下村宏、神田正雄等，亦常爲該刊撰稿[29]。

以上所列舉的人士，都是當時日本的著名學者與開明的政治家，他們既不支領稿費，也未接受款宴，純係出自一片同情弱者的正義感而執筆。今試將比較重要的撰稿者及其題目列成附表一，以作進一步的說明。

附表一的四十七篇文章，就其內容來看，偏重於文化問題、殖民統治政策和自治問題三方面，而這些問題也正是當時臺灣最迫切的幾個問題，爲臺灣知識份子所關切。

由於日人方面撰稿者所討論的幾個主題，與《臺灣青年》發刊之旨趣相同，因此他們的文章倍受歡迎，也充實了該刊的內容。但另一方面，吾人也要指出，日本開明人士到底是日本人，他們雖因所持的理想與《臺灣青年》相同而屢施援手，但中日民族立場終有不同，所以他們討論臺灣問題的最後目標乃在臺灣同化於日本，充其量只成爲日本帝國的一個自治區而已，絕非鼓勵臺灣脫離日本而獨立或回歸中國。他們在討論前述幾方面的問題，皆秉持此一共同理念而加以發揮，在行文間每流露出日本沙文主義，以身爲日本國民爲榮。例如阪谷芳郎在〈祝臺灣青年之發刊〉一文中，即極力強調日本統治臺灣的成就說：「……顧臺灣與內地合併以來，既閱廿五載，地開闢，民富裕，人口繁殖，富源開發，學校、病院、鐵道、電信，其他教育、衞生、交通等百般之文物、制度，無不具備。試就二十五年前之臺灣與今日比較之，實有不啻霄壤之差焉。」接著，阪谷芳郎並把此一成就歸功於日本當局的有效統治：一、政治設施得其宜；二、奉行法令，至公至平；三、維持秩序，至嚴至正。最後，阪谷更爲日本殖民統治的偏差而辯護，並呼籲臺灣青年協力合作，共謀幸福繁榮說：「地（臺灣）乃新領之土，人係新附之民，亘廿五年之久，其間豈能期其無多少之過誤者耶？是故臺灣人民之間，恐亦難免無因此等之過誤，以惹起不平之心焉。然而欲冰釋其誤解，改善其過失，使人心歸于一，以增進臺民之幸福繁榮者，不得不待於今後也。惟今後所應努力之責任，乃在于臺灣之青年，固勿論矣。」㉚阪谷芳郎爲「日本平和協會」領袖，對臺灣留學生素極友好，他尚且處處不忘爲日本之統治說話，其他可思過半矣。這是我們討論時應該特別留意之處。

四、開啓民智傳播東西文化

《臺灣青年》創刊號的〈社告〉中，曾指出該刊創立的宗旨之一爲：「期應世界之時勢，順現代之潮流，以促進我臺民智，傳播東西文明。」其後，該刊即一直恪守其既定的宗旨，奮鬥不懈。

《臺灣青年》所以提出上述的宗旨，乃是基於一種「文化的落伍者」之覺悟。這種覺悟，一方面來自「物競天擇」的刺激，也就是警惕到當時歐美諸國均致力研究富國強兵之科學，以求立於最優勢的地位，而墨守成規的臺灣住民，顯然將處於自然淘汰之地位，無法生存；

再加上淪爲殖民地的處境，此種落伍感尤爲深刻。另一方面，則來自第一次世界大戰後全球的新思潮、新形勢——包括正義人道、自由平等的思潮，國際聯盟的成立，勞動階級之解放，以及民族自決運動等的影響。對閉塞的臺灣來說，這些新思潮、新形勢都具有強大的震撼力，促使當時的知識份子覺悟到非急起直追，無以適存於新時代[31]。以下試分爲「開啓民智，呼籲臺民奮起」等兩方面，略加論述。

㈠ 開啓民智呼籲臺民奮起

民智的開啓，並不是一朝一夕所能做到的，它必須經過長期的努力，才能顯出其效果。臺灣在清末劉銘傳主政時，曾興辦新式學堂，推動近代化的教育[32]，但因爲期甚短，功效不大。日據以後，又因爲臺灣總督府施行差別教育和隔離政策，臺灣住民接受教育的機會不多[33]，所以民智閉塞，文化甚爲落後。《臺灣青年》創刊之後，有鑑於此，除加強報導此一落後之現象，以喚起注意外；並研究各種有助於提高民智的方案，呼籲臺灣住民應奮起自強，以吸收新知，順應世界的新潮流。今試將有關這方面的文章列成附表二，俾作說明。

附表二所列的文章，分別就㈠觀念作法——奮鬥向上的人生觀；㈡文明開化——充實現代的生活智能；㈢團結自強——締造堅實的團體三方面加以發揮，並提出可行的辦法。以下試各舉一例加以說明：關於觀念作法方面，例如林呈祿在〈新時代臺灣青年的覺悟〉一文中，曾提出五點新時代臺灣青年應有的覺悟：⑴必要自強的精神；⑵必要奮鬥的精神；⑶革除陋習，吸收新文明；⑷除去民族的憎惡之念；⑸涵養奉公的精神[34]。關於文明開化方面，例如蔡鐵生在〈臺灣青年之大責任〉一文中，提出當時臺灣青年的唯一大責任，在於振興教育一端，而所謂振興教育之職責者，一爲精神教育，一爲兒童教育㉟。關於團結自強方面，例如劉子恩在〈締造堅實的團體〉一文中，則強調臺灣留日學生要締造堅實的團體，以引導臺灣住民從黑暗到光明，並呼籲《臺灣青年》雜誌要持續不斷地發展，永爲臺民的言論機關㊱。

(二) 介紹新知傳播東西文化

「介紹新知，傳播東西文化」，與前述的「開啓民智，呼籲臺民奮起」，實有極爲密切的關係。要開啓民智，呼籲臺民奮起，必須介紹新知，傳播東西文化；而介紹新知，傳播東西文化，亦有助於民智的開啓與臺民的奮起。本文將它分爲二方面，僅爲討論方便而已。

民國九年，臺灣已經過日本二十五年的殖民統治，當時日人都爭相誇耀其經營臺灣的成就，就是開明人士的阪谷芳郎也不例外，已如前述。但是在「工業日本，農業臺灣」的口號之下，臺灣充其量只是日本帝國的原料供應地和市場而已，文化方面的建設皆付闕如，與歐美先進國家相比，仍如一隔離之孤島。林呈祿曾指出這種情形說：「這不單單是島民的不幸，也是日本統治史上的一大缺陷，以及世界文化史上的一大汚點，實在叫人擔憂。」㊲就是這種文化落伍者的自覺。所以留日學生發起文化運動，努力介紹世界新知，傳播東西文化，以促使臺灣在各方面的進步，及時趕上世界文化。以下試將有關這方面的文章列成附表三，以便說明。

附表三共三十七篇文章，這些文章分就新時代的權利觀念、自由平等思想、國際法、自然與醫學、世界輿情與趨勢、社會主義思潮、貿易與商業、道德與法律概念等，分別撰文加以介紹或討論，而這幾方面正是當時世界新知和東西文化的主要內容。經過該刊的介紹與討論，臺灣住民因此得有機會接觸新知識、新文化。而臺民在接觸新知識、新文化之後，對自身所處的殖民地之地位，自有更進一步的認識，這對後來臺灣住民的紛紛獻身民族運動，當有很大的影響。

五、呼籲臺民自治並與各民族運動組織相結合

《臺灣青年》所從事的文化運動，已如前述。惟因該刊原係民族運動組織「新民會」的機關雜誌，故該刊自始即含有濃厚的民族意識。該刊第一卷第一、二號雖持溫和的立場，但自同卷第三號起，即逐漸轉向而成爲一眞正的民族運動刊物，一方面抨擊臺灣總督府的施政，呼籲臺民自治；另一方面則介紹祖國的概況與文化，並與各民族運動組織相結合。

根據林呈祿的口述：「《臺灣青年》正反映著這一時期知識份子所關心的問題，所以都集中在日本統治臺灣的現狀，作具體的批評和建議。」㊳誠然，該刊對臺灣總督府的專制獨裁政治、差別教育、警察行政，以及經濟壓榨等問題，都曾給予嚴厲的批評，而呼籲實行眞正的、廣義的臺灣自治。以下先將有關的文章列成附表四，再作進一步的說明。

附表四的四十篇文章中，署名記者（按即林呈祿）的〈六三問題之沿革〉和林呈祿的〈六三問題之運命〉，是兩篇最受注目的文章，它們分別介紹或討論所謂「六三問題」。林呈

祿指出其沿革說：「臺灣……歸於日本帝國當時，帝國政府對我臺灣統治上，見其存有特別之事情，遂認爲不得施行與內地同樣之法律，故於明治二十九年三月之帝國議會議定將臺灣立法之權限，一切委託於臺灣總督，所制定之法律第六十三號之問題也。」[39]然一九二〇年的臺灣已經過日本帝國二十多年的統治，正是日人東鄉實、佐藤四郎合著的《臺灣植民發達史》所誇稱：「日本統治臺灣的成功，是殖民史上的新紀元」[40]之際，此種授權臺灣總督府緊急處分，以致造成總督專制政治的惡法，却仍繼續實施。這當然是一極大的諷刺。所以林呈祿在〈六三問題之運命〉一文中，進一步呼籲：「由實際上觀之，則以爲不可不寧更進一步，而使臺灣之特別代議機關，以行特別立法者也。」[41]前日本著名學者矢內原忠雄，在其《日本帝國主義下之臺灣》一書中也批評說：「不論是統治的制度、原住者的官吏任用、言論的自由，顯然都是臺灣的政治情形比較朝鮮尤爲專制。臺灣完全沒有政治的自由，甚至其萌芽胚種都難發現。」[42]可見「六三法」貽害之大。

關於差別教育問題，則有黃臥松、何禮棟、陳英、鄭松筠等，分別就臺灣的高等教育、中等教育、女子教育與義務教育等方面提出建議，呼籲廢除差別教育和隔離政策，使臺民能像在臺的日人一樣，享有同等的教育機會（篇名、卷號請參閱附表四）。另外，鄭雪嶺的〈警察行政與警官之態度〉一文，則就殖民統治的警察行政提出嚴厲的批評：「臺灣的警察……因總督以律令之故，委任警察官吏許多警察以外的事項。因此，今日臺灣警察官吏的權限很強大，形成臺灣警察萬能，警察官吏眼中無人。他們在臺灣一地橫行濶步，漸至胡作非爲。然則爲何臺灣的警察官吏要有特別權限？」[43]鄭氏並在同文就親身經驗指出，在如此的警察行政之下，警官之態度至爲蠻橫，經常任意逮捕臺灣住民，作慘無人道的刑求，「其殘虐，神人俱爲不許，在臺灣這種例子實不在少。基於人道和法律，希望廢止其慘酷之手段。」㊹事實上，關於此種警察行政的特色，日人持地六三郎也承認：「臺灣的警察制度，不論體或用，都與日本的警察制度不同。這實爲臺灣警察之一特色。如果不了解這種警察制度的特色，就不能理解臺灣殖民政策的性質。臺灣的警察，實爲臺灣殖民政策的重心所在。臺灣的警察，除其本身固有的事務以外，幾乎輔助執行其他所有的行政；過去有所謂『警察國家』的說法，這一說法在臺灣已成爲事實。」㊺可見鄭雪嶺的批評，並非無的放矢。

關於經濟壓榨，當時臺灣住民的財政負擔十分苛重。竹越與三郎的《臺灣統治志》一書，曾比較一九〇四年歲入（中央及地方）的每人負擔，日本國內爲三・三四三圓，法領安南爲二・一八圓，臺灣則多至四・五五四圓，不但比日本爲重，而且爲法領安南的二倍有餘㊻。持地六三郎的《臺灣殖民政策》也說：「目前臺灣人民的負擔，絕不能算輕；這與其他殖民地一加比較，就可知道。」㊼所以黃呈聰在〈臺灣經濟界之危機及其救濟〉一文，極力批評臺灣總督府的經濟壓榨政策：「在社會中占最大多數的農民勞動者，苦於重稅，生活困難；中產以上的資產家漸次成爲虛產家；無產階級的增加，是社會政策上值得憂慮之事，這眞是當局一個值得深思的麻煩問題。」㊽由此可見，經濟壓榨的結果，實不僅僅是造成經濟危機而已。矢內原忠雄在其殖民地比較研究著作《植民及植民政策》一書中，也曾談及此種經濟壓榨問題，他說：「植民統治者急於獲得利益，往往不顧居於弱者地位的原住者，而施以壓迫榨取。因此而破壞殖民地的經濟力，招致原住者的反抗，甚或引起國民的非難。」㊾日據時期，臺灣經濟壓榨所引起的各種問題，就是一個顯著的例子。

民國九年七月，臺灣總督府公布「臺灣地方官制改正勅令及市街庄制律令」，該令旨在改革臺灣的地方制度。日本自由派學者泉哲曾評述其意義說：「溯自領臺以來，此種之改正，曾已反覆數次，但只改縣爲廳，或增減其數而已，並未有何等根本的改革者也。自昨年末，田健治郎男爵受任爲最初之文官總督，赴任以來，知從來統治政策之弊害，有改革之意思，曾在春期議會聲明，對於社會，亦曾公表之矣。今回所發布之臺灣律令，即可視爲同總督之改革聲明之實現之一端者也。」㊿由於當時也正是《臺灣青年》創刊之時，而且該一律令規定賦予臺灣住民較多的參政機會，爲臺民期待已久的所謂「自治制」，因此該刊的作者遂就此一律令提出進一步的批評和期望。例如陳崑樹在〈改革臺灣自治制的感想〉一文中，進一步要求增加臺民出任自治官員的機會，調整臺日人民擔任自治官員的比例㊿。另外，張棟梁在〈對臺灣官制改革之希望及自覺〉一文中也指出，雖則臺灣官制改革已發表，然當局尚未啓開人才登用之途，臺灣住民出任州、市、街庄之各階級協議會員之比例仍然很低；而且市尹、郡守、理事官助役及屬員等之官吏任用亦告絕緣，恰可作風馬牛不相及來看㊿。

綜上所述，可見〈臺灣青年〉在「抨擊臺灣總督府的施政，呼籲臺民自治」方面，實不遺餘力，其對臺灣總督府的統治，產生若干的督促和制衡作用，乃是可以肯定的。

《臺灣青年》除了前述的抨擊總督府的施政，呼籲臺民自治外，並極力介紹祖國的概況與文化，謀求與各民族運動組織相結合。該刊在發行期間，版面一直分爲「和文之部」（日文）和「漢文之部」（中文）兩部份，其作者——包括臺籍和日籍人士，都不諱言臺灣確實存有日本民族和漢族二大民族的隔閡，而日本統治當局似亦默認此一既存之事實。該刊或刊載漢詩漢文，或介紹中國傳統的儒家思想，或報導祖國災情，或暢論中國的前途等，其較重要的文章有以下十七篇：

題目	作者	期號	時間	備註
漢詩數首	少英等	第一卷第三號	一九二〇、九	作者共三人
民國北方饑饉救濟寄附金第二回報告、結算及其他報告	編輯部	第一卷第五號	一九二〇、一二	
利己與愛人	林獻堂	第二卷第一號	一九二一、一	
論中國將來之興亡	蔡鐵生	第二卷第一號	一九二一、一	卽蔡惠如
遊中華關於日華之感想	林伯殳	第二卷第二號	一九二一、二	
漢族之固有性	蔡培火	第二卷第三號	一九二一、四	
新論語	石如恒	第二卷第三號	一九二一、四	

新大學備旨	石煥長	第二卷第三號	一九二一、四	
新孟子	子虛子	第二卷第三號	一九二一、四	
毀謗的臆說和漢族特性的研究	林萬金	第二卷第四號	一九二一、五	
溪喩	霜湖	第二卷第四號	一九二一、五	明方孝孺所作
孔子教育學的研究	譚鳴謙	第二卷第四號	一九二一、五	
荀子教育學的研究	吳康	第二卷第五號	一九二一、六	
人性之研究	笑己女士	第二卷第五號	一九二一、六	
就臺灣文化協會而言	記者	第三卷第三號	一九二一、九	
漢族之英傑	邱冷英	第三卷第五號	一九二一、一一	

中國之解剖	英人 威爾斯手記	第四卷第一號	一九二二、一	原名為支那者何

《臺灣青年》刊載上列文章，充分說明了臺灣住民對祖國的關切。這種血濃於水的民族情感，和祖國文化的認同，就是臺灣總督府推行「同化政策」，乃至「皇民化政策」，皆無法達到目的的原因。

在「與各民族運動組織相結合」方面，《臺灣青年》自始即為一民族運動的刊物，前已述及。當時，民族運動組織很多，其中以「六三法撤廢運動」、「臺灣議會設置請願運動」和「臺灣文化協會」三者的規模最大，其影響也最深遠。

誠如前述，「六三法」在政治上的意義是承認臺灣的特殊化，它是總督專制政治之張本；在法律上的意義是由日本帝國議會畀予臺灣總督，在臺灣有權發佈與法律具有同等效力的「律令」，即所謂的「授權立法制度」。該法自日本據臺的次年（一八九六）實施，至一九二一年改為法律第三號為止，前後長達四分之一世紀，不但造成在臺日本官民的割據意識，同時也是臺灣一切惡法的根源[53]。識者皆為之痛心疾首，林獻堂甚至有「如能撤廢六三法，縱使需要任何犧牲，本人亦在所不辭」之語[54]。當時，不但臺灣住民反對該法，即日本的有識之士對臺灣總督擁有此一特權而不以為然的，也大有人在，故六三法的撤廢問題，竟由日人首先提出。蔡培火曾指出這種情形說：「提到六三法撤廢的問題，本人記得這個主張是日本人所提出的。當時大正初年在臺日人律師伊藤政重，另有一個來往日臺間之在野人士久我懲正者，時常向臺灣有識有志之士鼓勵，爲剝奪臺灣總督之專權，使臺灣民衆能得更自由之生活，應由臺灣人發動公意向中央政府機關，要求撤廢法律第六十三號。」㊺由於日人之鼓勵，於是以《臺灣青年》重要幹部爲主的「新民會」部份會員，乃展開如火如荼的「六三法撤廢運動」。他們曾多次集會，高舉撤廢六三法的旗幟，一度計劃利用日本國會開會之時機，在日本國會及總督府出張所（東京辦事處）前舉行示威運動，並向貴衆兩院議長及臺灣總督提出陳情書。其後因六三法撤廢後如何善後的問題，彼此未能獲得一致的結論，而前述該刊負責人之一的林呈祿又強調臺灣的特殊性，主張用特別代議機關，推行適合於臺灣特殊情況的特別立法，呼籲設置臺灣議會。加以當時「臺灣議會設置請願運動」的時機已經成熟，因此遂於民國十年一月正式向第四十四屆帝國議會提出請願書，而放棄六三法撤廢運動。

臺灣議會設置請願運動以「臺灣議會設置爲共同奮鬥目標」。該一請願運動共十五次，歷時十年㊻。其中，僅第一、二次請願時間發生在《臺灣青年》刊行期間，惟就其傳承來看，第三至第十五次請願運動仍爲前二次的延續。

民國十年一月，第一次臺灣議會設置請願由林獻堂領銜，獲得一百七十八人的簽署，經日本貴族院議員江原素六、衆議院議員田川大吉郎分別擔任介紹人，向日本貴衆議院提出請願書。其「請願趣旨」包括四項重要內容：一、承認臺灣特殊事情，有特別立法的必要。二、日本是立憲國家，臺灣在其統治下，自應享受立憲政治的待遇。三、臺灣總督掌握行政、立法的全權，顯係違反憲政的常軌。四、設置民選臺灣議會，以便協贊臺灣的特別立法及臺灣特別預算；也就是把日本帝國議會以法律第六十三號畀予臺灣總督之特別立法權，改由臺灣議會去審議制訂57。

第二次請願仍由林獻堂領銜，總共獲得五百十二人的簽署，貴族院仍由江原素六，衆議院則除田川大吉郎外，另有清瀨一郎共同擔任介紹人，於民國十一年二月向第四十五屆日本帝國議會提出，同時又將請願理由書分發給貴衆兩院議員及各有關方面。

這兩次的請願，雖因彼時多數日本國會議員對臺灣統治情況缺乏了解，以及臺灣總督府的從中破壞，而未能獲得「採擇」，造成請願的目的；惟經由此一運動，日本朝野人士對臺灣總督的專制政治已獲得進一步的了解，則為不爭之事實。而這兩次的請願運動，係以東京留日學生為主，其領導者為林獻堂、蔡惠如、蔡培火、林呈祿等人。這些領導人士，林獻堂為「新民會」會長，《臺灣青年》的經費支持者和作者；蔡惠如為「新民會」副會長，該刊的支持者和作者，創刊的經費即由他所提供；蔡培火和林呈祿二人則為該刊的實際負責人，也是主要的撰稿者。由此可見，《臺灣青年》與「臺灣議會設置請願運動」的結合，實至為密切。

「臺灣文化協會」創立於民國十年十月十七日。該會之成立，旨在「謀臺灣文化之向上。要言之，即互相切磋道德之眞髓，圖教育之振興，獎勵體育，涵養藝術趣味，以期穩健之發達，其歸結務在實行。」58該會自創立，以迄民國十六年分裂，前後六年，一直致力於文化啓蒙工作，或於各地設置讀報社，或舉辦各種講習會，或開辦夏季學校，或舉辦文化講習會，或召開「無力者大會」，或展開文化話劇運動與美臺團活動等，可以說把非武裝的抗日運動推展到新的境界，在民族思想和社會觀念方面，同時收到極其豐碩的啓蒙效果59。

《臺灣青年》在前述「臺灣文化協會」的活動中，也一直扮演著很重要的角色。就組成人員來說，「臺灣文化協會」是由蔣渭水籌備成立，由林獻堂擔任總理。蔣氏和林氏都是《臺灣青年》的主要支持者和作者，該刊改組爲《臺灣》、《臺灣民報》期間的總批發處，就設在蔣氏的「大安醫院」之內，可見蔣氏與《臺灣青年》關係之密切。另外，該刊的實際負責人蔡培火、林呈祿亦分別出任「臺灣文化協會」的專務理事、理事之職，故二者的組成實極密切。就其目標和活動來說，二者的努力目標是一致的，都在謀求臺灣文化水準的提昇，已如前述；其活動也是相互配合，互爲表裏，密不可分。

六、結　論

言論刊物爲近代民族運動最有力的武器，乃是衆所周知之事。民國九年七月，東京的臺灣留學生爲展開民族運動，而創刊《臺灣青年》雜誌，以作爲「新民會」的機關雜誌，實爲勢所必然。該刊創刊之後，雖只發行兩年即行改組，但這二年的努力，已爲改組後的《臺灣》雜誌等四個階段[60]，奠定了發展的基礎。

在《臺灣青年》發行期間，它的努力方向——經由文化運動，從事社會與文化的改革，以達到民族運動的目標，雖因日本統治當局的限制與壓迫，而無法順利達成，唯其貢獻與影響，仍極爲顯著。在「作島民言論之先聲」方面，該刊是臺灣住民所創辦的第一個言論刊物，它要求臺民能像日本國內一樣，擁有言論與出版的自由，也呼籲臺民革除不良的習俗，作新民，以迎頭趕上先進國家的社會文化。此外，並積極爭取日本開明人士的同情與支持，以壯大聲勢，並充實該刊的內容。

在「開啓民智，傳播東西文化」方面，該刊一方面鼓吹「文化的落伍者」之意識，以喚起臺民的覺醒；並呼籲臺民應奮起自強，建立奮鬥向上的人生觀，充實現代生活的智能。另一方面，則努力介紹世界新知，傳播東西文化，以促使臺灣在各方面的進步，這對後來的民族運動是很有幫助的。新聞學者曾虛白在論及傳播媒介的功能時說：「當傳播媒介跟社會接觸時，帶給這社會的是報導、智識和意見，因此就擴大這社會中大衆的視聽境界，而促進這社會組織的發展。因爲傳播媒介帶給社會成員們的報導、智識和意見，會指點出他們要滿足某種要求的新路線。當然，人群社會或受舊觀念傳統的牽制，或被自己經濟和才智能力所限制，未必一下子就能接受這新路線。但這一個啓發，激發了他們的新要求、新慾望，使他們以走上這新路線爲目標而加緊努力。」[61]誠然，當時《臺灣青年》在文化啓蒙方面的努力，確已指點出臺民努力的新路線，那就是從事民族運動。

在「呼籲臺民自治，並與各民族運動組織相結合」方面，該刊一方面對臺灣總督府的專制獨裁政治、差別教育、警官行政和經濟壓榨等，都曾給予嚴厲的批評，而呼籲實行眞正的、廣義的臺灣自治。另一方面，努力介紹祖國的概況與文化，以增進臺灣住民對祖國的了解和關切；並與當時的民族運動組織，諸如「六三法撤廢運動」、「臺灣議會設置請願運動」和「臺灣文化協會」等密切結合，以爲臺民爭取較佳的地位與待遇，進而要求臺灣自治。

雖然臺灣的光復，最後仍有賴於八年抗戰的勝利，但是日據時期的臺灣民族運動，因其受到日本朝野的重視，多少也減輕了當時臺灣住民所受的壓迫與痛苦，並給予臺民莫大的希望。而作爲民族運動刊物的《臺灣青年》，顯然已在極困難的環境下，努力發揮其作爲言論物的功能，它對近代臺灣民族運動的展開，乃至發展，都有很大的貢獻。

附表一：日人方面撰稿者的題目一覽表

題目	作者	期號	時間	備註
臺灣青年の發刊を祝す	阪谷芳郎	創刊號	一九二〇、七	
臺灣島民に告ぐ	泉　哲	創刊號	一九二〇、七	
祝辭	吉野作造	創刊號	一九二〇、七	
臺灣人並內地人に對する希望	木下友三郎	創刊號	一九二〇、七	
所感	永田秀次郎	創刊號	一九二〇、七	

臺灣の青年に望む	植村正久	創刊號	一九二〇、七	
臺灣人の實力とその使命	海老名彈正	第一卷第二號	一九二〇、八	
所感	和田猪三郎	第一卷第二號	一九二〇、八	
東京へ勉學に出て來る臺灣の若き御婦人及びその親達に	山東泰	第一卷第二號	一九二〇、八	
臺灣文化の爲あに	後藤朝太郎	第一卷第二號	一九二〇、八	
世界的文化と臺灣人の使命	永井柳太郎	第一卷第三號	一九二〇、九	
歐米の思潮と羅馬字	田川大吉郎	第一卷第三號	一九二〇、九	
臺灣自治制を評す	泉哲	第一卷第三號	一九二〇、九	
文化問題として內地と臺灣との關係を論ず	友枝高彥	第一卷第五號	一九二〇、一二	

二月に五回日曜日のある年	刈屋他人次郎	第一巻第五號	一九二〇、一二	
啓發臺灣文化之方針	海老名彈正	第一巻第五號	一九二〇、一二	
臺灣人と施政方針	平沼淑郎	第二巻第一號	一九二一、一	
世界に於ける平和運動の經過	川上勇	第二巻第一號	一九二一、一	
世界に於ける學生の移動	元田作之進	第二巻第二號	一九二一、二	
國際聯盟	川上勇	第二巻第二號	一九二一、二	
臺灣の議論に關する回想	田川大吉郎	第二巻第三號	一九二一、四	
民族自決の眞意	泉哲	第二巻第四號	一九二一、五	
價値觀之逆倒	帆足理一郎	第二巻第四號	一九二一、五	

臺灣の民選議會運動（之を敬聽せよ）	東京讀賣新聞社論	第二卷第四號	一九二一、五	
勞働運動と新文化の創造	北澤新次郎	第二卷第五號	一九二一、六	
文明の進步と社會の進步	佐野袈裟美	第二卷第五號	一九二一、六	
宗教的殖民政策論（上）	山本曾太郎	第二卷第五號	一九二一、六	下篇在次一號，略。
祝創刊一週年	島田三郎	第三卷第一號	一九二一、七	
「內地の延長」と云ふこと	姉崎正治	第三卷第一號	一九二一、七	
非理法權天	下村宏	第三卷第一號	一九二一、七	
期望臺灣之先覺者	石田新太郎	第三卷第一號	一九二一、七	
近代政治の理想	永井柳太郎	第三卷第二號	一九二一、八	

太平洋會議とは何ぞや	泉　哲	第三巻第二號	一九二一、八	
臺灣の現在及將來	山本忠興	第三巻第二號	一九二一、八	
下達せる教育	田川大吉郎	第三巻第三號	一九二一、九	
鄭公と臺灣經略	磯部曄卿	第三巻第三號	一九二一、九	
灣米論	山本曾太郎	第三巻第三號	一九二一、九	
臺灣統治の第一義	江木翼	第三巻第四號	一九二一、一〇	
日本國民性と臺灣統治策	内崎作三郎	第三巻第四號	一九二一、一〇	
臺灣青年讀者に告ぐ	島田三郎	第三巻第五號	一九二一、一一	
軍備縮小に就いて	泉　哲	第三巻第五號	一九二一、一一	

文化の救援	船尾榮太郎	第三卷第五號	一九二一、一一	
將來の殖民政策	五來欣造	第四卷第一號	一九二二、一	
文明の建設と吾等日本人	和田豬三郎	第四卷第一號	一九二二、一	
長子相續法改正論	中島玉吉	第四卷第一號	一九二二、一	
平和建設之前提	江原素六	第四卷第一號	一九二二、一	
現代文藝之趨勢	小野村林藏	第四卷第一號	一九二二、一	

附表二：有關「開啓民智，呼籲臺民奮起」的文章一覽表

題目	作者	期號	時間	備註
新時代に處する臺灣青年の覺悟	林呈祿	創刊號	一九二〇、七	

不斷の研究と努力	徐慶祥	創刊號	一九二〇、七	
我が島唯一の飛行家謝文達君	記者	創刊號	一九二〇、七	
青年同胞に與ふる檄	臺灣青年雜誌社	創刊號	一九二〇、七	
敬告吾鄉青年	林慈舟	創刊號	一九二〇、七	卽林呈祿
文學與職務	陳炘	創刊號	一九二〇、七	
人生究竟之目的	林仲澍	創刊號	一九二〇、七	
對內根本問題之一端	蔡培火	創刊號	一九二〇、七	
自治能力的養成		第一卷第二號	一九二〇、八	卷頭之辭
富戶の奮起を望む	楊海盛	第一卷第二號	一九二〇、八	

賢明なる諸父兄に告ぐ	吳昌盛	第一卷第二號	一九二〇、八	
造成偉人之秘訣	彭彼得	第一卷第二號	一九二〇、八	
吾曹須學之人物	何春喜	第一卷第二號	一九二〇、八	
訪代義士永井柳太郎氏有感	林仲輝	第一卷第二號	一九二〇、八	
臺灣青年の努力すべき方面と修養すべき方面	古山	第一卷第三號	一九二〇、九	
全亞細亞の大勢より觀たる臺灣青年に對する急務	周桃源	第一卷第三號	一九二〇、九	
地方青年團を勸獎す	徐慶祥	第一卷第五號	一九二〇、一二	
堅實なる團體を造れ	劉子恩	第一卷第五號	一九二〇、一二	
臺灣青年之大責任	蔡鐵生	第一卷第五號	一九二〇、一二	即蔡惠如

己に求めよ！	葉榮鐘	第二巻第一號	一九二一、一	
臺灣之沿革與臺灣人之可敬	李黃海	第二巻第一號	一九二一、一	
同胞の教育家諸賢に望む	劉碧洲	第二巻第二號	一九二一、二	
我が臺灣青年の體育改造な呼ぶ	顏春芳	第二巻第二號	一九二一、二	
對於提倡體育的希望	吳亦烈	第二巻第二號	一九二一、二	
個性與組織	梁任公演講	第二巻第二號	一九二一、二	
一夜の思索に映じたる吾等の命脈	柯文質	第二巻第三號	一九二一、四	訂正版
文學士林茂生君に呈す	吳三連	第二巻第三號	一九二一、四	
臺灣の文化と同化を述べて臺灣統治に及ぶ	郭德為	第二巻第三號	一九二一、四	

吾人之思想有差違乎	鄭策詳	第二卷第三號	一九二一、四	
論先覺者之天職	王敏川	第二卷第四號	一九二一、五	
隨便談談	黃朝琴	第二卷第四號	一九二一、五	
臺灣帝國領有以前之沿革略附所感	林本元	第二卷第四號	一九二一、五	
臺灣教育改造論（上）	黃呈聰	第三卷第一號	一九二一、七	下篇在次一號，略。
生物進化と人體の變化	霜湖	第三卷第一號	一九二一、七	
歸臺雜感	吳三連	第三卷第四號	一九二一、一〇	
年頭雜感	黃呈聰	第四卷第一號	一九二二、一	
書房教育革新論	王××	第四卷第一號	一九二二、一	

附表三：有關「介紹新知，傳播東西文化」的文章一覽表

題目	作者	期號	時間	備註
權利の觀念に就いて	蔡式穀	創刊號	一九二〇、七	
我所望於青年	蔡鐵生	創刊號	一九二〇、七	
對於律令權之疑義	蔡敦曜	第一卷第三號	一九二〇、九	
述空氣之概要	蔡培火	第一卷第三卷	一九二〇、九	
馬關條約と臺灣人の法律上の地位	鄭松筠	第一卷第五號	一九二〇、一二	
加州に於ける排日運動を見て	羅萬俥	第二卷第一號	一九二一、一	
現代青年修養上に於ける基督教の價值に就いて	蔡孟鑫	第二卷第一號	一九二一、一	
ゼントルマンと君子と紳章の比較	羅萬俥	第二卷第三號	一九二一、四	訂正版

米國新大統領瑕殿氏之就任演說	記者	第二卷第三號	一九二一、四	
現代社會生活の實況	柯文質	第二卷第四號	一九二一、五	
英國に於ける英語擁護運動とエスペラント	連溫卿	第二卷第四號	一九二一、五	
社會主義の概說（上）	彭華美	第二卷第四號	一九二一、五	下篇在次一號，略。
朝鮮印度安南菲律賓與歐戰之影響	蔡伯汾	第二卷第四號	一九二一、五	
研究救恤貧乏問題	蔡復春	第二卷第四號	一九二一、五	
社會連帶論（上）	劉明朝	第二卷第五號	一九二一、六	下篇在次一號，略。
亂視とは如何なるものか	洪長庚	第二卷第五號	一九二一、六	
戰爭より得たる教訓（一）	郭國基	第二卷第五號	一九二一、六	（二）在次一號，略。

歐戰中之三奇	邃園	第二卷第五號	一九二一、六	
國際聯盟說	羅玉書	第二卷第五號	一九二一、六	即羅萬俥
近世植民史概要(一)	黃天民	第三卷第二號	一九二一、八	(二)、(三)在以下各號，略。
階級鬥爭の研究	蔡復春	第三卷第三號	一九二一、九	
實社會と文學	甘文芳	第三卷第三號	一九二一、九	
通俗的口腔病	張秋淋	第三卷第三號	一九二一、九	
述米國今期大統領當選之原因經過與東洋之關係	羅玉書	第三卷第三號	一九二一、九	
各國之學制	記者	第三卷第三號	一九二一、九	
天籟	記者	第三卷第三號	一九二一、九	

天羅地網	記者	第三卷第三號	一九二一、九	連載，以下各篇略。
民商法施行に就いて	鄭雪嶺	第三卷第四號	一九二一、一〇	
施行民商法宜設除外例	記者	第三卷第四號	一九二一、一〇	
中西現狀之推移論	林天爵	第三卷第五號	一九二一、一一	
近代思想家所解釋之性及性慾	天鐸	第三卷第五號	一九二一、一一	
平凡眞言	黃周	第四卷第一號	一九二二、一	
請願權を論ず	鄭雪嶺	第四卷第一號	一九二二、一	
思想の歷史的考察	林仲輝	第四卷第一號	一九二二、一	
道德之概念	石霜湖	第四卷第一號	一九二二、一	

日用文鼓吹論	陳端明	第四卷第一號	一九二三、一	
科學方法之大要	蔡培火	第四卷第一號	一九二三、一	

附表四：有關「抨擊臺灣總督府的施政，呼籲臺民自治」的文章一覽表

題目	作者	期號	時間	備註
地方自治を述べて臺灣自治及ぶ	林呈祿	第一卷第二號	一九二〇、八	
臺灣の地方行政制度の改革に就きて就感	蔡式穀	第一卷第二號	一九二〇、八	
臺灣地方自治と同風會	徐慶祥	第一卷第二號	一九二〇、八	
改革されたる臺灣自治制に於ける感想	陳崑樹	第一卷第二號	一九二〇、八	
吾人の同化観	蔡培火	第一卷第二號	一九二〇、八	

臺灣自治制之感想	黃伯薰	第一卷第二號	一九二〇、八	
女子教育之必要	陳英	第一卷第二號	一九二〇、八	
臺灣官制改革に對する希望及自覺	張棟梁	第一卷第三號	一九二〇、九	
天愚庵氏に敬告す	一臺人	第一卷第三號	一九二〇、九	
地方自治概論	林慈舟	第一卷第三號	一九二〇、九	
女子教育論	王敏川	第一卷第三號	一九二〇、九	
臺灣大學建設論	黃臥松	第一卷第三號	一九二〇、九	
六三問題之沿革	記者	第一卷第五號	一九二〇、一二	
六三問題之運命	林慈舟	第一卷第五號	一九二〇、一二	

臺島與我等	蔡培火	第一巻第五號	一九二〇、一二	
婦人教育の理想	王金海	第二巻第一號	一九二一、一	
社會の若返りと人道的傾向	呂銘庸	第二巻第二號	一九二一、二	
臺灣中學設立論	何禮棟	第二巻第二號	一九二一、二	
臺灣醫專豫科の昇格運動	記者	第二巻第二號	一九二一、二	
臺灣議會設置の請願に就きて	記者	第二巻第二號	一九二一、二	
臺灣議會設置請願に關する管見	林獻堂	第二巻第三號	一九二一、四	
保甲制度論	黃呈聰	第二巻第三號	一九二一、四	
同化政策に就いて	蔡式穀	第二巻第三號	一九二一、四	

臺灣議會設置請願の精神に就きて	林子民	第二卷第三號	一九二一、四	
臺灣と義務教育	鄭松筠	第二卷第三號	一九二一、四	
就臺灣議會而論	黃天民	第二卷第三號	一九二一、四	
關於法律第一號改正案之論議	記者	第二卷第三號	一九二一、四	
二ケ年振リの歸臺	蔡培火	第三卷第一號	一九二一、七	
改正臺灣統治基本法與殖民地統治方針	林呈祿	第三卷第一號	一九二一、七	
關於義務教育之管見	雪嶺	第三卷第一號	一九二一、七	
臺灣教育に關する私見	王金海	第三卷第二號	一九二一、八	
小作法之制定如何	記者	第三卷第二號	一九二一、八	

警察行政と警官の態度	鄭雪嶺	第三卷第三號	一九二一、九	
死に對する所感附時事小言	楊振福	第三卷第三號	一九二一、九	
臺灣教育に關する根本主張	蔡培火	第三卷第三號	一九二一、九	
隨感錄	頑夫	第三卷第四號	一九二一、一〇	
臺灣經濟界の危機と其の救濟	黃呈聰	第三卷第五號	一九二一、一一	
臺灣教育之實情	錦村生	第三卷第五號	一九二一、一一	
酒專賣に對する私見	吳三連	第四卷第二號	一九二二、二	
留學生待遇の改善を望む	鄭雪嶺	第四卷第二號	一九二二、二	

附註

❶ 關於臺灣總督府統治政策的轉變，請參閱黃靜嘉《臺灣殖民地統治歷程之回顧》，〈日據時期之臺灣殖民地法制與殖民統治〉導言部份，頁一——一〇，社會科學叢刊，民國四十九年五月初版。又參閱王詩琅〈日據時期統治政策的演變〉，《日本殖民地體制下的臺灣》第一篇，頁一〇——一六，衆文圖書公司印行，民國六十九年十二月初版。

❷ 參閱王詩琅編著《臺灣史》第八章〈日據時期之臺灣〉，頁六五六，臺灣省文獻委員會編印，民國六十六年四月。又參閱張正昌《林獻堂與臺灣民族運動》第一章〈緒論〉，頁一——二，著者發行，民國七十年六月。

❸ 參閱楊肇嘉《臺灣新民報小史》，《臺灣新民報》第三十冊附錄，頁一，東方文化書局複刊，一九七三年。

❹ 以上參閱楊肇嘉前引文，頁二。另參閱葉榮鐘等撰，《臺灣民族運動史》第十章〈臺灣人的唯一喉舌——臺灣民報〉，頁五四五——六，自立晚報叢書，民國六十年九月。又參閱《臺灣總督府警察沿革誌》中卷（又名《臺灣社會運動史》）第一章〈文化運動〉，頁二七——八，臺灣總督府警務局編，龍溪書局複刻版。

❺ 所謂「三號雜誌」，係日本俗語。因爲發行雜誌往往維持到第三號，便因資金與稿源兩竭而不得不停刊。見前引《臺灣民族運動史》，頁五四六。

❻ 見陳三郎《日據時期臺灣的留日學生》第三章〈留學生之類別、出身與分布〉，頁八一——二，私立東海大學歷史研究所碩士論文，民國七十年六月。

❼ 蔡培火爲臺灣總督府國語學校師範部畢業，曾在臺灣擔任公學校教師數年，後來到東京留學，《臺灣青年》創刊之時已三十一歲；林呈祿爲國語學校國語部畢業，曾在臺灣擔任地方法院書記官，《臺灣青年》

創刊之時已三十四歲。以上分別參閱蔡憲崇、謝德錫合著,〈臺灣教師的先覺者——王敏川與蔡培火〉,臺灣文藝第八十一期,頁一六二—三,民國七十二年三月;王詩琅訪問及紀錄,〈臺灣口述歷史——林呈祿先生訪問記〉,頁一—七,國立臺灣大學歷史學系主持,民國五十六年十月。(按:該訪問稿《近現代臺灣口述歷史》,已於民國八十年七月由林本源中華文化教育基金會出版)

⑧ 以上編輯群資料,係根據〈本誌編輯在京關係者氏名〉(《臺灣青年》第一卷第二號封底裏)、葉榮鐘等撰前引文(頁五四六—八)、吳文星《日據時期臺灣師範教育之研究》(頁二一五—七,國立臺灣師範大學歷史研究所專刊之八,民國七十二年元月初版)、陳三郎《日據時期臺灣的留日學生》(頁二三五)等編製而成。

⑨ 根據林呈祿的口述,《臺灣青年》改組爲《臺灣》的原因有二:一、「新民會」的宣傳不應限於青年,應該擴大到一般大衆去。二、經費方面,不能長期仰仗各方面的捐助,大家都感覺長此也不是辦法,所以決定創立一個株式會社(股份有限公司)的出版企業組織來經營。見前引〈臺灣口述歷史——林呈祿先生訪問記〉,頁一七。

⑩ 見楊肇嘉,前引文,頁三。

⑪ 同前註,頁四。

⑫ 見John L. Jang, A History of Newspapers in Taiwan, p. 46, A Dissertation for the Degree of Doctor of Philosophy, 1967, Uni. of Michigan, U.S.A.

⑬ 引文見井出季和太著、郭輝編譯,《日據下之臺政》後編第八章〈田總督時期〉,頁六八八,臺灣省文獻委員會編印,民國四十五年十二月。

⑭ 田氏於一九一九年十一月十一日抵達基隆港,在船中曾賦詩二首:〈星槎萬里浪華飜,喜見南溟曉日溫欲使黎元霑聖澤,至誠一貫答君恩。〉(洋中口吟);〈遠駕長風氣接旻,山川秀麗眼中新。安邦要訣無奇策,一視同仁臨此民。〉(基隆港外作)見田健治郎傳記編纂會撰《田健治郎傳》第十六章〈臺灣

總督時代〉，頁三八三，一九三二年。

⑮ 此為被視為軍閥領袖的山縣有朋對原敬內閣改派文官總督的評價。見高濱三郎《臺灣統治概史》第三編〈文官總督時代〉，頁一九五，一九三六年，東京。

⑯ 同前註，頁二二〇—二二六。

⑰ 見前引《臺灣總督府警察沿革誌》中卷第一章〈文化運動〉，頁三〇。

⑱ 「新民會」共有三項行動目標，其第一、二項已於正文引述，其第三項為：「圖謀與中國同志的聯絡。」，同前註，頁二七。

⑲ 見楊維命，〈論婚姻〉，《臺灣青年》第二卷第二號，「漢文之部」頁三二—七。

⑳ 見陳崑樹〈婚姻を論ず〉，《臺灣青年》第三卷第一號，「和文之部」頁三八—四四。

㉑ 見梁惠錦〈臺灣民報中有關婦女政治運動的言論〉，頁二一—一二，中華民國歷史與文化學術討論會論文集，民國七十三年五月。

㉒ 見周桃源〈婦人問題の根本主義を論じ且つ臺灣婦人界の惡現狀を排す〉，《臺灣青年》第二卷第四號，「和文之部」頁二八—三二。

㉓ 見黃璞君〈男女差別撤廢〉，《臺灣青年》第二卷第一號，「漢文之部」頁三五。

㉔ 見曾景來《臺灣宗教と迷信陋習》，臺灣宗教研究會發行，一九三九年再版發行。又見增田福太郎《臺灣の宗教——附童乩》，古亭書屋影印，民國六十四年八月。

㉕ 見王開運，〈就普渡而言〉，《臺灣青年》第三卷第五號，「漢文之部」頁二八—九。

㉖ 見甘得中，〈獻堂先生與同化會〉，收在《林獻堂先生紀念集》卷三〈追思錄〉，頁二八下，林獻堂先生紀念集編纂委員會發行，民國四十九年十二月。

㉗ 參閱 Edward I-te Chen（陳以德），Formosan Political Movements Under Japanese Colonial Rule, 1914-1937, The Journal of Asian Studies Vol. 31, p.479. 又參閱張正昌

前引書，頁七二。

㉘ 見葉榮鐘等撰，前引書，頁五四六—七。

㉙ 同前註，頁五四七。

㉚ 見阪谷芳郎〈臺灣青年の發刊を祝す〉，《臺灣青年》創刊號，「和文之部」頁二—三。

㉛ 參閱林載爵〈五四與臺灣新文化運動〉，聯合報副刊，民國六十八年四月二十六日。另參閱張勝助《日據時期臺灣報界的抗日運動》第五章〈臺灣新文化運動與抗日運動〉，頁一三五—九，私立中國文化大學哲學研究所新聞組碩士論文，民國七十年一月。

㉜ 見黃富三〈劉銘傳與臺灣的近代化〉，《臺灣史論叢》第一輯，頁二七六，衆文圖書公司印行，民國六十九年四月。

㉝ 參閱 E. Patricia Tsurumi, Japanese Colonial Education in Taiwan, 1895-1945. Ch. III, pp. 13-44. Harvard Uni. Press, Cambridge Massachusetts, U.S.A. and London, England, 1977.

㉞ 見林呈祿〈新時代に處する臺灣青年の覺悟〉，《臺灣青年》創刊號，「和文之部」頁三七—九。

㉟ 參閱蔡鐵生〈臺灣青年之大責任〉，《臺灣青年》第一卷第五號，「漢文之部」頁四。

㊱ 參閱劉子恩，〈堅實なる團體を造れ〉，《臺灣青年》第一卷第五號，「和文之部」頁五六。

㊲ 同㉞，頁三五。

㊳ 見前引〈臺灣口述歷史——林呈祿先生訪問記〉，頁一六。

㊴ 見記者（林呈祿）〈六三問題之沿革〉，《臺灣青年》第一卷第五號，「漢文之部」頁六。

㊵ 見東鄉實、佐藤四郎合著《臺灣植民發達史》第一章〈總論〉，頁三〇，晃文館發行，一九一六。

㊶ 見林呈祿〈六三問題之運命〉，《臺灣青年》第一卷第五號，「漢文之部」頁二九。

㊷ 見矢內原忠雄著、周憲文譯《日本帝國主義下之臺灣》第四章〈政治問題〉，頁八五，臺灣銀行經濟研

究室編印臺灣研究叢刊第三九種，民國四十五年六月。

㊸ 見鄭雪嶺〈警察行政と警官の態度〉，《臺灣青年》第三卷第三號，「和文之部」頁一四—五。

㊹ 同前註，頁二〇。

㊺ 轉引自周憲文《日據時代臺灣經濟史(一)》第一章〈基礎工作〉，頁二，臺灣研究叢刊第五九種，民國四十七年八月。

㊻ 轉引自前引《日據時代臺灣經濟史(二)》第十二章〈財政〉，頁三一〇。

㊼ 同前註。

㊽ 見黃呈聰〈臺灣經濟界の危機と其の救濟〉，《臺灣青年》第三卷第五號，頁五三。

㊾ 見矢內原忠雄《植民及植民政策》第十一章〈統治政策〉，頁三一四，有斐閣發行，一九三三年八月改訂第四版，東京。

㊿ 見泉哲〈臺灣自治制評〉，《臺灣青年》第一卷第三號，「漢文之部」頁三四—五。

51 參閱陳崑樹〈改革されたる臺灣自治制に於ける感想〉，《臺灣青年》第一卷第二號，「和文之部」頁四八—五四。

52 參閱張棟梁〈臺灣官制改革に對する希望及自覺〉，《臺灣青年》第一卷第三號，「和文之部」頁三七—四一。

53 參閱前引《臺灣民族運動史》第二章〈六三法撤廢運動〉，頁五三。

54 轉引自前註，頁七〇。

55 見蔡培火〈日據時期臺灣民族運動〉，臺灣文獻第十六卷第二期，頁一七六。

56 見前引《臺灣總督府警察沿革誌》中卷第二章〈政治運動〉，頁三一五—四〇三。又參閱高日文，〈臺灣議會設置請願運動始末〉，臺灣文獻第十六卷第二期，頁六〇—九六。

57 見前引《臺灣民族運動史》第四章〈臺灣議會設置運動〉，頁一〇八—一二三。

58 同前引書第六章「臺灣文化協會」，頁二八六。

59 同前註，頁二九五—三一九。又參閱張城〈啓蒙與喚醒——回顧『臺灣文化協會』的抗日運動〉，自立晚報副刊，民國七十三年十月十七—二十二日。另參閱 Edward I-te Chen, Ibid., pp. 489-495.

60 《臺灣青年》改組後，共經過《臺灣》、《臺灣民報》、《臺灣新民報》和《興南新聞》四個階段。詳見楊肇嘉前引文，頁一—三四。

61 見曾虛白，《中國新聞史》第一章〈總論〉，頁二—三，國立政治大學新聞研究所發行，民國五十五年四月初版。

附記：本文曾獲七十四學年度行政院國家科學委員會獎助，特此致謝。

（國立臺灣師範大學歷史學報第十三期，民國七十四年六月，臺北）

評介鶴見著《日據下的臺灣殖民教育》

書　名：Japanese Colonial Education in Taiwan, 1895～1945.
作　者：E. Patricia Tsurumi
頁　數：正文二二八頁，包括 Appendixes, Notes, Bibliography, Glossary, Index 共三三四頁。
出版時地：Harvard University Press, Cambridge, Massachusetts, U. S. A. and London, England, 1977.

《日據下的臺灣殖民教育》是鶴見（E．Patricia Tsurumi）在美國哈佛大學的博士論文，一九七七年由哈佛大學出版部出版，列入哈佛東亞研究專刊第八十八種。鶴見生於一九三八年，爲旅居加拿大的日裔學者，現任加拿大英屬哥倫比亞省維多利亞大學（University of Victoria, Victoria, British Columbia）歷史系教授。

關於本書的撰寫動機，鶴見在自序中曾有詳細的說明。首先，她談及以「日據下的臺灣」爲研究範圍的動機，謂明治維新以後的日本，雖是亞洲唯一的殖民帝國，但它所受到學界的重視，却遠不如西方殖民帝國，因此有關日本在臺灣、韓國和滿洲殖民統治的研究，目前還停留在起步的階段，有待學界進一步地加以研究。日本的殖民統治和西方其他殖民帝國在類型上有何不同？日本在臺灣的殖民統治和英、法、荷、美等西方帝國在亞洲的殖民統治實際情形有何不同？這些都是她想探求的答案。同時，在臺灣的學者對於日據時期的研究，多屬零星而乏系統的單篇論文，不如韓國學者對於同一時期的韓國研究之深入，而有豐碩之成果。其次，她談及以「教育」為研究對象的原因，謂教育是明治維新的重要內容，是十九世紀日本推動現代化的重要憑藉，因此日本在殖民地如何推動教育？與日本國內教育有何不同？尤其是日本在臺灣的教育，它在殖民地統治的過程中扮演什麼角色？凡此都是鶴見所希望解答的問題。

本書共分為九章，附有十三個表；另有附錄四則，包括附表九個。全書的內容，依其性質可歸納為四部份。

第一部份為第一章〈歷史背景〉（The Setting）。本章從十九世紀後期明治維新（一八六七）敍起，當時日本在西方列強不平等條約壓迫之下，從事各項改革運動，極力模仿西方，其短程目標固為廢除不平等條約，取得與列強平等之地位，而其長程目標則為工業和軍事的現代化，甚至於成為一殖民帝國。鶴見引用當時的外相井上馨的話，說明此一轉變：「我們要改變我們的帝國和人民，使我們的帝國像歐洲國家，人民像歐洲國家的人民。為了消除彼此的差距，必須在亞洲的東緣建立一個新的、歐式的帝國。」❶甲午戰後，日本取得第一個殖民地——臺灣，正式躋身殖民帝國之林。日本之佔據臺灣，很自然地引起世界各國之注視，因此日本據臺初期的統治目標是把臺灣治理成殖民地的模範——一個有秩序的、經濟的生產地區，以及一個和平的、工業人口衆多的地區。在經過數年臺灣人民的抵抗之後，日本統治當局隨即意識到軍事鎮壓不是統治的最佳辦法，欲有效地治理臺灣，開發臺灣的資源，並爭取臺灣人民的合作，唯有從內政入手，而教育即爲此內政措施的重要部份。鶴見認爲，教育除了可達到上述的短程目標外，其終極目標則爲同化臺灣人民。教育具有軍事勝利所無法企及的功能，是政治、經濟、社會和文化根本改變的工具，是將中國傳統文化地區的臺灣改變成爲近代日本一部份的最佳之策，這是當時日本的野心和計劃。因此，自第四任臺灣總督兒玉源太郎和民政長官後藤新平起（一八九八），遂一改其前三任總督時代的高壓政策，採取較爲溫和的手段，以教育配合內部的統治，教育計劃即爲新內政措施的重要部份。而當時興辦教育的理念和經驗，很自然地係以明治時代的教育革新爲藍本。其中不同的是，明治時代日本的教育，尤其是中高等教育，是日本獲得治國所需的西方科技和管理技術之途徑，至於初等教育則被認爲係接受新社會的生活方式和職業的手段，並以之作爲訓練忠貞的國民和團結地方的工具。然在臺灣並無培養中高級幹部之需要，中高等教育因之未受到應有之重視，統治當局僅重視初等教育之實施，希望透過初等教育的普及以全面取代中國傳統的「後向」（backward）教育，使臺灣人不但成爲現代世界的一員，並且成爲日本的忠順臣民，因此課程的安排特別著重於日語、修身和算術之教學：以日語和修身教學替代儒家的教條，轉移臺灣人效忠的對象，強調臺灣人對日本和天皇的效忠；算術則爲現代生活所必需，係殖民地產業技術人員所必須具備的基本能力。

在本章中，鶴見除了對日據下臺灣殖民教育的背景，作了上述的敍述和討論外，並對日據前臺灣歷史的發展，分就〈臺灣的早期歷史〉、〈荷據下的臺灣〉、〈明鄭時期的臺灣〉

和〈清代的臺灣〉等幾個小節，作了扼要的介紹，藉以說明臺灣的歷史背景。

第二部份共有四章，包括第二章〈教育政策的基礎：漸進主義與隔離主義〉（The Groundwork：Gradualism and Separatism）、第三章〈教育計劃的開展：合適的殖民地教育〉（Expansion：Suitable Education for a Colony）、第四章〈教育制度與共學教育〉（Systematization and Integration）和第五章〈共學教育令公佈之後〉（After the Integration Rescript）。此部份著重於縱的論述，將日據下臺灣殖民教育的發展，依時間先後分為四期，即依序為上述四章，然後就各期的重點和特色，分別加以討論。

第一期（第二章）：自日本據臺之年（一八九五）五月成立學務部（隸民政局）起，至一九〇六年四月止。鶴見指出，學務部的首任部長為伊澤修二，伊澤曾留學美國橋水師範學院（Bridgewater Normal School），並曾主持日本文部省教科書編輯局，他隨第一任臺灣總督樺山資紀來臺，出任新職後，即開始作「臨時」（emergency activities）和「永久」（permanent activities）教育措施的規劃，於同年七月在臺北市近郊的士林成立「芝山巖學務部學堂」，招收臺灣子弟為日本語練習生，此即為臺灣國民教育的發軔。翌年（一八九六）五月，又在臺灣各重要城市設立「國語傳習所」，分科教學。鶴見強調，伊澤修二為一教育家，他擔任學務部長的三年期間，雖因規模草創，臺灣人民未給予充分支持，以及受到教育預算削減之影響，而未能有顯著之成果，但他奔走策劃，力謀完成其「臨時」與「永久」教育計劃的努力，確已為臺灣的殖民教育奠下基礎。惟其教育理想——透過教育的手段，以同化臺灣人，使每一個臺灣人說日語，接受日本文化與生活方式，則有待於其後任來加以實現。伊澤之後的八年（一八九八—一九〇六），是爲兒玉、後藤治臺時期。兒玉、後藤對於妥協臺灣地方制度和尊重中國文化的重要性，皆與伊澤持同一觀點，惟對於教育制及其實施步驟，則看法稍有不同，此即以教育配合內政的措施，並藉以作爲統治的手段。根據此一看法，他們制訂了「漸進主義」和「隔離主義」兩原則，作爲其教育政策的基礎。在本章中，鶴見分從〈公學校〉、〈公學校之外的各類職業學校〉、〈女子教育〉、〈書房〉、〈日籍子弟的教育〉和〈對私立學校的牽制政策〉六個小節，以討論兒玉、後藤任內八年的教育政策及實施情形。她認爲當時的教育實施，係採齊頭並進之辦法，一面利用「揚文會」宣導，以爭取士紳階級的支持，遣送其子弟入學；一面利用報紙、雜誌批評傳統士紳教育之不合時代需要，要求士紳階級停止贊助；同時，更設法給予接受日本教育者以服公職之機會，藉以籠絡示惠，故在漸進主義之原則下，臺灣兒童進入公學校就讀者漸多，入學率雖不算高，但顯然地係呈持續增加之趨勢。惟因採隔離主義的雙軌制度，臺日兒童並未共學，臺灣兒童在「公學校」畢業後，升入專爲臺灣子弟所設立的各類職業學校，日本兒童則於「小學校」畢業後升入專爲日本子弟所辦的中學，或返回日本繼續升學。而以保存中國傳統文化爲使命，有礙日本統治的「書房」，在日本有計劃的「誘引」和取締之下，漸未受到應有的重視而趨於沒落。此外，基督教會所辦的「私立學校」，雖未與臺灣總督府有任何衝突，但亦被迫增加日語課程，並逐漸感受到日本新教育政策的壓力。

第二期（第三章）：自一九〇六年四月起，至一九一八年六月止，即第五任總督佐久間佐馬太和第六任總督安東貞美任職期間。鶴見認爲本期之教育，係在兒玉、後藤所建立的基礎之上，尋找一合適的殖民地教育模式。在本章中，鶴見分從〈公學校及其競爭者〉、〈公學校畢業生〉、〈臺灣人籌設中學運動〉、〈女子中等教育〉、〈日本人的學校教育〉和〈寄宿學校的實驗〉六個小節，以探討日本尋求一合適的殖民地教育之過程。鶴見認爲，本期的臺灣教育政策係在擴充和加強公學校的制度，並且避免提供臺灣子弟以進一步的教育、較高的社會地位和較重要的工作。其後，隨著時勢的推移，公學校課程日漸與「小學校」接近，而漸與書房有別。至於公學校的畢業生，或返回原來的農商崗位，或成爲新產業的勞工。在各行各業之中，教師、尤其是醫師，被視爲收入較豐，社會地位較高的行業；惟臺灣人之中，從事此二種行業者，爲數不多。她特別指出，因教育在傳統中國社會扮演至爲重要的角色，是社會地位升降的重要憑藉，故不少臺灣人在經過幾年的排拒後，乃逐漸與殖民地當局妥協，紛紛遣送其子弟入學。但因日據時期實施差別教育，臺籍子弟入學機會遠遜於日籍子弟，故臺灣人至爲不滿，此可由「臺灣同化會」首倡者日人板垣退助來臺時，受到臺灣人民熱烈歡迎的情形，窺其一斑。另一方面，臺灣士紳及富家子弟赴日留學者與日俱增，由於民族自覺，乃就近尋求同情和支持臺灣人爭取平等待遇的運動。而大部份留在臺灣接受日本殖民教育的臺籍子弟，則開始接受總督府當局的「寄宿學校的實驗」，飲食起居日本化，閱讀日語的教科書，過著殖民教育下的住宿生之生活。

第三期（第四章）：自一九一八年六月起，至一九二二年二月止，即第七任總督明石元二郎和第八任總督田健治郎（大部份）任職期間。作者認爲本期適値第一次世界大戰之後，民族自決思潮高漲之時，亦即臺灣實施後藤的「漸進主義」和「隔離主義」滿二十年之際，爲配合國際和臺灣的新情勢，因而日本不得不改變統治臺灣的方針，以強化其對殖民地之控制，因而漸次改採以同化主義爲基礎的教育方針。在本章中，鶴見分爲〈明石元二郎的教育制度〉和〈田健治郎及其共學教育令〉二個小節加以論述。鶴見引用鶴見祐輔的看法，認爲第四任總督兒玉源太郎時代的民政長官後藤新平身爲醫師，深受生物進化史觀的影響，故有「漸進主義」和「隔離主義」的想法與做法，因爲此二原則正符合生物進化的原則。人類社會和自然界一樣，任何突然的改變都是不可能的，殖民統治當局亦無法突然地改變臺灣人民的生活和社會。然時勢改變，後藤的主張已漸不適合需要，故先有第七任總督明石元二郎於一九一九年一月公佈「臺灣教育令」，確立臺灣教育的根本方針，統一臺灣的學制；繼有第八任總督田健治郎公佈「共學教育令」，標榜「內臺共學」（案即「日臺共學」）的教育政策。然作者強調，明石元二郎制定的「臺灣教育令」，雖旨在修正「漸進主義」與「隔離主義」二原則，然並非意味著臺灣人從此可和日本人享同等教育權利，實際上仍然維持著差別待遇，臺灣人接受教育的機會仍遠不如日本人，惟實業教育與女子教育二者較受重視罷了。職是之故，經濟較爲富裕的臺灣人被迫繼續將其子女送到日本的各級學校，以獲得較佳的教育機會。明石元二郎去世後，首任文官總督田健治郎到任，標榜「內地延長主義」，強調總督府將以普及教育，提高臺灣文化爲首務，給關心臺灣教育的人士以莫大之鼓舞，但終因總督府缺乏廢除臺日差別待遇，眞正實施共學教育的誠意，其結果遂如鶴見所謂的「紙上作業多於實際措施」（the new educational system more impressive on paper than in action），效果不大。

第四期（第五章）：自一九二二年二月「共學教育令」公佈起，至一九四五年十月臺灣光復止。「共學教育令」即第二次「臺灣教育令」，由第八任總督田健治郎於一九二二年二月頒布，該令之重點係在「撤消內臺人間之差別教育，全達均等地步。」❷開始實施「內臺共學」制度。在本章中，鶴見分為〈小學校〉、〈職業學校〉、〈師範學校〉、〈中學和高等女學校〉、〈專門學校和大學預科〉、〈臺北帝國大學〉、〈私立學校〉、〈臺灣的留日學生〉和〈戰時的總動員〉九個小節加以論述，並就田健治郎於一九二三年九月離職後，至一九三六年五月期間的八位文官總督，以及最後的三位武官總督期間的戰時體制等不同情形，以對「共學教育令」的實施結果，提出若干解釋。鶴見再三強調，雖然田健治郎認為「共學教育令」是全面同化教育制度的開始，但是臺日差別並未消除；而田健治郎希望隨著文化的進展和教育的普及，以完全廢除臺日的差別待遇，却始終未曾做到。同時，田健治郎希望做到強迫（義務）教育，亦直到一九四三年才付諸實施。而田健治郎以後的歷任文官總督，亦因「內臺共學」的眞正付諸實施，勢將有損在臺日人的利益，剝奪他們既享之特權，因此始終共學教育其名，而差別教育其實，只是執行上寬嚴尺度不同而已。至於最後的三任武官總督，因當時臺灣一切都納入戰時之體制，國防和軍事力量的整備是總督府最關切的焦點，國防預算年年增加，其他方面如教育預算等因之被犧牲。在戰時經濟體制之下，經費和人力都不足以因應原有的教育需要，遑論全面實施共學政策了。加之，因戰爭之關係，在臺灣的日本人大量增加，增幅幾達百分之五十，更剝奪了原有的臺灣人之教育機會。最後，鶴見對

「共學教育令」的歷史意義提出評價，認爲「共學教育令」並非意味著教育制度的根本改變，而是政治意義大於教育意義，社會教育重於學校教育。就此一觀點來看，總督府當局仍然達到了部份之目的。

第三部份共有三章，包括第六章〈公學校的日本化〉（Japanization in the Common Schools）、第七章〈日本教育與臺灣人民的生活〉（Japanese Education and Taiwanese Life）、第八章〈日本教育、臺灣知識份子和政治運動〉（Japanese Education, Taiwanese Intellectuals, and Political Activism）。本部份偏重橫的探討，就公學校的日本化經過與程度，日本教育對臺灣人民生活所帶來的改變，以及日本教育、臺灣知識份子和政治運動之關係等問題，分別加以討論，藉以明瞭日據下臺灣殖民教育的實施、意義及其影響。

作者鶴見在第六章中指出，公學校在日據下的臺灣殖民教育環節中，實扮演一至爲重要的角色。蓋依總督府當局的看法，公學校是涵養日本國民性，培養日本「皇民」的場所，透過公學校的教育，可逐漸消除臺灣人與日本人的界限，達到「內臺一體」的共同意識。彼時，總督府當局爲貫徹此一旨趣，因此一九一九年決定自「國語學校」師範部獨立設置師範學校，並名實相符地提高其程度，以大量培育公學校的師資❸。在本章中，鶴見分從「日本人小學校的日語讀本和修身教本」和「臺灣人公學校的日語和修身教本」兩個小節，以比較小學校和公學校日語和修身教材內容、施教情形及教學效果。根據鶴見的研究結果，公學校的「日本化」，並非在使臺灣人成爲日本人，而只是在使臺灣兒童成爲服從、勤勉的日本臣民❹；

並非在使臺灣社會徹底地日本化，而只是以公學校教育作爲同化政策的手段而已。因此，在公學校的課程中，作爲同化政策最主要工具的日語，遂佔有最重要之地位；而且爲了塑造臺灣兒童成爲忠順的日本臣民，「修身」課程的傳授，遂亦成爲重要的手段，強調「修身」教育的重要，而所謂「修身」，不過是接受日本的道德規條、忠於職責，作一個善良的臣民罷了。就課程說，日本兒童就讀的「小學校」課程與日本國內相同，而臺灣兒童的「公學校」課程則是經過殖民地當局刻意改編的，不僅二者在程度上有很大的差別，即在內容上亦截然不同。例如在「小學校」課程中，對於日本名人故事的敍述，多半著重其力爭上游，最後出人頭地，成爲社會各階層領導人物的奮鬥過程；而在「公學校」中，對於同一名人故事的敍述，則偏重於其人誠實、忠順，與家人和睦相處，終於被上級賞識提拔；或強調其人在實業方面的貢獻，絕不提及成爲政治上的領導者。此外，在「小學校」課程中，日本兒童被教育成爲一個會積極地爭取權利和機會，創造自己命運的主宰者；而在「公學校」中，其教育內容旨在教育臺灣兒童繼承父兄之職業，賺錢養活家人，對家庭盡責，如此而已。總之，鶴見認爲就「公學校」的課程來說，其目的在配合同化政策的實行，使臺灣人成爲忠貞的日本服從者，絕不是在造就有能力的臺灣領導者，其教育宗旨與日本兒童的「小學校」是迥然不同的。

在第七章中，作者旨在探討日本殖民教育對受教者和未受教者的生活有何改變？社會教育在殖民地教育的環節中究竟扮演何種角色？以及日本教育對臺灣人民生活和社會有何影響她引用第八任臺灣總督田健治郎對於教育（education）和教化（acculturation）的不同詮釋說，教育主要是學校的功能，而教化則含義較廣，啓蒙、開化和佈道都是其中的一部份。另就二者之實施先後來說，教育自日本據臺之年即已開始，隨即全面展開；而教化則直到「共學教育令」公佈之後，才隨著同化政策而受到重視，直到一九三〇年以後才全面展開。

在本章中，鶴見分就〈鄉村地區的社會教育、日語普及情形和識字率〉、〈日本教育對城鎮地區的影響〉、〈臺灣人對日本教育反應的回顧〉和〈韓國的經驗〉四個小節加以探討，並比較臺灣人和韓國人對日本教育的不同反應。鶴見引用戴蒙（Norma J·Diamond）的看法，強調鄉村地區由於道路設施、自來水廠和醫院等殖民統治政府最誇耀的成就都遠不及城市，且學校分佈與設備亦不如城市之普及和完善，因此日本教育對鄉村地區的影響顯然不大，會講日語者不多，識字率亦不高。至於在城鎮地區，因係日本人和「國語家庭」居住的地方，居民的經濟能力較鄉村地區爲佳，也是中等以上學校設置的地區，日文書籍、雜誌及其他讀物隨處可以買到，文化氣息較濃厚，接受教育的環境較佳，因此入學者遠比鄉村地區爲多，所受到的日本教育之影響，亦隨之加深。關於臺灣人與韓國人對日本教育的不同反應，鶴見在本章中指出：在教育政策、制度和內容方面，二者並無顯著之不同，但顯然地日本教育在臺灣被接受的程度，遠比在韓國爲高，此可由傳統的書房教育和私立（教會）學校教育沒落的不同速度和公學校入學率的高低看出，亦可由接受日本教育者對日式生活、風俗習慣等不同程度的認同看出。爲什麼相同的殖民教育政策，却有如此不同的反應？她認爲單從民族性來說是不夠的，必須進一步地從殖民地的獲得方式（臺灣係經由簽約割讓而獲得，而韓國則經由併吞取得）、統治初期的政策（臺灣人被容許在割據之後二年內返回大陸，漸進的；而韓國整個被併吞，無處可退，激烈的）、不同的教育背景（臺灣原爲傳統教育，日本的新教育較易引起注意；而韓國則原已開始實施新教育，不認爲日本的新教育爲稀奇）、不同的戰略位置（臺灣距離日本較遠，控制較鬆；而韓國介於日、俄二國之間，日本加緊控制）、懸殊的生活水準（臺灣農工商較爲發展，出路較多；而韓國則遠不及臺灣，出路亦較窄）、不同的文化背景（臺灣文化爲中國文化之一支，文化上較受日本尊重，日本且自承爲中國文化圈之一員；而韓國原來的文化並未受到日本應有之重視）等問題加以比較，才能明瞭日本教育對臺灣人生活影響的全貌，以及何以日本教育較易被臺灣人所接受的原因。

第八章討論日本教育、臺灣的知識份子和政治運動的展開，是涉及範圍較爲廣泛的一章，惟其時間斷限則在一九二〇年代以後，亦即日據後期。本章所討論的問題有三：日本教育對臺灣知識份子民族覺醒的影響，身受日本教育的臺灣知識份子對中國文化的認同，以及臺灣知識份子對日本教育內容接受的程度。在本章中，作者分爲〈臺灣留日學生參與政治運動〉、〈溫和派的政治運動〉、〈溫和派的文化認同〉和〈激進派的政治運動者〉四個小節，分別加以討論。鶴見指出，一九二〇年代的東京及日本其他主要都市，到處瀰漫著民主主義、自由主義和社會主義等思想，因此臺灣的留日學生或透過閱讀書報，或因與日本同學接觸，或經由演講討論會，而接觸到新思想。同時，在日本的臺灣留學生亦因常與來自中國或韓國的愛國學生有所接觸，而受到影響，特別是在「五四運動」之後。當時臺灣的留日學生大多集中在東京，彼此過從甚便，因定期的聚會討論，話題不免轉到臺灣人被壓迫的事實，於是政治意味漸濃，而發展成爲其後的政治運動。又因爲彼此步調不一，手段不同，而有溫和派和激進派之分。溫和派係由林獻堂所領導，主張在殖民統治當局法律的允許之下，反對殖民統治當局的高壓統治，從事撤廢「六三法」運動，要求日本當局准許臺灣人設置議會，以監督總督府，保障民權；同時，積極地展開文教宣傳工作，辦雜誌、報紙，以批評時政，開啓民智，並試圖興辦私立學校，以教育臺灣子弟；興辦各種演講、討論會，以激發臺灣人奮發向上之意志。在文化認同方面，溫和派雖仍懷有根深蒂固的中國文化意識，但在殖民統治當局的同化政策之下，無法公開地認同中國文化，只能曖昧地表示：臺灣人將擔任中日兩國的橋樑，消極地否認其爲日本文化之一部份。至於激進派的運動者，他們的思想左傾，信奉馬列社會主義，主張階級鬥爭，具有強烈的無產階級之思想意識，不願意在殖民統治政府所允許的法律範圍之下活動，因此他們的活動每踰越總督府所許可之尺度而遭到取締，連帶地使溫和派的活動也受到了相當的約束。在論述兩派的政治運動之後，鶴見提出她的看法，她認爲無論是溫和派或激進派的反殖民統治運動，都可以說是日本教育的產物，也都可視爲是知識份子的運動。因爲日本教育使兩派運動者接觸到世界思潮，吸取新知，並有機會爭取日本各界人士支援，讓他們不再認爲日本是神秘的外國，而有信心致力於改善臺灣人政治地位；同時，因爲兩派的領導者及其追隨者，基本上都是以教師、醫師和律師等知識份子爲主的組合，所以認爲兩派皆爲知識份子的反殖民運動，亦無不可。

第四部份爲第九章〈結論〉（Conclusion）。鶴見在本章中，試就以上各章所討論的重點，加以歸納而提出以下四點結論：

一、日據下的臺灣殖民教育，正如明治時代的日本一樣，以教育作爲國家主義目標的有效工具。惟臺灣因係一殖民地，故教育的終極目標並不在發揮個人的最大潛能，而係以促進最高限度的效忠日本爲鵠的。同時，前期所實施的漸進主義與隔離主義，其與後期的同化教育之目標與手段，亦有顯著的不同，此乃因應不同的時代需要而然。惟當時所謂的「同化教育」——「內臺共學」制度的實施，其結果臺灣人並未因而獲得較佳的教育機會，故政治意義大於教育意義。

二、日據下的臺灣殖民教育，係以初等教育與專門職業教育爲主。前者以公學校爲主要的教育場所，課程以日語和修身兩科爲主，算術、體育、音樂等科次之，其目的雖在「日本化」臺灣兒童，但是「日本化」並非要使臺灣人成爲日本人，而是在使臺灣兒童成爲服從的、勤勉的日本臣民而已。後者以師範學校、醫學校和農工商實業學校爲施教場所，其目的在養成教師、醫師和專門技術人才，一則爲臺灣的才智青年尋找出路（教師與醫師），以鞏固殖民統治的基礎；一則配合殖民地產業經濟發展的需要，使臺灣成爲日本經濟的一個環節。作者認爲，無論初等教育或專門職業教育，日本都可算是成功的例子。而日本在臺灣的教育所以能獲得成功，主要原因有二：其一爲日本人和臺灣人具有相同的文化傳統，此即以儒家爲主的東方文化；其二爲臺灣人秉承中國文化的傳統，對於透過教育以改變身分階級素具認識，此與法國在越南、英國在緬甸和荷蘭在印尼等情形有別，故其結果亦不同。

三、日據下的臺灣殖民教育，因中等以上學校都設在都市，故其影響地區與層面，自以都市居民爲主，一般都市居民的生活方式相當地「日本化」，甚至觀念與作法也都受到日本模式的深刻影響。惟鄉村地區則影響不大，鄉村人民大體上仍然過著傳統中國農村家庭生活。

另外，由於女子教育的實施，都市中的婦女因接受教育而使得地位大爲提高，職業婦女加入各行各業之中，諸如教師、醫師、專門技術人員，甚至參與政治運動或充任模特兒等，這是傳統中國社會所少見的。至於思想意識方面，因公學校的普及，故無論都市或鄉村，都有很大的改變。

四、日據下的臺灣殖民教育，臺灣人接受中等以上教育之機會不多，且修讀類科亦受到相當之局限，因此未能滿足臺灣中上家庭的教育需求，而紛紛到日本留學，其中不少人改習文、法、政、哲等學門。這些留日學生因在日本身受自由主義的薰陶，目睹日本國內的民主法治政治，故他們學成返臺後，遂無法忍受臺灣總督府的種種限制，企圖改變臺灣殖民政治的情況，爲臺灣人民爭取福祉和保障，而展開抗日運動。至於因經濟原因無力遠渡日本留學，而留在臺灣升學者，亦因飽受「內臺」差別教育的歧視，對殖民地當局有所不滿，而紛紛加入此一抗日運動之中。作者鶴見因此提出她的看法，認爲日本在臺灣的殖民教育，固然有達到其教育目標的一面，但也因此而帶來不少政治上的困擾，這是總督府當局始料不及的。

綜觀本書，至少有下列四點値得稱道之處：

一、具有開創性：過去有關日據下的臺灣之研究，因被視爲中國近代史或日本近代史研究的「支流」或「旁系」❺，向未受到應有之重視；而且在既有的研究中，多偏重於殖民地產業建設和民族社會運動方面，對於教育的研究亦較爲忽略，因此有系統的、有計畫的日據時期臺灣教育史之研究，似以本書爲創始。鶴見從明治時代日本的改革論起，深入探討其動因，既明源流又有見解，實爲一具有創見的專著。

二、立場頗稱客觀：任何歷史研究都難免受到作者主觀立場的影響，惟程度不同而已。完全客觀的歷史研究，似乎只是一個理想，而永遠無法達到。因此，主觀立場較不明顯，力求客觀的著作，即屬難得一見者。本書作者鶴見爲旅居加拿大的日裔學者，自亦難免會受到其民族或教育背景之影響，而有礙其立場的客觀性。然細讀本書，吾人發現作者的立場相當客觀，對許多問題的討論和評價，皆甚持平公允，故其解釋或結論的可信度甚高，這是非常難得的。例如作者討論「共學教育令」的歷史意義，即根據同化教育政策實施前後臺灣人教育機會之實際情形，而提出她的看法：「共學教育令」並非意味著教育制度的根本改變——眞正的「內臺共學」制度，而是政治意義大於教育意義，社會教育重於學校教育。又如作者討論「小學校」和「公學校」的教育時，亦根據總督府當局的教育政策及課程內容加以分析，然後指出：二者不僅在程度上有很大的差別，即在內容上亦截然不同。前者的內容與日本國內相同，其教育目的旨在發揮兒童的最大潛能，造就有能力的領導者；後者的內容係經總督府刻意改編而成，其教育目的旨在配合同化同策的實施，使臺灣人成爲忠貞的日本服從者，絕不是在造就有能力的臺灣領導者。以上二個例子的結論，皆係持平之論，值得吾人重視。其他類似的結論甚多，茲不贅述。

三、比較研究方法頗爲可取：比較研究是歷史研究的重要方法之一，任何歷史事件或現象，必須經由比較研究，「異中求同，同中求異」，才能顯出其歷史意義。本書即爲充分利用比較研究方法的專著之一，其方法有三：其一係將日據下的臺灣殖民教育依時間先後分爲四期，探討各期不同的殖民教育政策的形成背景，在各期不同的殖民教育政策之下，臺灣人對殖民教育的接受程度與方式，以及各期不同的教育結果與影響。其二爲以日據下的臺灣殖民教育與朝鮮殖民教育作比較，探討在相同的殖民帝國和殖民政策之下，而不同的殖民地人民對殖民教育的不同反應，各有什麼不同的教育結果與影響，以及臺灣與朝鮮二地對日本形成殖民教育政策的相互關係。其三爲以日據下的臺灣殖民教育與歐美列強在亞洲和非洲的殖民教育作比較，探討不同的殖民帝國和殖民教育政策之下，各個不同的殖民地人民對殖民教育的不同反應、不同的教育結果和影響，以及各殖民地之間對各殖民帝國形成殖民教育政策的關係。鶴見上述的比較研究方法，甚有助於對日據下臺灣殖民教育全貌的認識，亦爲殖民地專題研究的可行之道，頗爲可取。

四、史料搜集豐富：史料是歷史研究的基礎，史料是否豐富與歷史論著的價值，關係至爲密切，這是人人皆知之事實。本書在史料搜集方面，可以稱得上相當完備，其所引用的中、日、英文之專著、史料或論文，根據書末參考書目所列，至少當在三百四十種以上，其中不少係散佚已久，極難一睹者，均經作者鶴見奔走美、加、中、日各國圖書館或書坊，辛苦地搜集，並分別在日本和臺灣訪問日據時期的臺灣殖民教育工作者與受教者，以補充文獻記載的不足，這是非常值得稱道的。

本書值得稱道之處，已如上述。惟本書也有四點值得商榷或遺漏的地方，茲分述於後：

一、範圍太大，不夠深入：研究範圍的大小，係屬仁智之見，很難有一致的看法。惟研究範圍太大，則對研究範圍的每一問題，即無法分別作深入的探討，則爲必然的現象。本書以日據下的臺灣殖民教育爲專題，時間包括日據時期五十年，內容涵蓋各級各類教育，範圍顯然是大了些，因此全書除了對公學校曾作較深入的討論外，他如中等教育、職業教育或高等教育等，都只能作初步的探討，而未能作深入的研究，所以本書雖可視爲一部指引作日據時期臺灣教育史研究的專著，惟視之爲一深入探討的專著則有所不可。

二、章節（附錄）安排的商榷：章節的安排是否適當，關係一部論著結構之是否嚴謹，是每一位作者所不容忽略的。本書正文共有九章，章節的安排亦稱妥當。惟個人認爲，本書既以教育爲研究專題，則日據時期負責推動教育的教育行政機構之演變，似宜配合第二部份各期教育政策的改變一併予以說明，當更能給予讀者以完整的認識，並有助於讀者對各期教育政策改變眞相的了解。此外，本書四個附錄：〈山胞教育〉（Aborigine Education）、〈教育經費〉（Finance）、〈書房的沒落〉（Decline of the Shobo）和〈臺日學生入學中等以上學校情形一覽表〉（Taiwanese and Japanese Students Enrolled in Postprimary Educational Institutions），似均宜分別納入正文中：「山胞教育」以初等教育爲主，似宜納入第二章第一節〈公學校〉、第三章第一、二節〈公學校及其競爭者〉、〈公學校畢業生〉和第六章〈公學校的日本化〉之中；〈教育經費〉關係各期教育之發展，似宜分別納入第二、三、四、五各章之中；〈書房的沒落〉宜納入第二章第四節〈書房〉之中；〈臺日學生入學中等以上學校情形一覽表〉涉及各期之教育，亦宜分別納入第二、三、四、五各章之中，如此當可使正文更爲充實，全書結構益加嚴謹。

三、統計資料的可靠性之商榷：統計資料是歷史學者從事量化分析的主要依據，它對歷史研究有很大的助益，這是大家公認的事實。然統計資料的可靠性必須先加以評估，信而後用，才不至於被不實之資料所誤。本書研究教育問題，正文引用十三個表、附錄引用九個表的統計資料以爲說明、解釋，方法雖佳，惟部份資料的可靠性似有待商榷。例如正文表十三（頁一四八）的「臺灣學齡兒童入學國民學校百分比，一九〇七—四四」（Percentage of Taiwanese School-aged Children Enrolled in Elementary School, 1907-44），係作者根據《臺灣總督府府報》等有關資料編製而成，原係頗爲難得，但仔細加以探究，其所列數字在一九三二年以後的學齡男孩之入學率已超過百分之五十，至一九四四年更高達百分之八十以上，女孩亦高達百分之六十以上。上述統計資料證之臺灣光復初期的識字率，似與事實有相當之出入，而有待進一步地考證。

四、字彙（Glossary）部份缺漏甚多：本書正文之後附有字彙部份，以供讀者查閱參考。惟所列字彙缺漏尚多，例如頁一三的 Izawa Shuji（伊澤修二）、頁八一的 Akashi Motojiro（明石元二郎）、頁九一的 Den Kenjiro（田健治郎）等重要人名均未列入，實有待於再版時加以補充。另外，頁三二六的字彙 Ku Hsien-jung 辛顯榮當係辜顯榮之誤，頁三二五的 Inoue Kaoru 井上薰亦爲井上馨之誤，亦有待改正。

以上雖就個人淺見提出一些改進建議，但並無損於本書的價值。大體言之，本書無論在研究態度與方法，對史實的解釋，以及史料搜集等方面，都有足資借鏡參考之處。特別是作者獨具慧眼，見人之所未見，用力開拓目前仍甚荒蕪的日據時期臺灣教育史之研究，爲後來的研究者提供了很大的助益，更值得一提。

附註

❶見Marius B. Jansen, "*The meiji State*: 1868-1912", in James B. Crowley ed., Modern East Asia: Essays in Interpretation (New York, 1970) p. 114. 轉引自鶴見原著第一章〈歷史背景〉❶。

❷見《臺灣總督府府報》號外，大正十一年四月一日，諭告第一號。轉引自吳文星，《日據時期臺灣師範教育之研究》，頁四一，國立臺灣師範大學歷史研究所專刊(8)，民國七十二年一月。

❸見《臺灣教育沿革誌》，頁九一——九三，臺灣教育會編，一九三九年，臺北。

❹參閱歐用生，〈日據時代臺灣公學校課程之研究〉，臺灣省立臺南師專學報第十二期，頁九〇，民國六十八年十二月二十五日出版。

❺見許世楷，《日本統治下の臺灣》，東大出版會，一九七二；春山明哲，〈臺灣政治史における霧社事件〉，臺灣近現代史研究創刊號，一九七八。轉引自歐用生文，頁八七。

（國立臺灣師範大學歷史學報第十一期，民國七十二年六月，臺北）

評介吳著《日據時期臺灣師範教育之研究》

作　者：吳文星
書　名：日據時期臺灣師範教育之研究
出版時地：中華民國七十二年元月，國立臺灣師範大學歷史研究所，臺北市。
頁數價格：二五〇頁，非賣品。

近年來，在政府和學者的倡導下，臺灣史的研究日漸蔚成風氣；尤其是社會科學理論及方法的應用，更使臺灣史研究超越傳統的文獻整理和考據之範圍，因此研究成果斐然可觀，頗有助於吾人對臺灣史的深入瞭解。然而，毋庸諱言地，關於日據時期殖民統治的研究，仍有待加強，特別是有關日據時期臺灣教育之研究爲然。

吳文星有感於此，特別選擇日據時期臺灣的師範教育，作爲民國六十八年他在國立臺灣師範大學歷史研究所的碩士論文。吳氏畢業後，繼入該所博士班深造，並在同校歷史系任教。他利用教學與研究之餘，不斷充實本書，並曾到私立輔仁大學和其他學術文化機關，就本書內容作公開演講，接受學界的批評和建議，以作爲增訂的參考。經四年的修訂，由該所「郭廷以先生獎學金」資助出版，列入該所專刊第八種。

吳氏認爲，日據時期臺灣的師範教育不但是殖民地師資之所出，同時也是孕育臺灣社會領導階層的搖籃之一，故本專題的研究，無論就殖民教育史或社會史而言，均具重要之意義。他希望透過本書的研究，一則以探討日據時期臺灣師範教育制度之建立及其演變；一則以檢討師範教育運作之狀況，藉以瞭解其特質，並批判其成效及缺失；再則以探討師範生服務概況及其流動，藉以考察師範教育目標之貫徹與否及其對近代臺灣社會結構變遷的影響。

本書共五章，第一章爲〈緒論〉。在第一章中，吳氏首先指出：「近代臺灣新式教育制度開始於日據時期，然而因係殖民統治者所建立，其主要目的在於貫徹殖民政策，因此其教育不論是形式或內容，均具有特殊性。在近代專業化教育制度中，師範教育本來就是最重要之一部門，而在殖民地教育制度下，師範教育尤其負有特殊的任務，謂其爲殖民地教育成敗之所繫，實不爲過。日據時期，臺灣之師範教育制度迭作調整，正反映總督府着意於建立足以擔當殖民地教育任務之師範教育。然而此一時期師範教育運作情況究竟如何？則向來鮮有學者專題探討，對適切地把握此一時期之其他教育，尤其是初等教育，實不無缺憾之處。」他強調，研究日據時期臺灣師範教育之意義，不只是單純的教育史上的師資培養問題，而實關係著社會史上近代臺灣社會領導階層的流動取向和特質。

本書雖名爲「師範教育」之研究，但實際上所探討者僅限於培養初等教育師資之師範教育。對於此一問題，吳氏曾作說明：此係因終日據時期，臺灣迄未獨立設置培養中等以上教育師範之機關，衡諸實際情形，實無特別詳加討論之必要。根據資料顯示，一九一九年「臺灣教育令」頒布後，各地中學紛紛設立，總督府即確立中等以上學校師資由日籍教師擔任之原則，發佈「臺灣總督府委託生規則」，以公費委託日本國內若干中學師資培養機關代爲培養所需之師資。迨至一九四二年，因中學理科教師缺乏，總督府乃於臺北高等學校附設臨時教員養成所，培養數學及物理化學之師資，惟僅有一屆畢業生二十六人，故日據時期臺灣中等以上教育師資之養成機關始終無足輕重，無法與培養初等教育師資之師範教育相提並論。

第二章爲〈教育政策與師範教育制度之演變〉。本章係根據日據時期臺灣總督府施政方針之演變所導致教育政策及制度之改變，依時間先後劃分爲三期，以詳論師範教育制度之變遷。根據吳氏的研究，自一八九五年臺灣割讓起，至一九一八年的二十三年間爲第一期。本期總督府的統治方針初則採取順應現實需要而隨機應變之無方針主義，繼而採取漸進主義原則，尊重臺灣住民的風俗習慣和社會組織，以籠絡人心，消弭反抗。爲了配合統治方針，教育方面遂採消極的同化政策，差別待遇及隔離主義的運用即爲其主要特徵，因此雖未建立完整的學制系統，惟已逐漸形成臺灣人、高山族及日本人三個截然劃分的體系。當時的師範教育係以培養日籍師資爲主，臺籍師資爲輔，獨立的師範學校僅曇花一現般地設置（一八九九—一九〇四），故長期地依賴一綜合性教育機關——國語學校，以擔負師資培養之任務，而該校之特色爲臺、日籍師資分別訓練，以及小學、公學師範部的截然分開。該校的日籍生係招收中學程度者，施予一至二年的專業訓練，顯然的日籍師資的培養呈現速成性質，其程度只相當日本國內居輔助地位的師範學校第二部；至於臺籍生則招收公學校畢業生，施予三至四年的專業訓練，其程度不過相當於日本國內簡易科及尋常小學准教員講習科。而同一時期，美國在菲律賓、荷蘭在印尼均建立以培養土著師資爲主的師範教育機關，由此可見臺灣的師範教育與之大異其趣。

自一九一九年至一九三六年間爲第二期。本期總督府一再標榜同化主義的統治方針，故教育方面雖於一九一九根據差別教育之原則，確立了臺灣人的教育制度，旋於一九二二年取消中等以上教育機關臺、日人的差別教育，開放共學，惟實際上只是爲迅速增加的日人子弟提供更多的教育機會而已，臺籍子弟並未因此而享受公平的教育機會。當時的師範教育雖取消臺、日籍師資程度及資格之差別限制，同時修業年限、課程編制及學科程度亦漸與日本國內一致，但仍維持小學、公學師範部之差別制度，小學師範部亦始終未曾對臺籍生開放，而公學師範部則日籍生漸佔多數。在本期中，師範學校迭增，一九一九年、一九二三年先後設立臺南師範及臺中師範，一九二七年臺北師範更分設北一師、北二師兩校。其中，北一師專門培養日籍小學、公學校師資，北二師、臺中師範與臺南師範則培養臺、日籍公學校師資。此一時期，朝鮮師範教育制度的演變與臺灣大致相同，顯示日本的殖民政策力求一致。

一九三七年以後，至一九四五年臺灣光復爲第三期。本期在極端的國家主義政策籠罩之下，日本在朝鮮及臺灣積極推行皇民化運動，教育的目的在「練成皇國民」，因此特別注重初等教育，一九四三年臺灣開始實施義務教育，並修改中等以上教育制度。在師範教育方面，先於一九四一年取消小學、公學師範部之區別，廢除形式上的差別制度。越二年，復將師範教育昇格至專科程度，其學制分爲預科及本科，預科招收國民學校高等科畢業者，修業二年；本科招收修畢預科課程或中學畢業者，修業三年。至於師範學校的設置情形，則有一九四〇年增設的新竹及屏東師範學校，惟至一九四三年上述兩校分別改稱爲臺中師範新竹預科及臺南師範屏東預科；另外，北一師與北二師則再度合併，改稱臺北師範學校。特別一提的是，終日據時期臺灣的女子師範教育僅聊備一格，迄未獨立設校，所培養的師資亦極爲有限，而朝鮮則較爲發達，一九三五年已有京師女子師範學校之創設；同時，形式上差別教育制度之完全廢除，亦略早於臺灣。

第三章爲〈師範學校之教學與訓育〉。本章旨在分析師範學校之師資狀況、學生素質，探討課程、教學及訓育之特色，並兼論學生運動，藉以明瞭師範教育運作之概況。吳氏以爲，就師資結構言，日據時期臺灣師範學校之師資始終以日籍教師爲主，臺籍教師爲數甚少；臺籍教師早期多係得有功名的士紳，其後漸爲受過師範專業訓練者所取代，所擔任課程則無多少改變，大多只教授特別之語文及藝能科目。教師資格方面，一九一二年以降，合格教師比率始顯著提高，平均約佔十分之八，而同時期日本國內師範學校合格教師平均約佔十分之九，由此可知臺灣師範學校師資素質雖已具相當水準，惟仍不及日本國內之整齊。其次，臺灣師範學校師資之供需，長期欠缺穩定性，其主要原因在於師資未有固定的供需機關，教師異動頻繁，以及師範學校隨時應急而擴充或增設。待遇方面，總督府自始即訂立以名譽及利益吸收適當人才來臺服務之政策，故臺灣師範學校教師無論職位或俸給均高於日本國內師範學校教師，同時並附有優厚的加給及福利；此外，總督府不斷因應需要而調整待遇，實不失爲教師素質能維持相當水準的原因之一。

日據時期臺灣的師範生有兩大來源，其一是在日本國內招考者，其一是在臺灣各地招收者；前者專收日籍生，後者原係以臺籍生爲主體，惟一九二〇年代後期漸爲在臺的日籍子弟所取代。招收自日本國內者，專收中學以上程度之日籍生，施予一至二年的專業訓練，報考學生大多是考不取專科以上學校或家境清寒者，由於同時考取日本國內學校者常不來臺入學，故錄取人數與入學人數始終存在著相當的差距；臺籍生最初入學雖不很踴躍，惟自一九〇三年以降，入學競爭漸趨激烈，一九一八年以前錄取率約佔一五—二〇%之間，一九二二年至一九四〇年間平均錄取率僅約五%，最低時僅二・三%，故學生素質甚佳。一九二二年以後，在臺的日籍小學畢業生可同時投考師範學校小學及公學師範部普通科，其中投考公學師範部者旋獲總督府之保障。蓋一九二〇年代後期，總督府已訂下限制臺籍生辦法，故一九二九年日籍生錄取人數已超過臺籍生。就學生素質的比較言，日籍生不如臺籍生，而臺籍生本身則後期優於前期。至於學生家庭背景方面，日籍生家住日本者多屬平民階級，且多農家子弟，家住臺灣者則以公務員子弟佔多數；臺籍生則多出身中上階層家庭。

關於日據時期臺灣師範學校課程之演變，大致可以一九二三年爲界限，分爲前、後兩期；前期課程編排著重臺灣的特殊需要，而且臺、日籍生課程內容有極大的差異。對日籍生特重臺灣、華南及南洋之史地，臺灣特有的博物、衞生及急救法，以及日語等科目之教學；對臺籍生則著重日語、漢文、理科、數學與藝能科等一般教育科目，至於專業教育科目則頗不受重視。後期除保留臺語等臺灣所需要的特殊科目外，其餘的課程則與日本國內相似。對日籍生之史地、理科、農業與商業等科目之教學，不再偏重臺灣的特殊知識；對臺籍生則繼續前期內容。一九三三年以降，復比照日本國內將課程分爲基本科目及增課科目，顯示逐漸重視學科專業科目。其後，在皇民化教育政策下，特重修身、日語、史地及體育課程，此乃極端國家主義政策的必然結果。

教科書方面，一九二二年以前，按規定臺籍生係使用總督府所編纂的教科書，而該教科書由於程度十分低淺，頗爲臺籍生所不滿。其後，隨著師範學制之改革，教科書亦開放，始得採用文部省核准之教科書，從此臺籍生的程度漸與日本國內師範生無大差別。根據文獻記載和後來歷史的發展得知，當時在教學方面著有成績者有博物、農業及藝能科等，尤其是藝能科教學，不但培養出學生濃厚的興趣，並奠定良好的基礎，北、中、南三師範均培養不少藝能科的傑出人才。

吳氏指出，日據時期臺灣師範學校的訓育，因係兼具國家主義及殖民主義之色彩，而國家主義訓育目標在培養忠君愛國、守法重紀之教師，於是制定嚴密的校規，教師通常以嚴格的態度對待學生，師生關係建立在服從和尊敬上，忽視學生個性及人格。同時，根據殖民主義，學校當局對臺、日籍生採隔離政策及差別待遇，並常有教師懷抱征服者優越感及民族歧視心理，以致每激起臺籍生的反感。影響所及，當一九二〇年代自由、民主思潮盛行，臺灣民族運動蓬勃發展之際，學生運動遂接連發生。當時在臺灣的日人輿論機關檢討學生運動時，雖不一定完全同情學生，惟每多表現自由主義色彩，強調教育的目的在「創造人性」，主張根本改革師範教育。而臺灣住民的輿論機關更進而以民族主義相號召，抨擊偏狹的國家主義及不公平的殖民主義教育方針。可惜的是，自一九三〇年代以後，隨著極端國家主義教育政策之出現，上述臺灣師範教育改革要求遂不過如曇花一現而已。

第四章爲〈師範畢業生之服務及其流動〉。本章旨在分析師範畢業生之任用、供需、待遇、專業精神及教學概況，並略論師範畢業生之流動及其社會地位。

根據吳氏的研究，一九二二年以前，臺籍畢業生任用資格低於日籍畢業生，其後始取消資格之差別。就師資供需關係言，一九一九年以前，小學合格教師比率平均只佔十分之六，其後比率驟增，一九二五年以降，即未曾低於十分之九。惟合格教師主要仰賴日本國內供給，臺灣師範學校小學師範部始終只居輔助地位而已。公學校方面，一九二三年以前，合格教師平均亦佔十分之六，顯示公學師範部畢業生的供不應求。其後，合格教師比率漸增，然而在總督府有意限制下，比例鮮能超過十分之九，亦即教師素質始終不及小學校。當時公學師範部臺籍畢業生雖始終是公學校臺籍合格教師的主體，惟自一九二〇年代以降，日籍畢業生通常只不過佔日籍合格教師的二分之一，故公學師範部顯然一直未能供應足夠的殖民地師資。

關於師範畢業生的待遇方面，由於師範教育內容的偏頗，公學校臺、日籍教師的俸給、地位、升遷、進修機會及福利等種種不平等待遇，總督府對教師活動的限制，以及社會風氣、民族意識等的影響，臺、日籍畢業生之專業精神頗不相同，臺籍畢業生的異動始終大於日籍畢業生，而在職者則每被認爲對教育工作欠缺使命感、理想及研究進取之心，其表現或意氣消沉，或滿足於現狀，不瞭解新教育理論，不講究教學方法。總之，臺籍教師的表現既非總督府理想的「同化先驅者」之角色，亦非臺灣住民進步知識份子心目中善盡教化重任之社會領導者。至於日籍教師，一般認爲早期較具獻身弘道精神，惟一九二〇年代以後，隨著社會的變遷，新進教師的人格及敬業精神，已漸不如資深教師。

日據時期，由於師範畢業生對教學方法並不十分講求，因此注入式教學法歷久不衰。又因普及日語爲當時公學校最主要的目的之一，故總督府對日語教材及教學法的研究不遺餘力，惟日人認爲臺籍教師推動日語教育欠缺自發的責任感，始終將日語當作外國語文，以致日語教學未能收到預期的效果，也因此當同化政策逐步強化時，總督府一面想盡辦法迫使臺籍教師盡力於日語教育，一面則逐漸減少臺籍師資之培養。在藝能教育方面，由於師範生在學期間，對西洋音樂、美術均已奠定良好基礎，畢業後不少繼續到國外深造，而成爲推動近代臺灣西洋音樂、美術運動的先驅，未再深造而服務於公學校者，則對西洋音樂、美術的普遍，貢獻良多。

關於日據時期師範畢業生之流動及其社會地位，根據資料顯示，臺籍畢業生的異動始終大於日籍畢業生。一九二〇年以前，任職滿十年以上者，臺籍僅約三分之一，而日籍約二分之一。後期（一九二五—一九三七）任職滿十年以上者，臺籍約佔二分之一，而日籍達三分之二。離職的臺籍畢業生，前期以轉至工商業者最多，轉任官吏者次之；後期則赴日留學者顯著增加。至於赴日留學者，前期以習法政經濟者最多，後期則改習醫學及美術者大增。吳氏指出，離職另謀發展的臺籍畢業生在新一代的社會領導中，並不亞於其他學校出身者，他們或成爲民族運動的中堅，或成爲實業界的新秀，或爲著名律師，或爲地方首長，或爲傑出的文藝工作者，或爲官選之地方民意代表，他們所扮演之角色往往兼具多重而呈「通才」性質，在社會各部門中，扮演重要之角色。

第五章爲〈結論〉。在本章中，吳氏綜合前述各章的討論，而提出下列幾點結論：

一、日據時期臺灣師範教育係以漸進原則，採逐步強化的同化主義方針，而差別待遇及隔離政策之運用實爲其主要特徵。一九二二年以前，師範教育係以培養日籍師資爲主，臺籍師資爲輔，由是先後建立臺、日籍師資分別訓練及小學、公學師範部截然劃分的差別制度。其後，名義上開放臺、日籍生「共學」，師範學制規定漸與日本國內一致。一九四一年，形式上差別制度完全廢除。越二年，師範學校升格至專科程度。

二、日據時期臺灣師範學校師資始終以日籍爲主，臺籍教師不過聊備一格。學生素質方面，臺籍生因入學競爭激烈，且多出身中、上階層家庭，故素質甚佳；日籍生則反是。至於課程及教學，前期著重配合臺灣的特殊需要，而且臺、日籍生課程內容與教材程度有極大的差異；後期除保留臺語等特殊科目外，其餘大致與日本國內相似。教學著重日語、修身、實業及藝能等科目，尤其是藝能科教學成績卓著，故塑造不少藝能科傑出人才。訓育則兼具國家主義及殖民主義色彩，因與臺籍學生的民族主義存有極大的矛盾，故於一九二〇年代產生反動，學生運動迭起。

三、日據時期臺灣師範學校的臺、日籍畢業生在俸給、地位、升遷與進修機會等均不平等，故臺籍教師的異動率遠大於日籍教師。當時，臺籍教師因推動日語教育每欠缺自發的責任感，故頗爲總督府所不滿。另外，離職另謀發展的臺籍教師多有傑出成就，而成爲社會的中堅，故日據時期臺灣師範學校不但是培養師資的所在，並且是社會領導階層的搖籃之一。

綜觀本書，最值得稱道的是師範教育專業知識的豐富和比較研究方法的採用。吳氏早年畢業於臺灣省立臺東師範學校普通科，繼入師大歷史學系、所深造，曾在國小、國中任教多年，不僅受過完整的師範教育訓練，而且具有實際的教學經驗，因此討論本書主題師範教育的運作至爲深入，不僅深刻了解師範學校作爲培育初等教育師資機構的特殊功能，以及其課程的重點所在；同時，對日據時期師範生在學期間的學習情形和公學校、小學校教師的服務心態，也有精闢的見解，足發前人之所未發，沒有親身的經歷，是難以做到的。此外，吳氏撰寫本書所採用的比較方法，也頗爲可取。他在討論第二章「教育政策與師範教育制度之演變」時，不僅著意於探討日據時期各階段的教育政策和師範教育制度之演變情形，而且留心比較同一時期日本在朝鮮、美國在非律賓及荷蘭在印尼的師範教育實施情形，以說明其異同和其所以異所以同，頗有助於讀者的廣泛認識。又如吳氏討論第三章「師範學校之教學與訓育」和第四章「師範畢業生之服務及其流動」時，除分就臺、日籍師範生接受師範教育的不同師資狀況、學生素質、課程與教學加以比較，亦就臺灣師範教育的實施情形與日本國內加以比較，同時更就臺、日籍師範畢業生的任用、師資供需、待遇和專業精神，以及臺、日籍師範畢業生本身前、後期的不同服務情形加以比較，透過似此橫的、縱的比較，當可幫助讀者對日據時期臺灣師範教育實施的全貌，獲得廣泛而深入的了解。

其次，對日本殖民教育政策的深入了解，也是本書的重要貢獻之一。吳氏精通日語，他廣泛參考日本和臺灣現存的有關檔案、年報、報紙、期刊和時人著作等史料，對日據時期臺灣殖民教育政策的制定，以及師範教育制度的演變情形，皆有深入的了解，不但指出日據時期試驗、進展與強化三個階段教育政策演變之然，而且指出其所以然，使讀者不僅能了解日據時期臺灣師範教育的表面現象，而且能明瞭其隱藏在內部的動因眞相，這是很難得的，也是史學研究者所希望達到的目標。

本書雖爲吳氏第一部專書，但行文至爲老練簡潔，層次分明。本書所討論的主題，雖爲頗富學術性的日據時期臺灣師範教育，惟其行文老潔，故不覺得拗口；惟其層次分明，故說理清楚，能予讀者以清晰的概念，而獲得正確的認識。

本書的優點已如上述。惟教育不能脫離現實的政治、經濟及社會各項因素而存在，故本書正如作者的指導教授林明德教授所指出：「殖民地臺灣與日本之關連，以及師範教育在近代化過程所扮演的角色，仍有深入而多方加以探討的必要。」（見本書林序，頁一）希望吳氏以師範教育研究爲基礎，層面更廣、用力更專的《日據時期臺灣社會領導階層之研究》博士論文能早日完成，以補本書討論所不及的地方，讓讀者能把日據時期臺灣師範教育放在一個更大的基礎之上，而獲得更進一步的認識。（按：吳氏已於民國七十五年七月獲得博士學位）

另外，本書第四章第四節〈臺籍師範畢業生之流動及其社會地位〉之部份，論及日據時期不少傑出的醫師、律師、社會運動家、文學家、新聞從業者和畫家等，大多是再留學深造的師範畢業生，此有事實之依據，自不容置疑。然則，師範教育既係以培育初等教育之師資爲主，其課程與教學與以升學爲目標的中學教育，自有很大的差異，何以日據時期臺灣的師範畢業生能輕易突破教育的限制而出國深造？當時中學教育的課程與教學情形如何？與師範教育有何關聯？當時臺籍師範畢業生進修的管道如何？凡此都有加以進一步比較的必要。他如同一階段教育的職業教育之實施情形如何？其課程與教學情形如何？與師範教育有何不同亦有待加以討論。如衆所周知，師範教育不是孤立存在的，它必然會和同一階段教育的中學教育和職業教育之實施有或多或少的關連，唯有把師範教育放在全盤的教育之上來討論，始能明瞭它在整個教育運作上的地位，而獲得較爲完整的認識，這是有待本書再版時加以增補的。不知吳氏以爲然否？

如前所述，目前史學界對日據時期異族殖民統治的研究，尚有待加強。而本書作者吳文星獨具慧眼，識人之所未識，不但以本書作爲他的碩士論文，更進而以本書爲基礎，從事層面更廣、涉及更多的《日據時期臺灣社會領導階層之研究》的專題研究，他的一系列研究具有發展性，深得史學方法之要訣，是很值得學習的；他對日據時期臺灣史研究將作重大的貢獻，乃是可以預期的。

（臺灣風物第三十三卷第四期，民國七十二年十二月，臺北）

黃康顯主編《近代臺灣的社會發展與民族意識》評述

《近代臺灣的社會發展與民族意識》一書，是香港大學校外課程部主辦「臺灣歷史國際學術會議」的論文集，於一九八七年十二月由香港中華書局發行。

本書共分四輯，計三一八頁，約二十五萬言。全書十六位作者中，除一位日本學者外，其餘均爲中國學者，分別在臺灣、香港、大陸與美國服務。他們就其研究領域，以及史料掌握的方便，分從史料研究與檔案運用、社會發展、建省措施、內憂外患與民族意識四方面加以探討與介紹。

史料研究與檔案運用方面，計有四篇。臺灣大學歷史系陳捷先教授的〈清代臺灣地區的方志、族譜與老字據〉一文，對清代臺灣的方志、族譜與老字據等地方性資料作一綜合的論述，並分析其史料價值。陳教授指出，研究清代的臺灣，除了官方檔册與私家詩文等文獻以外，方志、族譜與老字據也是珍貴的資料；而且近幾十年來，這些資料經過學者們的搜集、整理、研究、刊行，已經成爲研究清代臺灣史者所不可或缺的查考依據。因此，方志、族譜與老字據，只要吾人妥善利用，在未來對研究臺灣史者，它們必將是人人重視的瑰寶。

故宮博物院現存檔案中含有相當豐富的臺灣史料，舉凡閩浙總督、福建巡撫、福州將軍、福建布政使、福建水師提督、巡視臺灣監察御史、巡視臺灣給事中、福建臺灣鎭總兵及廣東督撫等人的奏摺原件及其錄副抄件等，都提供了珍貴的第一手資料。這些檔案的內容，包括雨水收成、米糧價値、商販貿易、移殖拓墾、建築城垣、開山撫番、地方物產、民情風俗，以及對外交涉等先民開發臺灣事蹟，目前已經由故宮博物院利用最佳的設備，以最妥善的保管，並充分運用圖書館的分類方法，進行全面的整理，編製卡片，出版目錄，其有助於臺灣信史的重建，乃是必然之事。故宮博物院莊吉發先生在〈故宮檔案與臺灣史研究〉一文，即以其在故宮長期服務與親身的研究經驗，呼籲海內外學者能正視這些資料的價值，妥加運用，使未來臺灣史的研究能獲致更豐碩的研究成果。

日據時期，連橫採用紀傳體寫成《臺灣通史》一書，其體制、書法與撰述動機，是研究臺灣史應予重視的課題。新亞研究所曹仕邦博士的〈臺灣通史一書的體例與作者的動機〉一文，認爲該書開闢、建國、經營、獨立四紀的出現，開啓了紀傳體史書的新頁。以前紀傳的本紀以帝王命篇，而該書則以臺灣歷史發展的四大階段命篇，但却未違背紀傳體的原則，因爲司馬遷《史記》的殷本紀、周本紀，皆是以朝代命篇，一個朝代亦歷史發展的一大階段而已。至如《史通》卷二本紀所述「紀者，綱紀庶品，網羅萬物」和「有大事可書者則見之於年月，其書事委曲，付之列傳」的原則而言，這四紀尤能發揮此一作用。對於撰述動機，曹博士指出「臺灣人不可不知臺灣歷史」，可說是連横修撰《臺灣通史》的原始動機。而由連氏自序所云：「荷人啓之，鄭氏作之，清代營之，開物成務，以立我丕基，至於今三百有餘年矣。」與「古人有言：國可滅，而史不可滅。然則臺灣無史，豈非臺人之痛歟？」可知連氏很可能有意爲已成爲過去的「臺灣民主國」修撰一部史書，將臺灣歷史自延平郡王鄭氏開府臺灣，中經朱一貴、張丙、戴潮春等一連串反清復明的運動，以迄臺灣民主國的暫現，連繫成一個相承的統緒。其用意與羅爾綱先生用紀傳體裁寫成《太平天國史稿》，來記述過去一段光榮歷史，頗爲近似。

地圖對歷史研究的重要性，乃是盡人皆知之事。惟地圖繪製的經過與內容、意義性質與繪製年代，則有待學者的深入考釋與研究，始能發揮其應有的功能。香港大學馮平山博物館呂榮芳先生的〈清乾隆年間手繪臺灣地圖考釋〉一文，即就福建廈門大學人類博物館庋藏的該幅地圖，以乾隆年間所設臺灣府城爲中心，北起大雞籠城，南迄鳳山縣署，自北而南，就其立體手繪內容加以考釋。呂先生認爲，該圖採用立體淡著色筆繪法，把清乾隆年間臺灣府雄偉壯麗的山河表現出來，圖中除標明二地之間的距離、方位及地形外，著重繪出軍事上設施及佈防，特別詳細註明駐守將領的官銜及士兵人數，而倉廒炮臺戰船設置方法及數目也一一加以標明，因此詳考該圖性質，應屬乾隆時期臺灣廈門道用兵臺灣的軍事地圖。另外，呂先生也指出：原圖中諸羅縣地名尚未改稱嘉義，可以明確肯定該圖繪製的下限年代當在乾隆五十一年（一七八六年）林爽文起事之前。

社會發展方面，篇數較少，僅三篇。香港中文大學人類學系陳其南博士的〈臺灣本土意識的形成與其含意〉一文，主要在對陳博士自己曾思考過的一些問題：「土著化」的解釋模式、分類械鬥與土著化、宗族的形成與土著化、臺灣漢人社會與東南亞華僑社會、族群關係與政治歸屬等，作一番介紹與討論。陳博士認爲，臺灣漢人社會之發展過程是「移民社會」轉型爲「土著社會」的過程。而劃分這兩個階段的標準是社會群體構成（social group formation）的認同意識，在前期的「移民社會」中，緣於大陸的祖籍意識扮演著最重要的角色，而反映在不同祖籍群之間頻繁的分類械鬥上；後期的土著化過程則以建立在臺灣本地的地緣和血緣意識爲新的社會群體認同指標。換句話說，在意識上由「唐山人」、「漳州人」、「泉州人」、「安溪人」等等概念轉變爲「臺灣人」、「下港人」、「南部人」、「宜蘭人」等等；或在血緣意識及祖先崇拜的儀式上不再想「落葉歸根」，或醵資返唐山祭祖或掃墓等等，而重新肯定臺灣這地方才是自己的根據地，終老於斯，並且也在臺灣建立新的祠堂和祭祀組織，逐漸地從大陸的祖籍社會孤立出來，而成爲一新的地緣社會。陳教授並就臺灣漢人社會與東南亞華僑社會——一則逐漸「土著化」，一則始終是「移民社會」的不同社會發展，解釋華僑何以不認同僑居地，而迭遭僑居國排斥的原因。另外，陳博士在論述族群關係與政治歸屬問題時亦強調，國家的存在是以人民的意願與福祉爲前提，而不能單是經由歷史傳統或既存政體的主觀勢力來規定人民的政治歸屬，政治問題應由「政治行爲」的客觀標準來解決。

磚石城具有防衞的功能，同時也是中國行政和文化的象徵。康熙年間，淸廷納臺灣入版圖之後，所以未在設治時立卽興築磚石城，而以竹城代之，實爲一值得探討的課題。中央研究院近代史研究所許雪姬博士的〈臺灣竹城的研究〉一文，係從竹城興築的背景、沿革，竹城所具有的特色及其攻防功能，以及竹城的衰落等方面，作深入的分析與研究。許博士首先指出，由於淸廷認爲臺灣「亂自內生」，且其形勢亦與內地不同，無築磚石城的必要，故以竹城代替。嘉慶以後，由於客觀形勢的改變，亂自外生的例子時有所聞；而且臺灣的富厚，亦已成爲各國覬覦的對象，因此清廷乃改弦更張，允建磚石城。對於竹城的攻防功能，許博士並舉林爽文、戴潮春兩事件爲例指出，府廳縣城難守，民間的竹圍易防。惟民間的竹圍雖有其貢獻，但因臺灣居民皆「倚深篁叢竹而居，非如內地比廬接舍」，難行保甲之法，在統治者的層面來看，竹圍的普遍設立對治安有所妨害，其衰落乃是勢所必然的結果。

清代臺灣土地開墾過程中，曾出現過所謂「大租」、「官大租」與「番大租」。這些大租是怎樣形成的？產生過什麼作用？與大陸土地制度有何不同？墾戶與佃丁之間存在什麼關係，曾否出現莊園農奴制？其性質與特點如何？凡此皆是值得探討的課題。廈門大學臺灣研究所陳碧笙教授在〈清代臺灣大租的性質和作用——駁所謂「莊園說」〉一文中，針對上述問題逐一加以討論與比較後指出：大陸江南和川陝地區在大規模開墾之際，爲了應付或逃避官府賦稅，以往曾出現有「官造魚鱗册，以佃戶姓名爲主，業主姓名爲附」、「畏懼差徭，必借紳衿出名報墾承種，自居佃戶」、「乃授田於人，頂戴苗米」種種現象，在福建龍岩、漳州，則發展而爲大租小租與「一田三主」。臺灣在鄭氏時代移入者多爲泉州人，聚居南部，實行官田與文武官田制度，還看不到這種影響；在清初移入者多爲漳州人與客家人，主要分佈於中北部，實行大小租制度，其根源當來自大陸。在形式上，臺灣大租或由墾戶自身出錢出力經營，或領有官府發給的執照，或兩者兼而有之，比大陸更爲完整而集中；在業權分割上，由大租主承擔賦稅，由佃丁或小租主掌管土地的耕種、加工與瞨賣；大租主虛有其名，佃丁與小租主掌握其實；大租主是附屬物，佃丁與小租主是主體；臺灣與大陸的精神是完全一致的。這些都與臺灣開發較晚，漢人集中移入以及資本主義萌芽因素的出現緊密相關，莊園論者所強調的中世紀的農奴制是從來沒有存在過的。

建省措施方面，共有四篇。由於劉銘傳是光緒十一年（一八八五年）臺灣建省的關鍵人物，所以本部份四篇論文的討論，均與劉氏有關，汕頭大學歷史系李時岳教授的〈劉銘傳與臺灣建省〉一文，更以劉銘傳爲討論中心。李教授首先討論臺灣建省的經過，然後對建省前後的臺灣經濟加以比較與分析，他指出臺灣建省是清同治以來，日本、法國先後侵犯促成的，其目的在加強中國東南的海防，並加速臺灣的開發。李教授強調，劉銘傳在臺七年（一八八四—一八九一年），承沈葆楨、丁日昌之餘緒，懷著「以一島基國之富強」、「以一隅之設，爲全國樹立典範」的雄心壯志，多方擘劃，實力經營，因而取得優異的成績，使臺灣儼然成爲全國近代化的模範區，其貢獻是值得肯定的。

關於臺灣的建省，自同治十三年三月（一八七四年五月）日軍犯臺，海疆出現危機之後，歷經十年的經營，才逐漸形成共識。廈門大學臺灣研究所陳在正教授在〈從閩撫移駐的提出到臺灣建省的實現〉一文指出，在此一加強臺防、創造建省條件的過程中，沈葆楨、王凱泰、丁日昌、吳贊誠、岑毓英、左宗棠、楊昌濬等清廷疆吏都做出了不同的貢獻。特別是首任巡撫劉銘傳，任職期間在設防、練兵、撫番、清賦、礦務、墾務、創辦現代交通、通訊事業、開發利源等方面，都有很大的貢獻，爲臺灣近代化奠定了一定的基礎，所以連橫稱譽劉氏「其功業足與臺灣不朽」，實非過譽。陳教授進一步指出，臺灣經過建省的準備及建省後各方面的建設，不但直接增強了防務力量，促進了本地區社會經濟的發展，使臺灣成爲當時全國的一個先進省分，而且建省後也加強了與大陸政治、經濟、文化等聯繫。但在甲午戰爭後，臺灣旋被清政府所割棄，而淪爲日本帝國主義的殖民地，臺灣與大陸的聯繫由於長期被割斷因而大大削弱。

清朝舊稱本部十八省，光緒十年（一八八四年）新疆建省爲第十九個省，翌年臺灣建省爲第二十個省，二者均爲清季禦侮設防的新建制。新疆爲塞防，臺灣爲海防，又都是在洋務派對海防和塞防激烈爭辯之下實現的。華東師範大學歷史系陳旭麓教授的〈臺灣建省與洋務派〉一文，即就臺灣建省與洋務派的關係加以討論。陳教授認爲，臺灣建省與近代化建設是密切結合的，它不同於尋常的行政區劃變動，而是一種全面性的歷史行爲在一個特殊地區發生的變化，顯示了時代的步伐。陳教授強調：臺灣位處東南海上，面臨比大陸更爲嚴峻的現實，沒有時務觀念、沒有開拓精神的強人，對臺灣的處境和前途是無能爲力的，絕不是那些昏官猾吏搪塞得了的。正是由於這種客觀要求，又是當時清廷開明派奕訢、文祥掌管較大權力之時，所以洋務派中的佼佼者沈葆楨、丁日昌、劉銘傳等人，相繼被派到海防前哨的臺灣來。沈、丁、劉等人在接任臺事前，對臺灣的地位和情況多所了解；接任臺事之後，都不避艱險地佈防設治，急其所當急。沈葆楨發其績，繼沈者丁日昌鼓其勇，使臺事日有進展；至劉銘傳來到臺灣，專力經營七年，臺灣又有了更大的發展。但光緒十七年（一八九一年）劉銘傳去職之後，由於繼任的邵友濂係一缺乏開創性的舊時代官僚，臺灣的建設遂停滯不前。

自同治十三年（一八七四年）日軍犯臺，至光緒二十一年（一八九五年）臺灣割讓日本的二十一年期間，因清廷的統治政策已由初期的消極防制政策，經過長期的消極與積極反反覆覆的不確定時期，而進入積極經營時期，因此經濟發展與建樹甚多，値得深入地探討。中國社會科學院經濟研究所汪敬虞教授的〈建省前後的臺灣經濟〉一文，即分就工礦、交通運輸、貿易金融與農墾田賦四方面，考察此一期間的臺灣經濟。汪教授歸納建省前後臺灣主政者沈葆楨、丁日昌、劉銘傳等人的經濟活動爲四大類：工礦類中的煤礦、石油礦和其他工業；交通運輸類中的鐵路、航運、電訊和郵政；貿易金融類中的出口專賣、港口建設和貨幣發行；以及農墾田賦類中的開墾與淸賦。汪教授指出，短短二十一年期間，臺灣經濟發生了一個空前的變化，出現了煤礦、鐵路、電燈、電話、郵票、輪船、電線、現代產業工人、新型知識份子，以及民族資本與民族工業等新式企業產品與新式產業結構。經濟上的變化導致財政上的變化，政府稅收結構上因而有明顯的變動，田賦在臺灣財政收入的比例下降，來自貿易、商務、煤務、電報、郵政的收入則大幅上升，特別是來自海關的稅收；而田賦的收入總額，在進行農田開墾與淸賦之後也大幅增加。總之，此一期間，臺灣的經濟從基層到上層構造，都經歷了一系列巨大的變化。但是，從另一方面看，這些變化中，又出現了許多令人難以置信的低效率和低質量，執行的失當，未能多注意經濟效益，未能充分利用資本主義之優點等，都是新經濟活動的缺失，因而出現了幾乎令人感到窒息的黯淡前景，所以光緒十七年劉銘傳去職之後，一切新經濟活動多告中止。

內憂外患與民族意識方面，篇數最多，總共五篇。美國西東大學亞洲學系梁伯華博士的〈臺灣事件與琉球問題的關係〉與香港大學校外課程部黃康顯博士的〈從牡丹社事件看英國對華外交〉兩篇文章，都以「臺灣事件」爲探討對象，唯著重點則有所不同。臺灣事件與琉球問題的關係相當密切，這在中外學術界已是一個公認的事實。惟對於因臺灣事件而簽訂的一八七四年中日北京專約，中外學者一般的看法，因爲單從同治十年（一八七一年）的琉球漂民事件（日本征臺的遠因）來看，而忽略了同治十二年（一八七三年）日本小田縣漂民事件（征臺的近因），因此對這問題的看法便不夠全面性，而他們的解釋謂約中所言「保民義舉」，等於是中國承認琉球屬於日本，便變成了一個誤導的詮釋。而這個誤導的詮釋，其實是日方談判代表大久保利通的洋法律顧問巴桑拿（Gustave E.F. Boissonade）於臺灣事件及簽約後翌年的「創作」。其目的乃在引導國際輿論跟從這個詮釋，以造成日後日本侵佔琉球王國時有所謂「法理根據」的憑藉。後來的學者不察，竟以此誤導詮釋來分析臺灣事件與琉球問題的關係，因而導致他們的結論是不夠全面性及不夠客觀。梁博士指出，琉球問題本質上是一個很繁雜的問題。歷史上，琉球從來不是中國的領土，並不屬於中國，這點在解釋臺灣事件與琉球問題的關係上十分重要。因此，理解琉球問題應從日本怎樣逐步兼併琉球及廢滅中山王國來看，而不是從臺灣事件及中日和約的簽訂而作出琉球問題得到了解決的結論。中國的介入琉球問題，祇是以宗主國的身份設法保護一個忠誠的朝貢國，而不是中國保衞領土完整的問題。由於中國在中日北京專約中並未「默認」琉球屬日而「斷送」琉球，所以中國在臺灣事件之後，仍一再爲琉球問題向日本交涉。

英國與臺灣發生關係，爲期甚早。早在明鄭抗清期間，雙方已有貿易關係；惟後因外人可以到廣州通商，臺灣的經濟價值因而被英國人忘記。直到道光十八年（一八三八年）中英鴉片戰爭前，英國才再次注意臺灣。其後，中英關係漸趨複雜，雙方衝突事件頻傳。香港大學校外課程部黃康顯博士的〈從牡丹社事件看英國對華外交〉一文，就是以「牡丹社事件」

（通稱「臺灣事件」）爲例，探討英國的對華外交政策。黃博士指出，自同治二年（一八六三年）開始，英國已與法、美、俄等國聯手，對中國實行一種「合作政策」（Co-operative policy），意即尊重中國的領土完整，扶助中國維持內部穩定，與謀求列強間共同的對華政策，這幾點在牡丹社事件中已得到證實；英國方面出面要求各國宣告中立，並保護中國的沿海沿江，在整個過程中，各國都沒有插手幫助日本，其原因是維持中國的政局穩定。可以說，中國政局的穩定，似乎是英國對華外交的主調。黃博士強調，就牡丹社事件英國所促成的中日和約，對英國而言，當然可以令它繼續維持中國政局的穩定，這種穩定又肯定對英國在華的利益有利，但對中國而言，這是帝國沒落的另一階段，因此牡丹社事件中英國外交的勝利，亦可能是中國政策的失敗。

臺灣的認同危機及其發展，是近幾年來研究臺灣發展史者所關切的課題。輔仁大學歷史系尹章義教授的〈臺灣的認同危機及其發展史〉一文，從歷史的觀點，分就「臺灣」一詞的來源與最早的「中國與臺灣」情結、清代臺灣的祖籍意識與籍貫意識、日據時期臺灣的認同問題三方面加以考察。他認爲：從現實的考量，近年來「臺灣意識」之高漲與認同危機的形成，與臺灣經濟社會共同體之形成，中產階級與知識階級之興起，政經利益分配不均所導致之省籍區分與反國民黨意識之投射，國際霸權之操縱與恐共、反共心理之反映都有密切關係；但其更基本的因素應是臺灣海峽兩岸長期分隔所造成的文化上的隔閡，以及臺灣歷史經驗的積留與反芻。政府遷臺，已經面臨類似當年鄭氏遷臺時的意識危機，中國歷史上的正統觀念和政府東遷時隨之東渡的歷史包袱，更使政府標舉的「中國意識」與實際政治之間產生背離的現象。及至海峽兩岸隔絕既久，執政黨常以法統和全國性的政府爲藉口，拒絕或遲緩臺民在本區先行改革的要求，「中國意識」成爲便利施政的工具；抗爭的政治力量也以「臺灣意識」爲政治號召，做爲抗爭的工具，進而從臺灣的歷史經驗中尋求理論的依據，遂產生臺灣各種意識型態之大反芻。二者相互激盪，加上海內外抗爭勢力彼此援引的結果，使得與「政治的中國意識」對立的「臺灣意識」更形膨脹。因此，無論是「中國意識」或「臺灣意識」，都是臺灣人民與臺灣人民父祖與生俱來、難以掙脫的情結。只有從中國意識與臺灣意識的糾纏與掙扎中解脫出來，了無牽掛，我們才能包容更大的力量，坦蕩蕩地推動臺灣當前最迫切需要的民主與革新。

對於臺灣抗日民族運動「中國意識」與「臺灣意識」的分歧，近年來也成爲研究臺灣發展史者甚爲關切的課題。東京大學教養學部若林正丈博士的〈臺灣抗日民族運動中的『中國座標』與『臺灣座標』〉一文，從「臺灣解放構想」的四個類型——「祖國派」、「待機派」、「臺灣革命派」與「一島改良主義」加以分析，指出台灣後期抗日運動在一九二七年（民國十六年）以後存在著意識型態的左右分裂，以及「解放構想」分歧而混合的混迷情況。而臺灣抗日運動思想在「解放構想」上的分歧，事實上也就是臺灣抗日民族思想上「中國座標」和「臺灣座標」的分歧。由於其後中日全面戰爭的爆發，政治、社會運動潰滅以後還能繼續存在的文化、文學運動也被迫停止活動，使得圍繞「解放構想」的分歧沒能得到任何思想上的解決，所以中日戰爭雖解決了臺灣在政治上的歸屬問題，但似乎沒有在思想上解決日本統治時期遺留下來的「臺灣解放構想」分歧的問題。中央研究院近代史研究所陳三井博士的

〈光復前臺灣的民族意識〉一文，則分從臺灣知識份子的祖國意識和臺灣精英抗日意識的轉化兩方面加以探討。陳博士認爲：近代臺灣民族運動的進行，大致可以分爲兩派：一派是「祖國派」，以蔡惠如、蔣渭水、王敏川等人爲主。他們對於祖國有一份濃厚的情懷，有一股強烈的認同感，他們把臺灣的前途寄託在祖國的強大上，把臺灣的光復寄託在抗戰的勝利上。另一派是「本土派」，或稱「自治主義派」，以林獻堂、蔡培火、林呈祿、楊肇嘉等人爲主。他們對祖國的紛亂表示失望，也傷感由帝國主義者所造成的民族災難和政治腐敗，冀望用自己「小我」的力量，透過合法的社會運動方式，向日本殖民政府要求取消統治上的差別待遇，著眼於解決當前的各項實際問題，爲臺灣住民爭取更多的利益，謀求更大的幸福。惟不管「祖國派」也好，「本土派」也罷，他們的民族意識之內涵，並無顯著的差異，所不同的是表現方式的區別，一個放眼將來，一個著重現在，但殊途同歸，都以脫離日本的殖民統治爲終極目標。

本書的出版，一方面表示臺灣史研究的日益受到重視，一方面也顯示臺灣史研究的最新趨勢。近年來，國內臺灣史的研究由於各大學陸續開設「臺灣史」課程，以及研究機構與學術雜誌的提倡與鼓勵，經常舉辦有關臺灣史研究與史料發掘的研討會，使得臺灣史的研究蔚爲風潮，研究成果豐碩，質量均迅速增進❶。國外的臺灣史研究，則以美國、日本和荷蘭等國較爲著名，研究成果也較爲可觀❷。香港大學校外課程部首次在香港地區舉辦「臺灣歷史國際學術會議」，廣邀各地學者與會，把臺灣史研究的風氣引進東南亞，其意義實非比尋常。而就其宣讀論文的內容與趨勢，也顯示了近代臺灣的社會發展與民族意識實爲多數學者所關心的焦點。史學不忘經世，臺灣史學者對近代臺灣的社會發展、內憂外患與民族意識課題的重視，實爲一可喜的現象。

本書各篇論文，多言之有物，能維持一定的水準，其對學者進一步研究臺灣史有相當大的助益，乃是可以預期的。從史料研究與檔案運用的部份，學者不但拓展了研究史料的範圍，也對連橫撰述《臺灣通史》一書的動機及其體例，獲得進一步的認識。從社會發展的部份，學者可了解本土意識的形成及其含意、臺灣建城的原型，以及清代臺灣土地開墾的大租問題。而對臺灣建省前後的歷史，更可透過建省措施部份，了解劉銘傳等洋務派與臺灣建省的關係、臺灣建省的經緯，以及建省前後臺灣的經濟概況。另外，內憂外患與民族意識部份亦有助於學者了解「臺灣事件」前後臺灣的複雜之外交關係，以及有關「中國意識」與「臺灣意識」的諸問題。這些都是本書的重要貢獻。

臺灣史料包括文獻資料、遺蹟遺物和歌謠傳說三類❸。本書各篇論文，由於探討主題的關係，較少引用遺蹟遺物、歌謠傳說兩類的史料，主要是依據檔案、方志、調查資料、私人著述、國史記載、口述史料等文獻資料，針對各篇主題加以討論。除部份引證未注明出處外，大體而言，本書論文的資料引用尚稱恰當。例如梁伯華博士在〈臺灣事件與琉球問題的關係〉一文，利用中、日、琉球及西方發現的資料，對臺灣事件與琉球問題的關係重新加以探索及評價，指出琉球之失，並非起自臺灣事件，日本只是事後利用條文不清楚的地方，藉以併吞琉球，百年以來史家的疏忽，由是被發現與更正，就是一個例子。又如陳捷先教授的〈清代臺灣地區的方志、族譜與老字據〉一文，以族譜的記載，解釋清代臺灣械鬥民變帶來的人爲禍亂，所造成家破人亡、流離遷徙的社會苦況；以古契資料，說明清代臺灣漢人的入墾，艱辛備嘗，篳路藍褸，以啓山林的奮鬥史實。這些都是妥善引用史料的例子，值得吾人注意。

本書各篇論文的觀點，大致亦能維持學術論文的尺度，就事論事，少有政治性或情緒性用詞，其立論尙稱平允，客觀可取。惟因各篇論文作者引用史料來源不一，討論方向也不盡相同，以致在若干問題的解釋上，彼此有所出入；但這也正是「他山之石，可以攻玉」的極佳機會，並無礙於各篇論文獨立存在的學術價值。例如有關臺灣抗日民族運動的意識問題，若林正丈博士的〈臺灣抗日民族運動當中的『中國座標』與『臺灣座標』〉一文，強調臺灣抗日民族思想上一直存在有「中國座標」與「臺灣座標」的分歧，中日戰爭雖然解決了臺灣在政治上的歸屬問題，但似乎沒有在思想上解決日本統治時期遺留下來的「臺灣解放構想」分歧的問題。尹章義敎授的〈臺灣的認同危機及其發展史〉一文，則認爲無論是「中國意識」或「臺灣意識」，都是臺灣人民及其父祖與生俱來、難以掙脫的情結，是日本在臺灣長期高壓統治的結果。另外，陳三井博士的〈光復前臺灣的民族意識〉一文，則強調臺灣抗日民族思想是以祖國意識爲基調，不管「祖國派」也好，「本土派」也罷，他們的民族意識的內涵並無顯著的差異，所不同的是表現方式的稍有區別。可見三人的觀點，並不盡然相同，但三篇論文皆不失爲可讀性極高的好論文。

綜括言之，本書無論是內容、史料，或觀點，均有值得稱道之處；而本書在香港出版，尤具重要之意義。唯本書部份論文，也許因討論主題係屬於列強大舉侵略的近代史範圍，因而字裏行間不免流露出強烈的民族主義史觀。例如有的論文過份強調臺灣建省的意義云：

「臺灣處於海防前哨，它的建省更肩負著民族的和時代的使命，曾經成爲中國近代化發軔的基地之一。」（頁一八五），似有未妥。另有論文的撰述，僅以作者本人已發表的數篇論文作爲討論依據，就作者曾經思考過的一些問題作一番介紹與討論，取材甚爲狹隘，既未附以注釋，行文復有如政論文章，稍失嚴謹（如頁九六—九八），亦值得商榷。

此外，部份論文的史實敍述有誤，亦尚待改正。例如噶瑪蘭廳設通判應爲清嘉慶十七年，誤爲嘉慶十五年（頁七七）；一六七一年英國人到臺灣貿易的對象應爲鄭經，誤爲鄭成功（頁二五三）。至於錯別字更不勝枚舉，俯拾卽是：漳泉誤爲彰泉（頁一八）、體例誤爲體列（頁六八）、鄭克塽誤爲鄭克瑛（頁七五）、周鍾瑄誤爲周鍾喧（頁八一）、行政區誤爲政區（頁八四）、清廷誤爲清延（頁一三七）、侍郎誤爲待郎（頁一三九）、吳贊誠誤爲吳贊城（頁一四〇）、福建布政使誤爲福建市政使（頁二五七）、夏獻綸誤爲夏獻扁（頁二五八）、葉榮鐘誤爲葉榮鍾（頁二九八）、華南考察團誤爲革南考察團（頁三一〇）、臺灣義勇隊誤爲臺樣義勇隊（頁三一一）。

以上列舉的史實敍述之誤與錯別字，再版時如能加以修正，則本書的學術價值當隨之提高，也將更具可讀性。

附註

❶ 見呂實強，〈臺灣史研究的回顧與前瞻〉，頁一四—二三，民國七十九年冬令青年自強活動臺灣史蹟源流研究會講義。

❷ 見黃秀政，〈臺灣史研究與史料收藏概況〉，頁四—五，臺灣文獻第三十卷第四期，民國六十八年十二月。

❸ 見黃秀政，〈談臺灣史料的類別與利用〉，頁一—四，臺灣文獻第四十卷第四期，民國七十八年十二月。

（國史館主編，《中國現代史書評選輯㈦》，民國八十年六月）

評鍾著《辛酸六十年》的史料價值

——以光復初期歷史爲中心

一、引言

近年來，由於政治的開放與社會的多元化，有關台灣光復初期的史料大量出現，特別是時代見證者的回憶錄也陸續出版，對關心台灣本土歷史發展的研究者來說，實爲額手稱慶的一件大事。鍾逸人《辛酸六十年》（以下簡稱本書）的出版，就是其中之一。

鍾逸人，台灣台中人，一九二一年生。八歲進入台中公學校就讀，公學校畢業後考入中部地區唯一的夜間中學台中中學，肄業二年。十七歲，隻身到日本留學，插班考入東京的豐島商業學校。商校畢業後，考上東京外語學校法語科，就讀期間因日本政府羅織鍾氏搞台灣獨立，企圖暗殺殖民地統治者而加以逮捕，使鍾氏飽受牢獄之災。民國三十六年「二二八事件」之後，鍾氏復因事件期間擔任民軍「二七部隊」部隊長，而被判刑十五年，坐牢十七年，至民國五十三年獲釋出獄。綜觀鍾氏的前半生，誠如他在本書自序所說的：「走著顛簸崎嶇，又荊棘滿途的道路」，一生頗不平坦。

本書是鍾氏自傳的前傳，共六五二頁，民國七十七年由自由時代出版社發行。全書共分四部：一、往事依稀；二、亂世混芒；三、風雨飄搖；四、台灣長恨。第一部除敘述作者幼年的殖民地教育經驗與到日本留學的種種遭遇外，並以極大篇幅敘述鍾家的經濟與生活苦況，這是日據時期台灣一般人家生活的真實寫照。第二部除敘述作者自日本返台所見所聞、工作環境及交友情形外，對日據末期台灣的統制經濟、皇民化運動及戰備情形等也著墨不少。此二部敘述的主題均發生於台灣光復以前，所以本文僅就第三部「風雨飄搖」與第四部「台灣長恨」的敘述，選取民國三十四年八月至三十六年八月之間的若干片段與事例，以說明其史料價值。

二、反映政府接收台灣前後的若干事例

(一)台灣住民熱烈迎接祖國

民國三十四年八月，日本宣佈無條件投降，第二次世界大戰結束，台灣歸還中國。這是台灣住民與日本殖民地當局奮鬥了五十年，歷經無數次的挫敗所爭取的終極目標。當時台灣住民聽到此一重大消息，莫不歡欣鼓舞，各式各樣的歡迎、慶祝活動，隨處可見。本書對此

一情景，有深刻感人的描述，茲舉數例加以說明：

其一、文山茶行掛上孫、蔣肖像：文山茶行主人王添燈是一位反日意識很强的人，爲人豪爽廣交，該茶行是日據末期台北附近的文化人、作家、社會運動家平常聚集的場所之一，其常駐客有連溫卿、王萬得、林日高、周井田、蘇新、蕭來福等多少傾向社會主義的人爲多。當作者獲知日本敗戰消息之後，連夜趕到台北文山茶行，其經過如下：「到裡面未過深井，就先聽到樓上已有很多人聚集在那裡高聲闊論，而且電燈也點得滿室通亮，這是自我開始出入文山茶行以來所未曾有的現象，尤其使我驚奇的是牆壁上的蔣介石和孫文先生的肖像，他們不知從什麼地方弄來這兩張肖像，如果早兩天給日本官憲看到了，那定要『殺頭』的。」（頁二七三～七四）從這一段敍述中，可知當時台灣住民多麼熱切盼望回歸祖國，他們寄望祖國的强大，能夠協助台灣住民早日擺脫日本的殖民地統治。而代表祖國的，一是中華民國創立者孫文，另一則是繼承孫先生遺志，領導全國同胞抗日的蔣中正。❶

其二、葉榮鐘等介紹祖國文化：日據末期，由於台灣總督府企圖消滅中國文化，推行所謂「皇民化運動」，因此不少在當時才開始唸中學、進大學的青年，祗會講日語，不會講自己的語言，對祖國完全空白。台灣既已光復，葉榮鐘、謝雪紅、莊遂性、楊逵與作者等人認爲「應動員我們所有的文化資源，多介紹祖國文化，誘導他們，感化他們。」（頁二七六）因此，「葉榮鐘利用歡迎國民政府籌備會開講『中國歷史與中國文化』，給學生聯盟的學生灌輸『祖國文化』。謝雪紅則透過『人民協會』的組織，下鄉作街頭演講，教育農工群衆。莊遂性也每星期三、六下午四時半在台中圖書館召集一些關心『時事與台灣前途』的知識分子開座談會。楊逵則將首陽農園改爲『一陽農園』，並開始發行『一陽週報』。」（頁二九四）他們的做法，可謂對症下藥，充分顯示台灣住民熱烈迎接祖國之一斑。

其三、作者高價買回青天白日旗：日據時期，由於日本殖民統治當局施行同化政策，乃至皇民化運動，台灣住民不易接觸到中國的文物，遑論青天白日滿地紅國旗。台灣光復之初，作者路過台北市北門附近，在一家福州人經營的鐘錶店門口發現一面中國國旗插在外面飄揚。由於中國國旗是作者渴望已久，在內心深處隱藏許久的祖國之標誌，於是作者乃向該鐘錶店老闆請求讓售。老闆見作者急切之情，同意以十元出售，作者卻以五十元買回，懸掛在自家門口，任其飄揚。作者家人及鄰居善意勸告別操之過急，但作者仍堅持懸掛國旗，任其在空中飄揚。（頁二七七～八〇）

㈡台灣進入無政府狀態

日據時期，台灣住民在日本殖民統治，警察控制之下，過著不自由，卻也安定、有秩序的生活。日本投降之後，警察不再出來維持治安與社會秩序，盜竊事件日有所聞，警察都裝聾作啞，視若無睹。人行道被攤販所佔，馬路上垃圾堆積如山。一夜之間，台灣社會遽然變成無政府狀態。對此情形，本書有深入的敘述：「於是一向被規定應在市場內設攤營業的，此時都爲了『爭取生意』，竟把攤位移到市場外，人行道上和馬路旁，因爲市場的門口都被攤位堵住，顧客不能進出，生意受到影響的肉販、魚販和菜販，也都老羞成怒競相遷出馬路旁，把自己攤位乾脆排在人行道上的攤位的更前面，故意把欲進入人行道上攤位的顧客擋住，不讓他們進去。這時候沒有『是非』，祇看誰的拳頭大，誰便有理了。爲此糾紛迭起，每日都發生聚衆打鬥的事件。另一方面，街道的髒亂日甚一日，攤販們隨地任意傾倒垃圾。

自家門口給攤販所堵，以致垃圾車無法靠近的……一帶的住民，也不得不將家裡的垃圾任意傾倒在馬路中央。……這種丟人現眼，毫無公德心的事實，實在令人痛心。那些道路被阻而影響到出入的人，甚至忿而說：『不光復還好，一光復了，竟然是這種景象。』這當然是一時氣話，但卻也顯出了這件事的嚴重性。」（頁二八三）目睹此一情況，作者及台中「首陽農園」主人楊逵都憂心如焚，楊逵夫人葉陶也搖頭嘆息說：「台灣人難道真非由日本人用『水油抽』〔按指警察〕來強迫不可嗎？自己不能做主人，自己不能昂首直腰。」（頁二八三～八四）於是在楊逵的主持下，爭取地方士紳如「歡迎國民政府籌備會」的主任委員黃朝清等人的支持，在台中市成立了「新生活促進隊」，由作者擔任隊長，負責處理這些垃圾。

作者在本書特別指出，這次「新生活促進隊」的行動，就表面來看，不過是清潔工作而已。但楊逵在事前擬好的兩項立場與原則，是具有深遠意義的：「一、『新生活促進隊』要清掃的，不只是路上的垃圾，而是想更進一步掃除台灣人腦袋裡的奴隸劣根性，要台灣人覺醒，不要因爲沒有日本統治者的壓制而無法自覺，無法自理，以致公德敗壞，社會日益混亂。二、『新生活促進隊』的隊員，絕不可以收受分文報酬，才不致使這個有意義的『新生活促進隊』變質，淪爲一般的『清潔隊』。」（頁二八六～八七）其寓意可說是相當深遠。

另一方面，由於當時台灣已成無政府狀態，因此台中市以「阿狗」（廖金和）爲首的道上人物，乃在「阿狗」的組織下，成立了「民生會」，並接管錦町派出所作爲「民生會」的本部，接替日本警察維持台中市的治安，替全大墩街服務。「一時宵小遁跡，市場通道暢通，人行道也可以走了，米穀的非法走私也暫時收斂了許多。」（頁二九〇）惟因「民生會」有些會員藉機公報私仇，或用「民生會」做掩護，公然開賭場，欺負鄉人，耀武揚威。這種流弊在東南區老大吳煌出現，强以橫貫台中市南北的鐵道爲界，將東南區劃爲自己「地盤」，企圖「分治」台中時，益形嚴重。在其他縣市，也都有類似團體成立，但也都傳出類似的流弊。附近的彰化市，更傳出以「阿銅仔」與「紅毛宋」二人爲頭目的「彰化自警團」，好像是「自治警察」的縮寫，以「打擊漢奸」爲詞，「勒索商人」爲實的事。本書對光復之初台灣各地無政府狀態，黑道代替警察維持治安功過的評述，可說相當深刻；而字裡行間，則流露出多少辛酸與無奈。

(三)政府接收台灣的弊端

關於台灣光復之初，政府的接收台灣，楊肇嘉指出其缺失云：「陳儀到台灣接收，只注意接收機構和物質，而根本忘記了接收台灣人的人心。」❷陳三井則認爲：「光復後的接收，能夠在半年内順利完成，除了『人地相宜』原則的充分發揮外，事前各項復台準備的週詳，接收時的群策群力，合作無間，亦功不可没。」❸正負面的評價甚爲分歧。本書作者對政府接收台灣，並未直接給予評價，僅在行文中表達其所見所聞，舉例説明接收的種種弊端。茲根據書中相關文字，歸納爲兩點如下：

其一、文化的隔閡：台灣歷經日本五十年的統治，光復之初在文化上已相當程度的日本化，各項建設亦遠比中國大陸進步，因此接收人員「來到台灣，目所睹、耳所聞，一切的一切都很新鮮，都很使他們眼花撩亂。看到台灣的火車，認爲台灣的房子會移動，没有人推拖，卻自己會動、會跑。……接收大員在移交清册上面，赫然發現『金鎚』兩字，大有喜從天降，隨即叫來日僑走後奉命代管人員，伸手要『金鎚』，然而代管人員從工具倉庫裡面拿出來的『金鎚』，竟是半生銹的鐵鎚。接收大員暴跳如雷，明明移交清册上書明『金鎚』，怎麼拿生銹的鐵鎚來？如不把『金鎚』找來，一定辦人。弄得代管人員啼笑皆非，儘管找人說明：日人對凡是五金類習慣上都冠以『金』字，但『金』字並不一定代表金字，而多是指金屬類。……因此受到無妄之災，被抓去拷打過的人，也不在少數。」（頁三一三）此種文化的隔閡與差距，不但造成政府接收台灣的各種問題，論者認爲也是「二二八事件」的原因之一。[4]

其二、接收變成刼收：光復之初，關於日本產業與機關的接收，是台灣住民所深爲垢病的問題。本書對於當時接收的弊端，也有深入的描述，例如：「每一家工廠一經『祖國』接收，便告停工。如『嘉義農林』斜對面那家相當具規模的前日本海軍燃料廠，經『國府』資源委員會派人前來接收，即宣告無限期停工。」（頁三一四）、「又工廠或農地一經他們接收，即告停工關閉。工人則被趕出工廠和農場，廠內的機械儀器隨即被當做廢鐵量斤賣掉，農場原多爲農民所私有，於大戰中爲日本政府所租借，或徵用的，如今租借或徵用條件既已消失，理應歸還所有者，他們不僅沒有這麼做，所有者——農民如在自己的土地上種些蔬菜、穀類，反而以「侵佔罪」被移送法辦。地方機關學校一經接收，薪水即告停發。許多在原機關服務達一、二十年之久的老幹部，莫名其妙的也遭到免職，或被派到偏遠地方，迫使他們自動離職。」（頁三六二）因此，「接收」在部份台灣住民眼中，便如同「刼收」，這是識者所引以爲憾之事。

三、「三青團」在台灣發展的見證

民國二十七年七月，抗戰軍興，國民政府爲了動員青年力量對抗日本的侵略，也爲了吸收各階層領導菁英，擴大社會基礎，並整合黨內各派系的力量，而於江西省南昌市成立「三民主義青年團」(以下簡稱「三青團」)，由軍事委員會委員長、中國國民黨總裁蔣中正先生兼任團長。❺

「三青團」成立後，隨即在各省及直轄市設立支團部、直屬區團部、直屬分團部，以推動團務工作。台灣光復後，「三青團」也立即在台北市設立中央直屬台灣區團部，由前軍事委員會台灣義勇隊總隊長李友邦將軍擔任幹事長，主持台灣省的團務。由於本書作者鍾逸人先生曾任台中分團總務股股員、嘉義分團組訓股股長，實際參與「三青團」的工作，對於各地團務發展知之甚詳，對台灣區團部與各分團的人事與活動情形、「三青團」與新聞媒體的結合，以及團務推動的日益困難等，均多處提及，留下珍貴的史料。

本書作者文字運用甚爲高明，因此本書有關「三青團」台灣區團部的人事與活動情形之記載，並非流水式的敘述，而是巧妙地穿插在相關的小節裡。書中對區團部本部幹事長李友邦的奮鬥歷程（頁三〇二、三六五～六六）、幹事會成員李清波、張信義、洪石柱的兼職（頁三六〇）、幹事張士德的出身（頁二九七）、台北分團主任王添燈及幹事林日高的動態（頁二九六～九七）、嘉義分團主任陳復志及分團幹事李曉芳等人的出身（頁三三五、三六

○)、台南分團主任莊孟侯的人際關係（頁三二三～二四）、高雄分團主任王清佐及書記簡吉的動態（頁三二二～二三）、嘉義分團朴子區隊長張榮宗的出身與活動（頁三六〇～六一）等，均有生動的敍述。至於台中分團，由於作者係台中人，對台中的人與事最爲熟悉，因此其敍述也最詳細，舉凡分團主任張信義、幹事林碧梧、石錫勳、書記林培英（後爲王文輝、陳建文）、各股股長及股員等人的出身、職業及社會運動資歷（頁二九九～三〇〇）、台中分團的所屬區隊及直屬分隊負責人及其職業（頁三〇二）等，均有詳細的介紹。另外，台灣區團部本部舉辦的幹部講習會，書中亦有詳細的追述（頁三〇六～一一），並附有珍貴的圖片（頁二九八），備供對照。

因本書是鍾氏的自傳，所以有關「三青團」與新聞媒體的結合，僅以作者主持和平日報嘉義分社期間，作局部的交代。民國三十五年五月，作者剛調任嘉義分團組訓股股長，和平日報爲拓展雲嘉地區的業務，乃委請作者主持該報嘉義分社。作者談到他決定接辦的考慮云：「想到嘉義分團的組訓工作必須重新做起，如各區分隊能兼辦和平日報豈不是可相輔相成？在打擊各地貪官污吏、土豪劣紳，肅清日據時代的三腳仔走狗的工作上，也可以多一個『利器』，對團務、對報紙的組訓與推廣，必將相得益彰。」（頁三五六～五七）作者接受委任後，首先擇定分社地點，隨即「在新營、朴子、北港、虎尾、斗六、竹山等地設分局，並於『三青團』分隊所在地設通訊處或分銷處，分局長多由各地三民主義青年團區隊長兼任，通訊處與分銷處則由各地分隊長兼任。」（頁三五七）於是，「三青團」嘉義分團乃透過和平日報，報導「三青團」團員所反映的軍隊無紀律、官員貪污無能情形（頁三五八～五九）；揭發虎尾區長陳幸西的玩法作弊，橫行霸道（頁三八二～八四）；報導布袋居民被傳染黑死病與霍亂病例的真相（頁三八五～八八）；報導員林事件的經過，並發表社論，强烈聲討台中縣警察局（設於縣治員林）目無法紀，摧殘人權，射殺執行公務之司法人員（頁三九五～九八）等，使嘉義分團扮演了相當程度的地方政府監督者角色。惟作者則因得罪當道，莫名其妙地遭到嘉義法院地檢處偵訊（頁四〇一～〇七），並被嘉義憲兵隊以「別件逮捕」方式誘捕，輾轉押送台北的憲兵第四團拘留數日。（頁四一一～一二）

作為「三青團」的幹部，作者對「三青團」團務推動的日益困難，感受特別深，因此書中著墨不少。作者利用民國三十五年一月一日的新年慶祝大會，係由「三青團」主辦，以說明光復之初「三青團」實居主導地位。該次大會「是勝利後的首次新年慶祝大會，也是經日本殖民統治五十年，重返祖國後的頭一個慶祝大會，是一次具有雙重歷史意義的慶祝大會。……參加大會的人非常踴躍，除了黨政軍團、各級學校、機關團體，乃至各人民團體與各鄉里自動前來參加的隊伍外，尚有軍樂隊、獅陣、南北管、踩高蹺等，……人數之多，大會之盛大，隊伍之整齊，乃至唱歌與呼口號之響亮，可以說空前未有。」（頁三一五）主席團除台中分團主任張信義外，計有：台中縣長兼台中市長劉存忠、整編七〇軍軍長陳孔達、國民黨台中市黨部主任委員、「三青團」台中分團幹事林碧梧、「歡迎國民政府籌備會」主任委員黃朝清、台中女中校長余麗華、台中師範校長洪炎秋等人，由台中分團主任張信義擔任大會主席，司儀則由台中分團書記王文輝擔任，連遊行隊伍亦由作者作先鋒帶路，可見當時「三青團」在社會各界人士心目中的份量。惟在台中，自此以後再也看不到如此盛況的慶祝大會，而「三青團」的地位也每下愈況。

當時各地「三青團」的領導人，由於多係地方上的菁英份子，其成員也多是過去參加過社會運動和抗日運動的人（頁三六六），對政治頗爲關心，因此「三青團」各區、分隊經常將省政的弊端及社會問題，諸如接收的各種糾紛、米荒的嚴重、官員貪污、軍隊紀律差、治安欠佳、走私盛行等反映上去。區團部對這些反映，除知會有關單位確實辦理外，有時幹事長李友邦也親往長官公署直接向有關方面當面交涉，但效果有限。馴至團員多萌生「無力感」，使得「組訓工作倍感辛苦，有些地方分隊的組織瀕於瓦解，還有些地方的區隊，實際上僅剩下區隊長和區隊附，根本無法指揮分隊。」（頁三五九），團務的推展因而觸礁難行。「二二八事件」發生後，因各地「三青團」成員涉案者頗多，陳儀乃藉口「各地暴動是由各地三青團發難」，李友邦既爲台灣區團部幹事長，則應不無牽連。隨即藉口要開會，騙他到警備總部，把他拘捕押送南京投入天牢。（頁六四一）賴李友邦夫人嚴秀峰的奔走，趕赴南京向蔣經國解釋「二二八事件」的原因，經蔣經國親自來台調查後，證明嚴女士所言均係事實後，李友邦才從南京羊皮巷的天牢釋放出來。❻至同年六月三十日，中國國民黨中央常務委員會及中央政治委員會舉行聯席會議，由國民黨總裁兼「三青團」團長蔣中正主持，決定集中黨團的力量，黨團統一組織，「三民主義青年團」解散，台灣區團部亦隨之解散。

四、「二二八事件」參與者的直接史料

㈠指出「二二八事件」的背景

民國三十六年的「二二八事件」，是台灣史上的重大事件。有關此一不幸事件的背景，

論者說法不一，行政院《「二二八事件」研究報告》指出，此一事件的背景除「平日種因已深」，人謀不臧外，尚有政策上、文化上、情感上、社會上各種不同的因素。[7]嚴秀峰則就親身經歷強調：「『二二八』起於台灣政經建制特殊化。」[8]本書爲作者的自傳，並未針對事件的背景作有系統的論述，惟因作者是事件的參與者，其耳聞目睹的追記，仍極具參考價值。

如前所述，本書多處舉例敘述政府接收台灣的弊端——文化的隔閡與接收變成劫收，這應是事件的主要背景之一。此外，對於台灣省行政長官陳儀主政期間的各種措施，特別是「統制經濟」所造成的缺糧情況，使得城市居民有錢也買不到米糧的恐慌景象，本書有深入的描述：「住在農村的人也許還可以找蕃薯、玉米、馬鈴薯、南瓜來充飢，可是城市人就不同，他們到那裡去找這些雜糧？於是求生存的本能變成恐慌、迷惘和幻滅。甚至於衝出街頭，喚起群衆向新統治者示威。在台北大稻埕、艋舺、基隆和新竹等地，因鬧米荒，到處買不到米的憤怒家庭主婦們，一手拿小棍子，另一手拿著方形鐵皮米桶，衝出街頭邊敲鐵皮桶邊高呼：『沒有米會餓死人，我們要裹腹不要光復了。』」（頁三八九）而缺糧問題的形成，則與高級警官的走私有關：「就在這時候，後龍（苗栗縣）、金湖（雲林縣）和沙山、粘厝庄（彰化縣）等地方，也由於買不到米，憤怒的餓民自動提供線索，接連破獲幾件米、糖的大走私案。如沙山武裝走私案的幕後主謀者，赫然竟是台中市警察局長洪字民的秘書蔡文慶、鹿港警察所長黃德海、北斗警察所長蒲仲欽及縣保安隊長孫才良等高級警官。」（頁三九〇）因此，雖然這些參加武裝走私的高級警官，均經司法單位分別判處重刑，但仍無法平息民怨。同時，對於警方射殺執行公務的司法人員，所謂的「員林事件」（頁三九五～九八）；官員貪污腐敗，軍紀不佳等現象（頁三五八～五九、三六二、四三一）；失業者像洪流般地衝向街頭，盜賊橫行（頁三六三）；退伍軍人未獲安頓，情緒顯得浮躁（頁四四六～四七）等，也有生動的敘述，爲探討事件背景的活生生史料。

㈡描寫「二二八事件」期間台中動態

迄今爲止，有關「二二八事件」期間台中動態的記載，似僅有古瑞雲的《台中的風雷》、黃金島的《站在第一線》❾，以及本書三部而已。因古著《台中的風雷》側重「跟謝雪紅在一起的日子裡」（副標題），故其記載掛一漏萬者不少。而黃著《站在第一線》則側重追述「二二八事件中最激烈一戰『烏牛湳之役』始末」（副標題），有關台中動態的記載也不多。故論及記載當時台中動態所涉及層面之廣，人物之多者，似仍推本書。

本書有關「二二八事件」期間台中動態的記載，從「聞變印發傳單」小節開始，作者追述民國三十六年三月一日中午聽到台北發生因查緝私煙而爆發的此一事件後，立即趕到白鳩堂（今台中市中山路）印製傳單，並沿街分發，通知市民參加翌日召開的市民大會（頁四三一～三五）。該小節同時對是日爲討論「台北不幸事件」，而於台中市「大屯郡役所」（今台中市議會會址）召開的台中縣市、彰化市各界聯席會議之參加成員、會議經過與結論等，均有生動的描述。

本書對當時台中市長黃克立如何阻止市民參加市民大會（頁四四八～五〇）、原由「台灣省政治建設協會台中分會」主辦的「憲政演講會」改爲市民大會的轉折（頁四三四、四五一）、謝雪紅的「人民協會」如何操縱市民大會（頁四五三～五四）、參加市民大會的群衆毆打大陸籍同胞的經過（頁四五四～五五）、軍用卡車沿街掃射激起民憤（頁四五五～五六）、加納（何鑾旗）接管台中市警察局的經過（頁五〇〇）、市民包圍台中縣長劉存忠公館的衝突經過（頁四五六～五八），以及吳振武被推舉爲「民主保衛隊」隊長（頁四六一～六八）、埔里黃信卿成立「白虎隊」（頁四七一～七二）、第三飛機場成立「保安隊」（頁四九六～九八）等民軍蜂起的經過，均有詳細的記載。特別是對當時台中地區的知識份子、「三青團」成員、各級民意代表、醫師、律師、教師、日據時期的士紳和巨賈小販等，都站出來關心自己的故鄉和局勢的演變，而分別聚會，研商善後問題，出錢出力的情形，均不厭其煩地加以敘述（頁四七二～七九），爲「二二八事件」期間台中動態留下珍貴的一手史料。

㈢追記「二七部隊」的成立與行動

本書作者鍾逸人是「二二八事件」期間台中民軍「二七部隊」的部隊長，所以有關「二二八事件」的追記，尤其是關於「二七部隊」，乃當事人的現身說法，特別值得注意。以目前有關「二七部隊」的古著《台中的風雷》、黃著《站在第一線》與本書之內容來看，除部隊長、副官、參謀長、宣傳部長四個職務分別由鍾逸人、古瑞雲、黃信卿、蔡鐵城四人擔任外，唯一無爭議的是：「烏牛湳之役」係由警備隊長黃金島率領，曾造成國軍相當的傷亡。（《台中的風雷》，頁八一、八四～八五；《站在第一線》，頁一二～四三；《辛酸六十年》，頁五七七～八一）其他有關「二七部隊」的記載，則有相當的出入，茲舉例說明如下：

⑴成立時間與命名：成立時間方面，《台中的風雷》未有明確的交代，僅提及作者接受

謝雪紅的指示，於三月六日進入「二七部隊」。（頁五六）《辛酸六十年》則明確指出爲民國三十六年三月四日下午四時。（頁四八〇）至於命名，《台中的風雷》轉述謝雪紅的秘書楊克煌的話，楊氏說：「二七部隊」是他命名，並請鍾逸人擔任隊長。（頁五五）《辛酸六十年》則强調係鍾氏爲抗議糾正陳儀的顛倒是非，並紀念「二·二七」晚而命名的。（頁四八〇）

(2)基本隊伍及領導權：《台中的風雷》談及「二七部隊」的基本隊伍云：「有以鍾逸人親信黃信卿爲首的埔里隊；以何集淮、蔡伯勳爲首的中商隊；以呂煥章爲首的中師隊；以黃金島爲首的警備隊；以李炳崑爲首的建國工藝學校學生隊。此外，有林大宜從農村招募來的，當過日軍的農民；有延平學院的同學；前日軍炮兵少尉；前日軍工兵。還有三五成群來報到的。」（頁五六）同時，因這些隊伍多係自動到「作戰本部」向謝雪紅請纓（頁五六），而「鍾逸人這位隊長本來就有名無實」（頁七五），所以「二七部隊」的領導權自然握在謝雪紅手中。《辛酸六十年》則强調「二七部隊」係由原吳振武擔任隊長、鍾氏擔任參謀的「民主保衛隊」及黃信卿的埔里隊改組而成，由鍾氏擔任部隊長、黃信卿擔任參謀長。（頁四七六～八〇）而謝雪紅乃因逃避加納（何鑾旗）的追殺，而到「二七部隊」求救，被鍾氏所收容。（頁四九九～五〇〇）《站在第一線》亦指出：「謝雪紅到營區要求保護」（頁一一二），似與鍾氏所記較爲接近。另據警備總部檔案云，謝雪紅「另編二七部隊，自任總指揮，以鍾逸人、蔡鐵城分任隊長、參謀等職務。」[10]說法不一。

(3)人數與性質：人數方面，《台中的風雷》强調，「二七部隊」僅有二百多人而已，「從未看到過任何其他隊伍來會師」。（頁六八）《辛酸六十年》則指出：「回顧過去十天，我們從不到一百個人的隊伍，發展到今天擁有三、四千人的部隊，連同接受過二七部隊裝備、接受我們節制的隊伍也加算進去，當然不止此數。」（頁五五四）另據警備總部檔案，則有四百餘人。⑪至於性質，《台中的風雷》認為，「二七部隊」是一支道道地地的「紅軍」，也可說是謝雪紅的「御林軍」。（頁五六～五七）《辛酸六十年》則強調，由於霧社事件的陰影，埔里、霧社一帶居民聞「紅」色變，排斥共產黨。（頁五一六～二一）故「二七部隊」乃道地的民軍。

從以上的例子，可知有關「二七部隊」的各種記載，彼此差距甚大，仍有待學者進一步的探討與釐清。⑫

四側寫「二二八事件」的影響

「二二八事件」是一次影響台灣民心與社會極為深遠的不幸事件。⑬有關此一事件的研究，在民國八十一年二月行政院公佈《「二二八事件」研究報告》前後，曾掀起一陣研究熱潮。本書係作者的自傳，不是此一事件的專題論者，並未針對事件的影響作系統的討論。唯因作者是此一事件的參與者，且因此長期坐牢，其耳聞目睹之真切與感受之深刻，實非尋常。

本書描寫「二二八事件」影響之處不多，就個人閱讀所及，似僅提及作家張文環因此一事件，而未再發表任何作品，也誓死不學中文。其原文如下：「張文環，嘉義縣梅山鄉大坪人，一九〇九年生，一九三三年日本東洋大學文學部畢業，同時發表處女作《落雷》。自此每年都有中短篇小說、散文或劇本發表於島內各種文藝雜誌或報章。但自一九四七年『二·二八』事件發生至一九五七年，台灣正處於所謂『白色恐怖時代』，他不但未發表任何作品，也誓死不學習中文與北京語。『二·二八』後，他逃匿彰化縣大村，台中縣參議會議長賴維種邸內糧倉，晚上則爬上大榕樹避難，幾達兩個多月。一九四四年，他擔任林獻堂秘書（第四任）並兼霧峰區公所主事。林獻堂生前有四個秘書，最早是甘得中，次爲蔡培火，繼而由葉榮鐘擔任，張文環則爲第四任。一九四五年日本戰敗一個月前，張文環任台中州大屯郡大里庄庄長（大里鄉長），我與他之認識則始於此時。『二·二八』後不久，他又繼廖德聰兼代能高區長。一九六五年以後，任職『中美企業（股）公司』投資的日月潭觀光大飯店，至一九七八年逝世。在這段時間完成長篇小說『爬在地上的人』日文版，他因深受『二·二八』刺激，誓死不學中文，結果『爬在地上的人』由廖清秀譯成中文，以『滾地郎』見世。」（頁五一一～一二）上述文字對張氏生平與創作歷程，娓娓道來，乍看似平淡無奇，而其寓意之深遠，側寫「二二八事件」影響之入木三分，實非專題研究論文所能比擬。

五、史料價值的評估

自傳是以作者生平事蹟爲主線，兼述時代與社會的紀錄。其史料價值的高低，與作者的閱歷與所處時代，敘事的可信度，以及文字表達能力等有密切的關係。

本書作者鍾逸人生當日據時期，幼年曾經歷殖民地經驗，青年時期也曾遠赴日本留學。台灣光復前，曾因逃避日本「特高」，一度擔任日本陸軍經理部的「陸軍囑託」；台灣光復初期，先後擔任過新生活促進隊隊長、吳鳳鄉樂野國小校長、「三青團」股員及股長、和平日報嘉義分社社長等職，「二二八事件」期間並擔任全台最具規模的民軍「二七部隊」的部隊長。台灣光復前後，作者雖僅二十餘歲，惟因活動力旺盛，交遊廣闊，全台南北各路菁英如：台北的王添燈、林日高、潘欽信、連溫卿、蘇新、蕭來福等；中南部的謝雪紅、楊逵、陳篡地、高一生、湯守仁、張棨宗、吳新榮、莊孟侯、簡吉等，均與作者時相過從，而成為作者筆下的人物，構成本書的重要內容。由於作者具有敏銳的觀察力，加上書中人物「不是文化協會、農民組合時代的台灣知名之士，便是終戰初期台灣政、經、文化檯面上由左到右的人物。」⑭因此本書乃成為台灣光復初期歷史的重要證言，它反映了政府接收台灣前後的若干事例，為「三青團」在台灣的發展作見證，更是「二二八事件」參與者的直接史料，其史料價值之高，是毋庸置疑的。

本書作者寫作才華甚高，文字運用極為巧妙。作者在敘述其聞見，描寫書中人物時，或對照國內外局勢，或發抒胸中壘塊，筆端帶有感情，既具廣度又有深度，書中人物在其入微的刻畫之下，栩栩如生，史事因而重現。例如書中描寫光復之初，台北某鐘錶店的福州老闆見到穿日本軍裝的作者時的驚嚇與滑稽動作（頁二七七～七八）、台灣各地進入無政府狀態的一幕（頁二八二～九四），以及「二二八事件」前台北大稻埕等地主婦遊行，抗議搶運民糧的情形（頁二八九）等等，其描寫的生動與寓意的深長，均教人掩卷嘆息，感觸良深。這是史學的極高境界，而作者做到了。

唯本書的敘事，誠如彭瑞金所指出的：「它缺乏足夠的引經據典的第一手史料，做為說服的有力證據，使得全書最有力的支撐點建築在作者的記憶和誠實上。除非讀者完全陶醉在作者的敘述中，否則可能便要對作者清晰的記憶和龐雜而牽涉深遠的情節持疑。」⑮由於記憶每隨時間的久遠而模糊甚或淡忘，而史事的人、時、地若未參證相關資料，亦難免舛誤疏漏，出現疑點。本書的敘事正是如此，茲俯拾數例說明如下：

其一、「二七部隊」的人數問題：本書提及「二七部隊」擁有三、四千人，「連同接受二七部隊裝備、接受我們節制的隊伍也加算進去，當然不止此數。」（頁五五四）惟本書作者接受省文獻會的訪問則指出：「二七部隊究竟有多少人，其實連我也不知道，……我想總數大概有二、三千人吧。」[16]前後說法不一，顯然與記憶模糊有關。

其二、作者的職業疑點：根據本書的敘述，「二二八事件」前作者身兼吳鳳鄉樂野國小校長、「三青團」嘉義分團組訓股長、和平日報嘉義分社社長三職。惟另據警備總部檔案顯示，作者的職業為「國聲報記者」。[17]此一職業記載，係當時憲兵第四團提供的調查資料，應具有相當程度的可信度，而本書隻字未提。真相如何？有待釐正。

其三、民國三十五年前後的台中市長姓名：本書敘述民國三十五年元旦「新年慶祝大會」主席團名單，列有台中市長，但缺市長姓名。經查證《台中縣志》與台中市沿革等資料[18]，民國三十五年元旦台中市長係由時任台中縣長的劉存忠兼任。本書的遺漏，不是作者一時疏忽，便是作者未能確知。

其四、關於愛爾蘭模式的自治問題：本書多次提及「二七部隊」的政治訴求與建軍目標，係希望國民政府准許台灣能如愛爾蘭之於英國的自治地位；其建軍以擁有三個師團兵力為目標，以為談判籌碼。（頁四五七、四八〇等）唯另據古著《台中的風雷》云：「至於鍾兄在『辛酸六十年』中說的「愛爾蘭式」的什麼，我未曾聽說過。當然，我未曾聽說，不等於他心中未曾想過。」（頁五六）真相如何？仍待探討。

綜括而言，本書因作者閱歷豐富，生活層面廣闊，且文字表達能力極佳，因此內容相當充實，敍述亦具條理，確爲研究台灣光復初期歷史不可多得的一手史料。但因本書的敍事缺乏相關史料作爲爲佐證，或前後說法不一，或闕漏未載，因此學者引用之時，仍宜參證相關資料，考而後信。

注釋

❶ 關於日據時期台灣住民對孫、蔣兩人的懷念與敬仰，請參閱梁惠錦：《台灣民報對國父暨蔣公的崇仰》（台北：弘道文化公司，民國七十年三月初版），頁一～一四三。

❷ 見楊肇嘉：《楊肇嘉回憶錄（下册）》（台北：三民書局，民國六十七年四月三版），頁三五三。

❸ 見陳三井：〈台灣光復的序曲：復台準備與接收〉，氏著《台灣近代史事與人物》（台北：台灣商務印書館，民國七十七年七月初版），頁一七一。

❹ 參閱李筱峰：〈「二二八事件」前的文化衝突〉，《思與言》第二十九卷第四期（台北：思與言雜誌社，民國八十年十二月），頁一八五～二一五。

❺ 關於「三青團」成立之時代背景與經過，請參閱朱高影：〈三民主義青年團之研究（一九三八～一九四七）〉（台北：國立台灣師範大學歷史研究所碩士論文，民國八十一年六月），頁一～五三。

❻ 見記者專訪：〈訪嚴秀峰女士談李友邦與「二二八」〉，《海峽評論》第三期（台北：海峽評論雜誌社，一九九一年三月），頁九七～九八。

❼ 見行政院研究二二八事件小組：《「二二八事件」研究報告》（台北：時報出版公司，一九九四〔民八三〕），頁三～四四。

❽ 同❻，頁九五。

❾ 古著計二一五頁，於民國七十九年九月由人間出版社出版；黃著計八一頁，作者自印，未署出版時地。

❿ 見台灣省警備總司令部檔案：「案犯處理」㈡（憲四團團長張慕陶致台灣警備總司令部軍法處函，民國三十六年四月五日），頁八五。

⓫ 同❿

⓬ 鍾著《辛酸六十年》新增訂版第一刷，已於今（八十二年）年十一月由前衛出版社出版，附錄一〈風雷

魅影—給古瑞雲的一封信〉(頁六五一～六五七)鍾氏曾對古著《台中的風雷》所提及「二七部隊」的命名、基本隊伍、領導權、人數與性質等，有所質疑。另外，民國八十年七月十一日本書作者在台中市接受筆者訪問，追憶「二七部隊」時，也對古著《台中的風雷》所述「二七部隊」種種說法，有所澄清。見黃秀政訪問：〈訪鍾逸人談二七部隊〉，收入行政院《「二二八事件」研究報告》附錄二「重要口述歷史」(一)。

⑬ 同❼，頁一。

⑭ 見彭瑞金：〈「辛酸六十年」照亮黑暗歷史的路〉，收入前揭《辛酸六十年》新增訂版第一刷「附錄三」，頁六八二～六八三。

⑮ 同前註，頁六八三。

⑯ 見李宣鋒訪問：〈鍾逸人先生口述〉，《二二八事件文獻輯錄》(台灣台中：台灣省文獻委員會，民國八十年十一月)，頁四〇六。

⑰ 同⑩，頁八九。

⑱ 見張勝彥總纂：〈大事記〉，《台中縣志·卷首》(台灣台中：台中縣政府，民國七十七年八月)，頁二九二。又見《吾鄉吾土——台中市沿革暨古蹟簡介》(台灣台中：台中市政府，民國七十四年十二月)，頁一〇三。

附記：本文曾於民國八十二年十二月在國史館主辦的「台灣光復初期史料研討會」宣讀。

(興大歷史學報第四期，民國八十三年五月，台灣台中)

國立中央圖書館出版品預行編目資料

臺灣史研究／黃秀政著.--增訂再版-- 臺北市：臺灣學生，民84
面；　公分. --
ISBN 957-15-0658-3（精裝）
ISBN 957-15-0659-1（平裝）.

1. 臺灣 - 歷史 - 論文，講詞等

673.2207　　84007425

臺灣史研究（增訂本）

著作者：黃秀政
出版者：臺灣學生書局
發行人：丁文治
發行所：台灣學生書局
臺北市和平東路一段一九八號
郵政劃撥帳號〇〇〇二四六六八號
電話：三六三四一五六
FAX：三六三六三三四
本書局登記證字號：行政院新聞局局版臺業字第一一〇〇號
印刷所：常新印製有限公司
地址：板橋市翠華街八巷一三號
電話：九五二四二一九

定價　精裝新臺幣三四〇元　平裝新臺幣二八〇元

中華民國八十一年二月初版
中華民國八十四年八月增訂再版

63803

ISBN 957-15-0658-3（精裝）
ISBN 957-15-0659-1（平裝）

臺灣學生書局出版

臺灣研究叢刊

❶ 日據時期在臺「華僑」研究 吳文星著
❷ 臺灣史研究 黃秀政著
❸ 臺灣早期史綱 方　豪著
❹ 臺灣史探索 廖風德著
❺ 三重埔的社會變遷 鄭政誠著
❻ 清代臺灣方志研究 陳捷先著
❼ 海峽兩岸編寫臺灣史的反思與整合 陳木杉著
❽ 日據時期臺灣儒學參考文獻（全二冊） 林慶彰編
❾ 明清臺灣儒學論 潘朝陽著
❿ 歷史視野中的地方發展與變遷——濁水溪畔的二水、北斗、二林 張素玢著